PSYCHO NOMICS

MARTÍN TETAZ

PSYCHONOMICS

COMO O FUNCIONAMENTO DA MENTE AJUDA A DEFINIR NOSSO COMPORTAMENTO CONSUMIDOR

Tradução
Carolina Caires Coelho e Olga Cafalcchio

Planeta ESTRATÉGIA

Título original: *Psychonomics: la enconomía está en tu mente*

Preparação: Carla Fortino
Revisão: Débora Dutra e Alice Ramos
Revisão técnica: Jonattan Rodriguez Castelli
Diagramação: Triall Editorial Ltda
Capa: Anderson Junqueira

DADOS INTERNACIONAIS DE CATALOGAÇÃO NA PUBLICAÇÃO (CIP)
ANGÉLICA ILACQUA CRB-8/7057

Tetaz, Martin
Psychonomics: como o funcionamento da mente ajuda a definir nosso comportamento consumidor / Martín Tetaz ; tradução de Carolina Caires Coelho e Olga Cafalcchio. -- São Paulo : Planeta, 2018.
256 p.

ISBN: 978-85-422-1430-7

1. Economia 2. Comportamento do consumidor 3. Consumidores - Psicologia I. Título II. Caires Coelho, Carolina III. Cafalcchio, Olga

18-1471 CDD 330

2018
Todos os direitos desta edição reservados à
EDITORA PLANETA DO BRASIL LTDA.
Rua Padre João Manuel, 100 – 21º andar
Ed. Horsa II – Cerqueira César
01411-000 – São Paulo-SP
www.planetadelivros.com.br
atendimento@editoraplaneta.com.br

A Pikes, Tito, Lore, Neto e Agustín, por compartilharem (aproximadamente) 50% de meu pacote genético, com tudo o que isso implica em matéria de comportamento e caráter.

A La Mo e a Solcito, por terem me escolhido, apesar de não compartilharem comigo nem um único gene, com tudo o que isso abrange.

Sumário

Prólogo I

O dia que antecede uma eleição presidencial costuma ser entediante e rotineiro nas redações de jornais. Não podem ser publicadas pesquisas de intenção de voto, e os esforços se voltam para o planejamento da cobertura do dia seguinte. No dia 6 de novembro de 2012, os principais meios de comunicação dos Estados Unidos publicaram suas edições com informações sobre onde e como votar, as listas completas de candidatos e textos de destaque para relatar as horas tensas dos principais concorrentes à Casa Branca. Tanto o democrata Barack Obama como o republicano Mitt Romney foram fotografados em companhia da família, tomando café com amigos em seus restaurantes preferidos. Os fotógrafos que registraram o escritório de Obama captaram um detalhe: o presidente que seria reeleito no dia seguinte estava lendo – depois ele diria "com dedicação", em uma reportagem – o livro *Rápido e devagar: duas formas de pensar*, do vencedor do Prêmio Nobel de Economia de 2002, Daniel Kahneman.

Rápido e devagar foi publicado em 2011 e reúne as principais pesquisas da vida de Kahneman, o pai da chamada "economia do comportamento", que mistura a ciência de Adam Smith e de John Maynard Keynes com lições tiradas da psicologia. O psicólogo israelense, que mora nos Estados Unidos, até então havia se recusado a escrever um livro de divulgação – por considerá-lo "pouco acadêmico" –, mas a obra acabou sendo um grande sucesso.

O fato de o presidente da então maior potência econômica do mundo estar lendo um trabalho sobre economia do comportamento e da felicidade não é irrelevante. Isso se soma ao interesse de líderes de outros governos, como Inglaterra, França, Canadá ou países da Ásia, em aplicar nas políticas públicas lições da psicoeconomia que sejam proveitosas para melhorar a vida da sociedade e medir, em pesquisas oficiais, os níveis agregados de felicidade que não se refletem nos tradicionais índices do PIB. Atualmente, cerca de trinta países empregam esforços para medir o bem-estar emocional de suas respectivas populações.

Há anos que as conclusões da economia do comportamento e da felicidade abandonaram seu papel de "compilação de curiosidades" e passaram a fazer parte da caixa de ferramentas dos economistas para melhorar as políticas públicas e propiciar mais sucesso nos negócios. A área já tem reconhecimento acadêmico, com dezenas de centros especializados no mundo todo e publicações específicas, além das "unidades comportamentais" já mencionadas em várias estruturas oficiais.

Na Argentina, nos últimos cinco anos, surgiram os primeiros trabalhos sobre o tema, graças ao esforço e ao entusiasmo de um grupo ainda pequeno de economistas ousados que se dedicam ao domínio desse novo campo. Martín Tetaz, autor deste livro, está à frente desse grupo. Não apenas por ter realizado estudos sobre psicologia cognitiva – além do fato de ser economista –, mas também porque exibe uma combinação única de vontade de divulgar e rigor técnico. Martín trabalha em várias instituições, mas sua base é o Centro de Estudos Distributivos e Laborais da Universidade de La Plata (Cedlas), o principal núcleo de pesquisa sobre assuntos de desigualdade da América Latina.

Ao longo deste livro, essa combinação surgirá várias vezes para provocar o leitor leigo com dados curiosos e surpreendentes. Serão respondidas perguntas do tipo: "Como deveria se comportar um consumidor de acordo com o que sabemos sobre o funcionamento da mente? Como os governos podem refinar a conquista de seus objetivos e melhorar o impacto de suas políticas usando a economia do comportamento? Quais lições comerciantes e produtores poderiam aprender para melhorar o posicionamento de seus produtos e quais "empurrões" lhes seriam úteis? O que nos torna mais felizes? Até onde chegará a ciência econômica quando forem incorporados esses *insights* nos modelos?"

É essencial que perguntas desse tipo comecem a ser abordadas com pesquisas e estudos locais, porque os estudos antropológicos mais recentes mostram que os "vieses" ou erros sistemáticos dos quais se ocupa a economia do comportamento variam muito de intensidade, dependendo da cultura. A "aversão a perder" ou o "sentido de justiça" apresentam valores muito diferentes, conforme mostram as avaliações na América Latina, na Europa, nos Estados Unidos e em outras partes do mundo.

Nesse sentido, Martín não é um economista de escritório, mas um economista que "mergulha de cabeça" quando preciso. Como no início de 2013, que coordenou uma equipe na Universidade Nacional de La Plata (UNLP), juntamente com María Laura Alzúa, e determinou os prejuízos da terrível inundação que dias antes havia castigado a cidade. Mais tarde, encontrou em uma praça suas duas cachorrinhas, perdidas durante o desastre, em um momento muito emocionante que estampou os jornais e portais de notícias. Como diria Sheldon Cooper, o físico genial protagonista da série *The Big Bang Theory*: "Isso é o que as pessoas não familiarizadas com a teoria dos grandes números chamariam de casualidade".

Ainda que com recursos muito mais limitados do que nos Estados Unidos e na Europa, a Argentina tem excelentes pesquisadores de economia, propensos a estudar temas interdisciplinares. Na reunião anual da Associação Argentina de Economia Política (AAEP), a porcentagem de trabalhos apresentados sobre novas temáticas cresce muito a cada ano. O diálogo interdisciplinar – com psicólogos, físicos, neurocientistas, matemáticos, biólogos etc. – também está cada vez mais fluente. Nessas áreas de intersecção e cruzamento, abordadas em *Psychonomics*, estão surgindo as ideias mais interessantes.

Além de sermos de La Plata, compartilho com Martín o interesse pelo estudo das fronteiras entre as diferentes ciências. Desse território surgem ocorrências que partilhamos todas as semanas com os leitores: Martín, em sua coluna no jornal *El Día*, e eu, na seção Alter Eco, no *La Nación*. (Brincamos que formamos uma Câmara de Colunistas de Economia Não Convencional em jornais de direita aos domingos, e a cada ano nos revezamos na presidência e na vice-presidência.) Espero que consigam, tanto quanto eu, apreciar este livro que conta uma história que, na verdade, está apenas começando.

SEBASTIÁN CAMPANARIO

Prólogo II

Quando Martín me ligou para propor que eu escrevesse o prólogo de seu livro, tive uma grata surpresa. Primeiro porque não sabia que ele estava escrevendo um livro, e segundo devido ao assunto abordado na obra.

Ao adquirir um livro, sigo um dos seguintes critérios: ou compro porque gosto do autor, ou porque o assunto me interessa. Neste livro, as duas condições estão presentes: ele vale a pena ser lido por causa do escritor e do tema. Que dupla!

Em primeiro lugar, vou falar do autor, Martín Tetaz.

Martín é um grande economista e uma ótima pessoa. Eu o conheci há algum tempo graças a seus textos. Havia muito tempo que um economista não me chamava atenção ao enfocar os problemas que nós, argentinos, vivemos. Isso se deve ao fato de Martín ter uma formação acadêmica profunda e moderna, e de se esforçar permanentemente para usar aquilo que a teoria diz ao nosso momento econômico. Esse é o maior desafio de todo economista...

Há aqueles que se atêm à teoria e a realidade os perturba, uma vez que ela não se comporta como o modelo diz que deveria se comportar; e há os que, sem muita formação teórica, descrevem o que ocorre de modo superficial. Martín, por sua vez, é o que procuramos: alia teoria e prática.

Assim é o autor deste livro: ele continua se surpreendendo quando aprende e, por isso, continua ensinando. É professor também de alma. Gosta de ensinar e, portanto, gosta de aprender. Esta obra me ensinou muito e, mais ainda, me ajudou a organizar e a sistematizar os conhecimentos.

Um escritor apaixonado pelo que faz e com vontade de ensinar é algo raro, e quando encontramos um devemos apreciá-lo.

Já o assunto do livro é economia do comportamento.

Nós, economistas, costumamos dizer que "a economia é a mais exata das ciências sociais". Por isso usamos muitos dados estatísticos e fórmulas que nos permitem explicar o que aconteceu, com muita certeza, e prever o que acontecerá, com mais convicção do que realismo.

Justamente por a economia ser uma ciência social, que depende do comportamento do ser humano, ela implica certo nível de imprevisibilidade. Se quisermos saber o que pode acontecer no futuro, temos que entender como se comporta o ser humano hoje. Ou seja, como você se comporta, leitor deste livro. Quanto maior for a nossa capacidade de entender o nosso comportamento, em melhores condições estaremos de prever o que acontecerá na economia. É assim, tão simples e tão complexo.

Todas as pessoas são diferentes, por isso nossas reações são diferentes, o que nos tornaria totalmente imprevisíveis. Na realidade, não é bem assim. A escritora argentina Maitena Burundarena tem uma frase que define muito bem a situação: "Nós, mulheres, somos diferentes, mas passamos pelas mesmas coisas". Isso se aplica a toda a raça humana.

A verdade, e como diz Martín neste livro, é que somos muito parecidos. "Estritamente falando, é provável que eu não encontre muitas pessoas como eu, que gostem de tomar café amargo de manhã enquanto leem os e-mails, que usem roupas da moda, que se desloquem a pé para todos os lados, que fiquem demais ao celular, que almocem às 2 horas da tarde, que observem na rua mulheres de 35 anos, que saiam para correr à tarde e que preparem para si jantares que serão convenientemente desfrutados com um bom *malbec*, antes de irem dormir em uma cama-box enorme. No entanto, tenho certeza de que poderia encontrar muitas pessoas que fazem 90% de tudo isso com alguma diferença, e, em todo caso, acho que as coisas que me identificam com exclusividade não são tão importantes para que meu modo de organizar o mundo e a realidade se diferencie demais do que caracteriza muitas outras pessoas".

Afirmo que, em Martín, esse comportamento quase comum já se modificou com a chegada de Agustín, seu primeiro filho. Agora tenho mais capacidade de prever como vai ser sua vida do que ele, porque já tenho três filhos. Muitas das ações que realizei como pai, e suas consequências, Martín terá. Não todas, mas muitas. E quando conseguimos ser compreendidos, temos mais padrões para antecipar nossas ações futuras.

Foi isto que me encantou neste livro: cada explicação oferecida, seja acerca da memória, de como guardamos as lembranças ou de como tomamos algumas decisões, era clara e simplesmente uma descrição do meu comportamento quando tomo uma decisão, quando me lembro de algo ou quando dou aulas.

Um capítulo é melhor do que o outro na parte dedicada à economia "invasiva". Eu a chamo assim porque ela entra em quase todos os aspectos de nossa vida, desde o afetivo – por que nos casamos ou por que somos infiéis – até o educativo, inclusive um capítulo muito interessante sobre as políticas públicas. A leitura nos leva a descobrir duas coisas: que alguns preconceituosos muitas vezes têm motivo para serem assim, o velho "pé atrás", porém o mais interessante é que o que chamamos de "senso comum" pode ser uma burrice. Muitas vezes, nosso "senso comum" se choca com as realidades mais complexas e menos óbvias.

A leitura nos prende porque descobrimos a nós mesmos. Ler este livro é repensar as atitudes da vida. Além disso, traz ferramentas que nos ajudam a tomar decisões que podem melhorar nossa qualidade de vida, com as restrições reais que todos temos hoje.

Quanto mais entendemos, melhores decisões tomamos. Não são nem serão sempre as corretas, mas as melhores. Todos procuramos ser felizes na vida, o que depende não só do contexto, mas também de como reagimos a esse contexto, e, para isso, tenho certeza de que este livro terá grande utilidade. Espero que você goste dele como eu gostei.

Tomás Bulat

Introdução

Um voo de reconhecimento pelas terras da psicoeconomia

Mercedes Ramón Negrete é um homem de sorte. No dia 16 de abril de 1972, esse operário têxtil de origem paraguaia conferiu os resultados das treze apostas do concurso de loteria esportiva e sentiu o sangue gelar.

"Não pode ser... Venha, Fabiana, me ajude", pediu à mulher, que com esforço acomodou o corpo avantajado na cadeira.

Conferiu várias vezes a aposta e se convenceu: era o único ganhador do prêmio milionário.

É provável que aquele tenha sido o ano mais feliz de sua vida. Ele abandonou a mulher, voltou à sua terra natal, fez vários investimentos e cansou de contar dinheiro.

Isso tudo durou pouco, infelizmente, e não porque a falta de instrução de Negrete o tenha condenado a acabar com o dinheiro, algo que por fim aconteceria, mas por causa de uma das maiores descobertas da psicologia: o chamado "efeito de habituação".

Como mostrou um dos primeiros cientistas a estudar o assunto, o professor Richard Thompson, do Departamento de Psicobiologia da Universidade da Califórnia, essa adaptação às novas condições é, na verdade, uma característica fundamental que tornou possível nossa sobrevivência como espécie ao longo dos anos...

A ideia é que as mudanças nesse estado de ânimo que fazem com que nos sintamos mais ou menos felizes são respostas do nosso organismo a uma novidade que exige, de nossa parte, certa ação de compensação para restaurar o equilíbrio com o ambiente, da mesma maneira que um termostato faz.

Além disso, o fenômeno é naturalmente simétrico. Ocorre com as coisas boas e também com as ruins, e isso explica por que as pessoas que fazem os trabalhos mais desagradáveis, como limpar banheiros ou preparar corpos para velórios, não são menos felizes do que as que passam os dias tranquilamente sentadas a uma mesa de escritório.

Até quando a tristeza bate à nossa porta de repente, mais cedo ou mais tarde acabamos também por nos acostumar com ela, como descobriu o psicólogo Philip Brickman em um estudo no qual entrevistou 22 contemplados na loteria e 29 pessoas que tinham ficado paraplégicas após sofrerem um acidente. Ele descobriu que, um tempo após o ocorrido, todos voltavam a relatar níveis de felicidade parecidos aos de antes do evento que havia mudado sua vida.

Esse efeito de habituação explica ainda por que os habitantes dos países com PIB *per capita* mais alto não são necessariamente mais felizes do que aqueles que vivem em países mais pobres, do mesmo modo que nem mesmo as gerações atuais, que têm renda superior à que seus pais tinham 25 anos atrás, se sentem mais satisfeitas com a vida.

Um simpático pesquisador da Universidade do Sul da Califórnia chamado Richard Easterlin ficou surpreso ao deparar-se com esse resultado há quarenta anos, enquanto tentava dar preço à felicidade. Ele é o responsável por dedicarmos um grande capítulo deste livro à análise do que nos faz felizes.

A renda não importa? Qual é o peso da inflação e do desemprego para a felicidade? Sentimos inveja do que os outros ganham? Seremos mais felizes tendo um companheiro estável ou fazendo sexo com o maior número possível de pessoas? E a religião, a atividade política, a academia, o trabalho, a família...?

O que a ciência demostrou que realmente nos deixa felizes?

Mas as relações entre economia e psicologia não acabam na felicidade.

Em novembro de 2002, a Academia Sueca entregou o Prêmio Nobel de Economia a um psicólogo israelense chamado Daniel Kahneman, que, depois de realizar muitos experimentos, provou que cometemos sistematicamente erros, ou vieses, no momento de tomar decisões, sobretudo quando as tomamos em contextos de grande incerteza. Parece que simplesmente usamos regras ou heurísticas que funcionam para nós, ainda que não nos permitam alcançar os melhores resultados. Um dos vieses, por exemplo, é o da *representatividade*. Esse vencedor do Prêmio Nobel, atualmente professor da Universidade de Princeton, descobriu que temos a propensão de acreditar que a realidade que nos cerca é representativa do total do país, quando, na verdade, tendemos a nos unir a pessoas de mesmo nível socioeconômico que o nosso e que, além disso, costumam pensar como nós e compartilhar muitos de nossos hábitos.

Em um estudo que acabei de publicar com Guillermo Cruces, do Centro de Estudos Distributivos, Laborais e Sociais da Universidade Nacional de La Plata (Cedlas), e Ricardo Pérez Truglia, da Universidade de Harvard, fizemos uma pesquisa com um número representativo de moradores da área metropolitana da Grande Buenos Aires, na qual o pesquisador dizia aos entrevistados: "Na Argentina existem aproximadamente 10 milhões de famílias. Em sua opinião, quantas famílias com renda menor do que a sua existem?".

Sistematicamente, os entrevistados mais pobres responderam que havia 4 milhões ou 5 milhões de lares em situação pior que a deles, enquanto os entrevistados que estavam entre os 10% ou 20% com maior renda acreditavam que havia apenas 5 milhões ou 6 milhões de famílias mais pobres. Todos acreditavam ser mais classe média do que eram na realidade.

Outra descoberta interessante de Kahneman é que, devido às distorções em nosso sistema de memória, não nos lembramos exatamente do que vivemos, e, então, não há como garantir que tomaremos decisões corretas na vida. Se tentarmos escrever em um caderno um relato de nossas últimas férias, veremos que poucas folhas serão preenchidas, porque boa parte do tempo transcorrido simplesmente se apagou de nossa lembrança, e é até muito possível que tenhamos deturpado o que realmente ocorreu.

O fato de não nos lembrarmos de alguns momentos de nossas férias pode ser comum; talvez acabemos supervalorizando o lado bom vivido e gastando dinheiro demais nas férias seguintes, mas o fato de forjarmos as lembranças de nossa última relação amorosa pode nos levar a cometer o mesmo erro de formar um novo casal que não funcione.

Os problemas com a memória não terminam aí. Sabemos, por pesquisas de psicólogos cognitivos como Endel Tulving, que não temos uma única memória, mas um sistema de diferentes depósitos onde guardamos informações diferentes.

O funcionamento do sistema de memória será de fato um dos eixos deste livro, porque veremos que tanto o marketing como as políticas públicas têm um efeito que depende do tipo de memória a que recorrem.

Compreender isso nos permitirá entender por que o dólar sobe em nosso país e por que as campanhas de prevenção ao tabagismo, ao alcoolismo e ao uso de drogas não funcionam, mas também o que é preciso fazer para que as pessoas se comportem como os planejadores de políticas públicas desejam.

O esboço da arquitetura da escolha é a especialidade de outra autoridade em economia do comportamento, o professor da Universidade de Chicago, Richard Thaler, que tem estudado pequenos macetes (*nudges*) para conseguir fazer que as pessoas doem mais órgãos, ingiram menos gordura, economizem mais, gastem menos energia e estejam dispostas a abrir mão de subsídios públicos ou a comprar um vinho mais caro em um restaurante.

Todas essas descobertas são apenas a ponta do *iceberg* do comportamento. Uma farta literatura científica revela centenas de resultados que não coincidem com as previsões dos modelos econômicos tradicionais ensinados na maioria das universidades do mundo.

No entanto, durante muitos anos, apesar da óbvia relação que a economia e a psicologia deveriam ter mantido, ambas as disciplinas seguiram caminhos diferentes.

Os modelos que são aprendidos nos cursos de economia supõem que os seres humanos são máquinas absolutamente racionais, capazes de realizar milhões de cálculos por segundo sem nenhum custo, com o objetivo de maximizar sua utilidade, mesmo quando ninguém tenha conseguido estabelecer, até o momento, o que é concretamente a utilidade.

Existem pesquisas mais sofisticadas que levam em consideração variáveis como "informação imperfeita" e "custos de transação", mas esses estudos continuam não perguntando como as pessoas de fato tomam suas decisões. Partem do pressuposto de que os indivíduos erram ou se desviam em seu comportamento pelo simples fato de enfrentarem situações nas quais seu acesso à informação é deficiente, como ocorre com quem tem que comprar um computador ou consertar um carro sem saber nada a respeito das características tecnológicas (dos processadores e motores) nem está disposto a gastar o tempo e o dinheiro necessários para entender o assunto.

Ninguém estuda o que as pessoas de fato fazem quando entram no supermercado ou, talvez mais importante, o que levam em consideração quando tomam decisões econômicas absolutamente relevantes a longo prazo, como quanto tempo estudar, qual carreira escolher, que nível de esforço dedicar aos estudos, quando e onde trabalhar, com quem se casar, quantos filhos ter ou como planejar sua aposentadoria.

Melhor dizendo, essas questões não são objeto de estudo dos representantes do *mainstream* da economia científica, mas são levadas em consideração pelas empresas. Desde a publicação do famoso livro que Vance Packard escreveu nos anos 1950, *Nova técnica de convencer* [cujo título original em inglês é *The hidden persuaders*, Os persuasores ocultos], sabemos que as empresas de primeira linha montam seus centros de pesquisa nos fundos dos supermercados e não deixam nada ao acaso. Determinam com precisão a localização dos produtos nas prateleiras, a cor das etiquetas, o preço das mercadorias e o formato das embalagens. Também estudam detalhadamente quem são seus clientes e em quais dias do mês fazem suas compras, entre outros dados. No entanto, o resultado dessas pesquisas dificilmente é publicado.

Sabe-se muito pouco a respeito de como as pessoas tomam as decisões econômicas que acabam sendo as mais importantes de sua vida. O setor privado, de fato, não tem o hábito de contratar economistas para que integrem os departamentos de marketing, de fidelização de clientes e de inteligência comercial, já que os modelos que nossa ciência oferece não têm poder para explicar o modo como os consumidores efetivamente escolhem.

No setor público, devido à falta de conhecimentos mais precisos sobre as causas que determinam os comportamentos econômicos, a qualidade das políticas traçadas pelos economistas acaba sendo muito baixa, e, com isso, a sociedade se vê à deriva nas mãos de Estados que não conseguem planejar o desenvolvimento nem corrigir os indesejados desvios de rumo.

Por exemplo, será que os cientistas e os políticos sabem quais são os fatores que causam o baixo rendimento de professores e alunos? Sabem o que explica a escolha de uma carreira ou o seu abandono?

O modelo econômico tradicional indica que o aluno avalia, por meio de uma equação, quais são os custos e os benefícios de estudar, e com base no resultado decide se continua ou se deixa os estudos. Não obstante, como mostrou o economista Robert Jensen, da Universidade da Califórnia, em um texto publicado no prestigiado *Quarterly Journal of Economics*, os alunos têm uma distorção muito grande a respeito de quais são as taxas de retorno da educação.

Ou seja, não sabem quanto vão ganhar quando passarem a ter um salário, e suas estimativas estão muito longe de coincidir com a remuneração que de fato é paga no mercado de trabalho, pois, de modo geral, seus cálculos se baseiam nos salários do grupo reduzido que conhecem.

E quando se informam sobre quanto ganha, em média, uma pessoa que atua na área, como aconteceu em um estudo recente realizado em um grupo de colégios de Madagascar, os estudantes ficam menos propensos a abandonar o curso.

A maioria dos novos alunos de universidades acredita que terminará seus estudos em cerca de cinco ou seis anos, quando a duração média exigida pelas novas carreiras gira em torno de oito a nove anos.

Os índices de evasão dos alunos de nível superior são alarmantes (só 20% dos alunos que entram nas faculdades se formam), e provavelmente isso se deve ao fato de que no fim do primeiro ou do segundo ano, quando podem avaliar a quantidade de matérias que de fato tiveram nesse período, a inconsistência entre suas previsões e a realidade se torne evidente.

O que acontece com as decisões do mercado de trabalho? Um resultado interessante da literatura recente sobre a economia do comportamento enfatiza que, ao ser consultada sobre suas preferências, a maior parte das pessoas se mostra mais de acordo com uma empresa que concede um aumento de salário de 10% em um contexto de inflação de 20% ao ano do que com outra que reduz os salários em 5% em um contexto de estabilidade de preços, mesmo que, em termos de poder aquisitivo do salário, a segunda empresa seja mais favorável para os empregados que a primeira, porque um aumento de 10% com uma inflação de 20% equivale a uma diminuição do poder aquisitivo de quase 10%, ao passo que, se não há inflação e os salários nominais diminuem 5%, a perda toda é essa.

Isso acontece basicamente por dois motivos: primeiro porque os seres humanos sofrem de ilusão monetária, e por isso sempre preferimos ganhar mais, inclusive quando o poder aquisitivo desse novo salário for, na verdade, mais baixo. O segundo tem a ver com uma aversão às injustiças: recusamos qualquer corte salarial quando este é resultado deliberado da ação de alguém (do empresário, nesse caso), ao passo que temos dificuldade para identificar com a mesma facilidade o culpado pela inflação.

Adam Smith, em seu famoso livro que se tornou pedra fundamental da ciência econômica, cita cinco elementos que explicam as diferenças entre os salários que os trabalhadores recebem, e entre eles menciona o nível em que um trabalho satisfaz a pessoa que o realiza.

A questão é que não há modelos de mercado de trabalho que incorporem o princípio de habituação ao estudo das tarefas realizadas pelos trabalhadores, e por isso não se sabe como aplicar políticas que administrem com êxito a oferta de empregos, já que, se as pessoas se acostumam depressa a novas condições de trabalho, então uma mudança nessas condições, com a finalidade de atrair mais trabalhadores, por exemplo, poderia não ter os efeitos esperados *a priori*.

Os índices de poupança interna dos países, para mencionar outro exemplo, são um indicador diretamente relacionado a seus índices de investimento, que determinam, por sua vez, os índices de crescimento de suas economias em longo prazo. Por isso, as autoridades de política econômica muitas vezes procuram modificar as decisões de poupança das famílias, mas não possuem modelos adequados que indiquem o que determina que uma pessoa poupe 10% de sua renda em vez de 20%, ou que não poupe nada.

Walter Mischel, da Universidade de Stanford, realizou um experimento muito interessante com várias crianças para analisar os efeitos da postergação do prazer.

A um grupo de crianças do jardim de infância, ele oferecia um bombom de presente, mas, antes que as crianças guardassem o doce, os pesquisadores propunham a possibilidade de elas devolverem a guloseima em troca de receberem duas no dia seguinte.

Mischel, que continuou visitando os alunos durante vários anos, fez uma descoberta interessante: aqueles que tinham postergado o momento de comer o chocolate com a intenção de conseguir maior satisfação posteriormente (ou seja, os mais propensos a poupar) foram os que apresentaram melhores índices de rendimento escolar no ensino médio.

O que chama atenção não é a relação entre paciência e índice de poupança nem entre ansiedade e consumo, mas o fato de essa poupança estar muito ligada aos resultados da análise das avaliações de qualidade educacional em nível internacional.

Todos os anos, em muitos países, são feitas duas provas padronizadas que medem o rendimento dos alunos em matemática, idiomas e ciências. As avaliações são conhecidas internacionalmente por suas siglas em inglês, Pisa (Programme for International Student Assessment [Programa Internacional de Avaliação de Alunos]) e TIMSS (Trends in International Mathematics and Science Study [Tendências no Estudo Internacional de Matemática e Ciências]). Que países, em sua opinião, apresentam melhor rendimento escolar? Vou dar uma pista: os Estados Unidos não estão entre os primeiros. Nem mesmo a França, a Austrália, a Inglaterra e a Argentina (que apresenta resultados piores que a Romênia). São os países asiáticos que lideram a maioria dos *rankings*: não só têm os índices de poupança mais altos do mundo, mas também crescem a índices mais elevados (vale mencionar que a Finlândia também apresenta indicadores acadêmicos excelentes e um dos índices de desenvolvimento mais altos da Europa).

Assim, poderíamos seguir listando exemplos que comprovam a enorme necessidade de a economia incorporar modelos da psicologia para melhorar sua compreensão e sua explicação do modo como as pessoas tomam suas decisões.

Mas este livro não é um registro de falhas no funcionamento da mente ou de raridades de colecionadores de fenômenos mentais.

Esses comportamentos que sistematicamente nos afastam do que faria o *Homo economicus* são, na verdade, consequência do funcionamento normal da mente, e não anomalias, e esperamos que disso resulte um mergulho mais profundo nas águas da psicologia cognitiva para buscar as bases sobre as quais será feita a construção da psicoeconomia.

O estudo dessas aparentes "falhas" no comportamento e no modo como as pessoas de fato tomam suas decisões tem grande utilidade na psicologia das finanças pessoais, na análise de como as pessoas raciocinam quando tomam uma decisão econômica, na psicoeconomia da publicidade, na psicoanatomia das crises econômicas, na economia da felicidade, na representação mental que as pessoas fazem das políticas públicas, na psicoeconomia das relações pessoais e em seu equivalente na educação, assim como no terreno em que a sofisticação da mente alcança sua expressão máxima: nos comportamentos estratégicos e na teoria dos jogos.

As áreas de pesquisa mencionadas provavelmente farão parte da agenda que resultará da união entre economia e psicologia nos próximos vinte anos.

Primeira Parte

Como a mente funciona?

De Pinker e Fodor a Damasio, Kahneman e Rangel

No número 1.070 da Quinta Avenida, um prédio em forma de caracol abriga cinco andares circulares de frente ao Central Park. Apesar de a maioria das exposições serem temporárias, no dia 15 de agosto de 2012 um festival de formas geométricas de cores diferentes encantou os espectadores sortudos que decidiram sair da rampa principal no quarto andar e virar à esquerda para apreciar as pinturas. Cada um dos 90 visitantes do famoso Museu Guggenheim ouviu até música enquanto desfrutava a vista naquela pequena área destinada à exibição de quadros de Wasily Wasilyevich Kandinsky, o incrível artista russo portador de uma estranha característica hereditária cujo nome se forma da combinação das palavras gregas *syn* (junto) e *aesthesis* (sensação). Para grande parte dos mortais, os sentidos estão separados e são de domínio específico, de modo que não é possível que influenciem uns aos outros; não se pode ouvir cores ou sentir um som com o tato. Mas para quem tem sinestesia é perfeitamente possível ver cores quando se ouve um som ou quando se lê um número ou letra; existem, até mesmo, pessoas capazes de sentir o cheiro das cores.

Portanto, na arquitetura cognitiva da mente humana há um conjunto de módulos perceptivos que captam os estímulos sensoriais do meio ambiente, que pode se assimilar ao entorno, e transportam os dados ao processador central, chamado *sistema executivo*.

Esses módulos, como já indicou Jerry Fodor, se distinguem das faculdades horizontais – mecanismos gerais que estão presentes ou "auxiliam" processos mentais de funções distintas, como a memória, a atenção e o raciocínio, entre outras. Eles têm mais a ver com as faculdades verticais, ou seja: "mecanismos de domínio específico, geneticamente determinados, associados a estruturas neurais diferenciadas e computacionalmente autônomas", no sentido de que operam sem informação de outros módulos (a visão, por exemplo).

Consideremos, assim, a visão. É claro que se trata de um mecanismo que só abrange o domínio das imagens (exceto para os sinestésicos) e que se encontra separado – no sentido de não se alterar com informação proveniente de outros sentidos ou da própria razão. É verdade que um ruído chamaria atenção para o objeto que o produzisse, fazendo que fosse visto, mas se uma pessoa já estivesse voltando a atenção para tal objeto não o veria mais brilhante, nem maior, nem mais próximo, por mais ruídos que gerasse.

O caso das ilusões ópticas já é um clássico desde o trabalho pioneiro do neurocientista David Marr, no início dos anos 1980. Por exemplo, se subirmos nos trilhos de um trem, veremos que eles "se misturam" à medida que sua vista se afasta, mesmo que você saiba que isso não é possível, já que os trilhos sempre correm paralelos.

O problema é que o mecanismo da visão (não a informação sobre os trilhos) se encontra separado e não pode ser modificado nem mesmo pelas crenças ou certezas de quem observa. Além disso, é evidente que o mecanismo da visão é autônomo, uma vez que não reúne informação proveniente de nenhum outro módulo ou sistema, do mesmo modo que não exerce influência alguma sobre outros sistemas modulares.

Além dos módulos perceptivos, inatos e, portanto, herdados e determinados pela seleção natural, há comportamentos que podem ser parcialmente modularizados e automatizados, do mesmo modo que existem outros elementos do sistema cognitivo que são de natureza muito mais geral no que tange a seu campo de ação (não modulares).

Pensemos, por exemplo, no mecanismo da memória.

Os bastidores da memória

Clive Wearing se lembra perfeitamente de muitas das tardes cinzentas em que ganhava a vida como regente de orquestra, ainda que não seja por isso que esteja sendo entrevistado pela BBC. Durante a reportagem, sua mulher, Deborah, aparece inesperadamente. Clive se prepara para recebê-la, esquecendo-se totalmente dos jornalistas, e os dois se envolvem em um abraço emocionado, já que fazia 25 anos que não a via. Ou, pelo menos, era o que ele acreditava.

Em 1985, esse simpático inglês teve uma terrível encefalite que causou prejuízo ao seu hipocampo, uma área do cérebro especialmente importante na tarefa de armazenar experiências. Como consequência, apesar de não ter perdido a memória antiga, não consegue registrar novas lembranças; não consegue transferir suas vivências aos campos de longo prazo que a mente tem, e por isso a informação desaparece de sua consciência quinze segundos depois de entrar, aproximadamente o tempo que duram as lembranças da memória de curto prazo, parte essencial da memória de trabalho.

A doença de Wearing nos remete ao personagem principal do filme *Amnésia*, que, consciente do problema de memória que tem, escreve a informação que vai obtendo em todo o corpo, já que sabe que se esquecerá de tudo depressa; ele evita, assim, ter que reconstruir suas lembranças de novo, do zero. Uma característica parecida é explorada no filme *Como se fosse a primeira vez*, uma divertida comédia romântica em que Adam Sandler precisa reconquistar Drew Barrymore todos os dias, uma vez que ela se esquece de tudo assim que deita a cabeça no travesseiro.

Ainda que Clive venha a se esquecer em poucos segundos de ter visto a mulher e volte a se emocionar sempre que ela sai do banho, sempre que ela o desperta pela manhã ou quando o leva à mesa para almoçar ao meio-dia, na verdade a breve duração da informação na memória de curto prazo não é o maior problema de Wearing. Todos os seres humanos perdem, em um lapso de quinze segundos, qualquer dado que não tenham tido o cuidado de armazenar na memória de longo prazo, e, para todos nós, a capacidade dessa memória é muito reduzida no que diz respeito à quantidade de elementos que podemos processar ao mesmo tempo.

Por isso nos esquecemos de um número de celular recém-informado se não o anotarmos depressa; e se em vez de um número de telefone alguém quiser nos passar uma lista de vinte itens que devemos comprar no mercado, teremos problemas para nos lembrar de muitos deles, tendo em vista que, como demonstrou o psicólogo cognitivo da Universidade de Princeton, George Miller, em um famoso trabalho da década de 1950, a memória de curto prazo só pode armazenar entre cinco e nove elementos (sete, em média).

O segredo, então, passa pela codificação da informação na memória de longo prazo.

Graças aos trabalhos do psicólogo experimental Endel Tulving e de seu colega Alan Baddeley, da Universidade de York, Inglaterra, sabemos que os mecanismos responsáveis pelo armazenamento de informação a longo prazo parecem se diferenciar entre si no que diz respeito à natureza da informação que armazenam (semântica, episódica, procedural e perceptual).

Por exemplo, esperamos que tudo o que você estiver lendo neste livro seja armazenado na memória semântica, que é aquela que guarda os conhecimentos transmitidos, os dados aprendidos, os valores e atos de caráter mais enciclopédico.

O ato da leitura, por sua vez, assim como o ambiente que o cerca neste momento, o almoço de ontem, seu primeiro beijo e o que fez no último Ano-Novo são experiências autobiográficas que ninguém contou, mas que você viveu por si mesmo e que serão guardadas na memória episódica (também chamada autobiográfica), marcadas ou sinalizadas pelas emoções que sentiu enquanto essas coisas aconteciam.

Outras lembranças são tão automatizadas que nem sequer precisamos pensar nelas de modo consciente para trazê-las ao presente. É o caso das atividades que se mantêm na memória procedural, como as regras que você deve seguir para guiar um carro ou para andar de bicicleta.

Por fim, há imagens, formas e disposições de cores que ficam gravadas na memória perceptual e que nos permitem reconhecer facilmente um objeto, um produto (ou marca) só num olhar, inclusive antes de serem percebidos por nós de modo consciente.

Para além do tipo de memória que está em jogo, fica evidente tratar-se de uma faculdade inata nos seres humanos (e talvez ocorra a mesma coisa com os animais). Isso se torna claro quando observamos a variabilidade nula que apresenta o funcionamento do mecanismo da memória nas diferentes culturas. Também parece existir determinada localização cerebral dos diferentes subsistemas da memória, como mostram os estudos de neurocirurgia realizados por Tulving em pacientes com lesões focalizadas, os quais perdem algumas das capacidades de memória, mas conservam outras.

E mais, essa importante faculdade cognitiva é passível de ser conquistada e pode ser influenciada por outros elementos do sistema mental, a tal ponto que, como mostram as pesquisas de Elizabeth Loftus, a memória pode ser inclusive manipulada e deturpada. Essa prestigiada psicóloga de Irvine, Universidade da Califórnia, é especialista forense na justiça norte-americana desde o início da década de 1980, quando começou a trabalhar no caso de Steve Titus, um gerente de restaurante em Seattle que foi erroneamente preso porque uma mulher que havia sofrido uma agressão o confundiu com o agressor.

Na contramão da maioria dos psicólogos que trabalham na área da memória, Loftus não se especializou em pesquisar por que nos esquecemos, mas exatamente o oposto, ou seja, por que nos lembramos, o que lembramos e por que nossas memórias são tão suscetíveis ao erro.

Além da memória

Apesar de outros pesquisadores, como Daniel Schacter, terem corroborado e confirmado a hipótese de Loftus, não se pôde sustentar que nosso sistema de memória fosse tão frágil, porque, se assim tivesse sido, as pressões evolutivas teriam cobrado seu preço e não estaríamos sobre a face da Terra discutindo esses assuntos.

De todo modo, parece que o sistema de memória tem funcionado globalmente de maneira eficiente para esquivar dos problemas de nossa espécie, e é provável que as falhas tenham persistido no tempo porque contamos com muitos comportamentos preestabelecidos desde o princípio; herdados, em maior ou menor nível, e que nos ajudam a nos desenvolver satisfatoriamente no meio que nos cerca.

Parece ser essa a ideia de Pinker quando, em *Como a mente funciona*, propõe que nós, seres humanos, viemos ao mundo equipados com um conjunto de programas inatos adquiridos por nossa espécie porque, ao longo dos anos, trouxeram-nos vantagens reprodutivas ou de subsistência. Num contexto de informática, é como dizer que nosso cérebro (*hardware*) já vem com alguns programas (*software*) pré-instalados.

Há um milhão de anos, nossos ancestrais caçadores-coletores estavam expostos a diversos desafios de sobrevivência e reprodução. Segundo esse psicólogo evolucionista de Harvard, aqueles que por mutações fortuitas (ou simplesmente por configurações dispostas ao acaso) possuíam programas de comportamento funcionais às circunstâncias ambientais tinham mais chance de sobreviver e de se reproduzir, transmitindo, assim, seus genes (e com eles o novo programa) às gerações futuras.

Para Pinker, os programas de comportamento são redes neurais "estruturadas para manipular símbolos", de modo que, diante de um problema (*input*) determinado, geram representações mentais, e a partir dessa manipulação e desse processamento são obtidas soluções (*outputs*) evolutivamente aptas. Como veremos mais adiante, essas representações mentais são o segredo na hora de desenvolver determinados planos de ação por parte dos consumidores.

Dito isso, é pouco provável que a evolução tenha criado programas de comportamento totalmente configurados de maneira aleatória. Se as conexões predeterminadas de um programa fossem distribuídas fortuitamente, apenas alguns indivíduos (ou talvez nenhum) teriam sido dotados com a configuração correta para resolver um problema de sobrevivência ou de reprodução.

Além disso, como afirma o vencedor do Prêmio Nobel de Medicina, Eric Kandel, essa vantagem aleatória teria desaparecido rapidamente quando o portador se relacionasse com outro indivíduo que não tivesse sido tão feliz no que tange à sua dotação inicial.

No outro extremo, se o programa comportamental não tivesse incluído nenhuma conexão pré-configurada e nossos ancestrais tivessem sido apenas uma *tábula rasa* (como sugeria Locke, que acreditava que vínhamos ao mundo totalmente em branco e absorvíamos tudo como se fôssemos esponjas), então o processo de aprendizagem necessário para se obter conexões aptas para resolver determinado problema teria sido muito difícil, e seriam escassas as possibilidades de os indivíduos sobreviverem a todos os erros que, certamente, teriam cometido.

Parece mais plausível pensar que a realidade está em um lugar intermediário, já que é fácil pensar na hipótese de que a seleção natural foi favorecendo a transmissão de genes que codificavam arquiteturas neuronais com algumas conexões preestabelecidas, juntamente com mecanismos de aprendizagem para estipular o restante das conexões de maneira satisfatória.

Pense nos comportamentos de aversão aos riscos, de altruísmo e de cooperação, de consumo presunçoso (aquele para obtenção de status social), de interação estratégica em jogos (a fraude, por exemplo), de investimento e inversão etc. Temos uma predisposição inata a determinados comportamentos econômicos, como a corrupção e o consumismo? Nós os aprendemos por acaso com nossos pais e nosso ambiente?

Pinker acredita que, em sua imensa maioria, nossos comportamentos são herdados; vêm de fábrica. Sem aceitar pressupor a existência de tendências de cooperação e propensões às preferências de justiça distributiva, citando algumas áreas sobre as quais há consenso em aceitar certo nível de transmissão hereditária, o professor Pinker fala sobre a existência de uma biologia intuitiva, de uma psicologia intuitiva, de uma física intuitiva, de uma lógica intuitiva, de uma aritmética intuitiva e de uma economia intuitiva, todas elas de caráter inato.

Mais ainda, na explicação de Pinker, cada um desses campos estaria composto por subprogramas: um módulo de diferenciação entre o inanimado e o animado, outro para diferenciar o nutritivo do venenoso, um terceiro para reconhecer possíveis predadores, um módulo detector de trapaceiros, outro para compreender geometria, e assim sucessivamente.

Em suma, centenas de programas e aplicativos que nos permitem tomar decisões todos os dias e que já vêm pré-carregados, como os que hoje são acessados pelos smartphones.

É claro que esse enfoque gera mais um problema porque, se de fato nosso aparelho cognitivo estivesse de acordo com um conjunto de programas computacionais muito amplo, deveríamos nos perguntar como se chegaria à coerência global em casos em que os diversos módulos emitissem ordens contraditórias. Desse modo, parece necessário o surgimento de algum tipo de sistema executivo central encarregado de coordenar e obter as respostas dos diferentes programas.

Pinker acredita que a consciência (como capacidade de acesso à informação) pode cumprir esse papel. A consciência, então, pode agir como mais um programa (talvez como um metaprograma) encarregado de separar a informação relevante (concentrar a atenção), analisá-la de acordo com seu valor em termos de reprodução e de sobrevivência (talvez com um marcador somático-emotivo) e tomar as decisões de ação pertinentes.

A emoção ao poder

Voltemos à última ideia: estamos dizendo que o sistema executivo central provavelmente faz uso das emoções para decidir como analisar a informação do ambiente no qual se desenvolve o indivíduo no momento de tomar decisões.

Trata-se de uma questão extremamente importante, porque existe uma ideia muito difundida na sabedoria popular segundo a qual as pessoas teriam dois sistemas diferentes de tomada de decisões: a razão, de um lado, e a emoção, de outro.

Estamos justamente dizendo que, no processo de tomada de decisões, o sistema executivo central utiliza as emoções como insumos de informação, de maneira que não haveria dois sistemas distintos a funcionar de modo paralelo, pois as emoções fariam parte integrante do sistema cognitivo global.

Obviamente, as emoções são programas "à la Pinker", que têm sido evidentemente selecionados em resposta às demandas do ambiente, porque têm permitido integrar de modo muito modular (ou seja, com um grau muito alto de automatismo) um conjunto de informação ambiental relevante para melhorar as chances de sobrevivência e de reprodução.

Afirmar que as emoções são herdadas e comuns à espécie não é uma ideia nova. Darwin apresentou, em 1872, a extraordinária similaridade de um conjunto de emoções em culturas diferentes, e Paul Ekman (o cientista em cujo trabalho a famosa série *Lie to me* [Engana-me se puder] se baseia) confirmou a hipótese, ao estudar a interpretação de seis emoções diferentes em culturas distintas, que, em todas elas, assumiam um mesmo significado (alegria, nojo, tristeza, medo, raiva e surpresa).

Se, por outro lado, as emoções fossem um desenvolvimento da cultura, existiriam variações importantes de um lugar a outro, e o que para alguns grupos é uma cara de surpresa para outros seria de alegria. No entanto, não é isso o que acontece. As emoções são universais, provando, assim, que foram o resultado da evolução de nossa espécie.

Como se essa descoberta não fosse por si só suficiente, Gili Peleg e seus colegas da Universidade de Haifa, em Israel, encontraram em uma pesquisa recente uma correlação importante entre as expressões faciais de crianças cegas e as de seus pais, demonstrando que elas necessariamente tinham sido herdadas.

É interessante notar que, ao estudar as expressões faciais, Ekman descobriu que o reconhecimento dos gestos de surpresa é universal. Essa constatação coincide com os resultados dos estudos pioneiros da especialista em desenvolvimento infantil da Universidade de Harvard, Elizabeth Spelke, que demonstrou que os bebês recém-nascidos apresentam rapidamente sinais de habituação quando um estímulo permanece constante, e que se surpreendem quando o estímulo varia.

É nessa capacidade de perceber variações que reside uma das chaves mais importantes do funcionamento da mente, pois qualquer sistema cognitivo que tente realizar classificações, abstrações de regularidades e inferências indutivas – que são as tarefas próprias do pensamento e da tomada de decisões – usa como insumo indispensável a variabilidade ambiental ou do entorno dos indivíduos.

Nosso especial interesse pela surpresa também explica boa parte dos vieses de atenção que estudaremos em breve e por que prestamos mais atenção aos atributos mutáveis de nosso ambiente, deixando de lado os parâmetros que se mantêm inalterados. Por exemplo, acreditamos que a inflação está mais alta porque o preço da carne subiu no supermercado, mas não atentamos ao fato de que talvez as verduras ou os impostos dos serviços não tenham aumentado.

O trabalho de Spelke também é importante porque, se os bebês percebem variações, isso decorre do fato de que eles, de algum modo, identificam os atributos relevantes dos objetos (e descartam outros). Ou seja, são capazes de resolver o famoso problema de indeterminação de Goodman, o qual surge quando não é possível identificar a relevância de um atributo sem fazer referência à sua relação com outro que precisa ter sido identificado anteriormente.

Para que o leitor entenda melhor essa questão, pensemos no famoso conto de Borges, *Funes, o memorioso*. Funes cai de um cavalo e fica preso a uma cama. Essa queda, porém, dota-o de uma memória espetacular que permite a ele perceber e diferenciar os múltiplos detalhes. Essa capacidade, segundo Borges, impede Funes de pensar e de até mesmo gerar categorias. "Não só lhe custava entender que o símbolo genérico *cachorro* abrangia tantos indivíduos díspares de diversos tamanhos e formas; incomodava-o que o cachorro das três e catorze visto de perfil tivesse o mesmo nome que o cachorro das três e quinze visto de frente". "Pensar", diz Borges no conto, "é esquecer diferenças, é generalizar, abstrair".

Para que o sistema cognitivo funcione corretamente e seja capaz de abstrair regularidades e de gerar categorias, não precisamos sequer que a fonte de variação do ambiente do indivíduo seja consciente. Ou seja, não precisamos recorrer a nenhuma representação mental do estado do mundo para gerar determinada emoção que dirija nossa atenção a um fenômeno em particular (além de as representações mentais efetivamente poderem acionar emoções). De fato, muitas das emoções que garantem nossa sobrevivência foram localizadas em termos anatômicos em uma área da base do cérebro (a raiz do lobo temporal) denominada *amígdala*. Os estudos realizados por meio da técnica de neuroimagem mostram que a ativação da amígdala precede a atividade dos lobos frontais, normalmente associados à atividade cognitiva consciente.

É justamente a amígdala a responsável por não tomarmos um susto enorme quando passamos por uma casa com um cachorro grande que começa a latir. A pessoa vê claramente a grade e compreende em um segundo que o cão assustador está preso do outro lado, sem possibilidade de atravessá-la. Contudo, ela reage antes mesmo de conseguirmos ver a grade e dispara em nós a emoção do medo, para nos dar uma vantagem de décimos de segundo que, quando os cachorros eram leões ou javalis no meio da savana africana, eram a diferença entre a vida e a morte.

Podemos afirmar que as emoções básicas são vetores informativos que recolhem um conjunto de dados do ambiente (não necessariamente percebidas de modo consciente) e a resumem em um *output* que é captado pelo sistema sensorial (algumas vezes, com simples neurotransmissores; outras, por meio do sistema endócrino). Esse resultado é o responsável por nossa atenção se dirigir parcialmente a determinadas fontes de variabilidade do ambiente, deixando outras de lado. A ideia, de um jeito ou de outro, já aparecia na obra da especialista em desenvolvimento cognitivo da Universidade de Londres, Annette Karmiloff Smith, quando pressupôs a existência de preferências de estímulos inatas para se referir, por exemplo, à preferência dos bebês por objetos novos.

Por esse motivo, muitas vezes as emoções são difíceis de racionalizar. Uma pessoa "sente" que algo não a assusta, percebe que estão mentindo, simpatiza com alguém à primeira vista, tem um "palpite" para um negócio, freia uma atitude porque algo lhe parece errado ainda que não consiga identificar exatamente o quê.

Aproveitando que falamos de Karmiloff Smith, é interessante enfatizar que essa autora oferece uma síntese da antítese Pinker-Fodor a respeito dos programas de comportamento que existem pré-instalados em nosso cérebro.

Karmiloff introduz a ideia de que os módulos (como programas mais ou menos específicos de domínio, automáticos e relativamente separados) podem ser construídos a partir da experiência do indivíduo. Isso quer dizer que as pessoas, ao interagirem no ambiente, detectam regularidades e criam suas próprias teorias sobre o funcionamento do mundo que as cerca.

Uma vez que essas teorias construídas sejam satisfatórias para explicar alguns acontecimentos novos da vida do indivíduo, ocorre um processo de modulação (fraco): tais teorias se isolam e se automatizam para serem aplicadas no domínio particular no qual se formaram. O interessante dessa ideia é que apoia a explicação a partir da qual Kahneman construiu a base de seu Prêmio Nobel.

Assim, Kahneman sustenta que boa parte dos vieses cognitivos que afastam o comportamento dos indivíduos daquele que recomendam as leis da racionalidade estabelecidas pela economia tradicional têm a ver com a existência de dois sistemas distintos de tomada de decisões: um automático, cujo mecanismo é mais ou menos inconsciente, e outro deliberado, cuja lógica reage à evolução consciente que ocorre quando se enfrenta um problema.

O funcionamento do sistema automático (sistema 1) que Kahneman pressupõe remete claramente à ideia de módulos construídos à la Karmiloff Smith. É por isso que muitas vezes os mercados não funcionam de modo eficiente, pois as pessoas não pensam nos prós e nos contras de cada decisão; muitas vezes tomam decisões com mecanismos mais ou menos automáticos que construíram a partir de sua experiência e que logo foram modularizados.

Por exemplo, cada vez que uma situação de incerteza surge na economia argentina, os investidores correm para comprar dólares, sem antes considerar os riscos e as vantagens associados a esse ato; simplesmente desenvolveram um "módulo de precaução" que dispara automaticamente o comportamento de compra. Não importa que em muitas oportunidades durante os últimos anos não tenha sido um bom negócio comprar dólares, porque não é feita uma avaliação racional das condições do mercado, da evolução da cotação da moeda norte-americana etc.

Primeiro, a emoção. A ansiedade para comprar dólares surge como o sintoma de que nosso sistema cognitivo capta (de modo não necessariamente consciente) uma série de elementos e características da situação econômica atual que o colocam em alerta.

Prova disso é que muitas vezes acaba sendo até difícil verbalizar os motivos pelos quais os investidores se lançam às divisas estrangeiras. A pessoa "sente" que está fazendo o certo, ainda que não consiga justificar com palavras seu modo de agir.

Um computador com falhas

A metáfora do computador que utiliza a psicologia cognitiva *a priori* parece estar de acordo com a ideia de racionalidade da ciência econômica tradicional. Afinal, os críticos mais ferrenhos das hipóteses idílicas dos livros com que estudamos economia nas universidades sustentam frequentemente que os modelos econômicos apresentam o *Homo economicus* como se fosse um computador, ou seja, o paradigma das regras e da racionalidade.

No entanto, uma vez que "nosso computador" foi moldado e construído como resultado de centenas de milhares de anos de evolução, durante os quais forças muito diferentes pressionaram para que atributos diferentes predominassem, ele apresenta diversas "falhas". As aspas entram na história já que, em teoria, nosso cérebro é a ferramenta que mais tem conseguido contornar os problemas da sobrevivência e da reprodução ao longo da história da espécie, e, portanto, se a prova de confiabilidade – de qualquer característica física em geral e da mente em especial – está na capacidade de se reproduzir e sobreviver, então não se pode falar de um *design* ineficiente.

Mas daí a afirmar que se trata do melhor design possível para resolver o conjunto de problemas que um indivíduo enfrenta na vida moderna, há uma distância considerável. Boa parte dessa distância tem a ver com o fato de que o ambiente no qual nossa espécie evoluiu é, sem dúvida, muito diferente do atual.

Há 100 mil ou 150 mil anos, época aproximada dos *Homo sapiens sapiens*, não havia cidades nem eletricidade, nem transportes, nem dinheiro, nem leis. Mais importante ainda, também não havia agricultura. Portanto, não existia a possibilidade de investir nem de acumular, e por isso não existia desigualdade nas rendas da população, pelo menos não nos termos atuais.

É possível pensar que os principais desafios do homem daquela época estavam ligados a como se alimentar, como se reproduzir e como evitar ser devorado por outros animais.

Os "outros animais" do parágrafo anterior podiam ser homens de outras tribos, dispostos a destruir seus semelhantes, talvez não com o objetivo de se alimentar com a carne humana, mas certamente para eliminar a concorrência pelos recursos escassos (comida, acesso à reprodução e a um bom território, basicamente). Nesse caso, as relações pessoais, grupais ou sociais – mesmo nas organizações primitivas – deviam ter grande peso na sobrevivência. Os mais aptos para construir alianças e guiá-las com segurança tiveram mais e melhores chances de sobreviver.

Por isso, quando discutirmos os vieses cognitivos descobertos, em geral nos laboratórios de psicologia, sempre procuraremos uma explicação evolutivamente plausível, pois uma vez que esses comportamentos "anômalos" se apresentam de modo sistemático sem distinguir culturas nem raças, fica claro que devam ter dado alguma vantagem evolutiva em certo momento da história, ou não teriam sido transmitidos por herança de modo bem-sucedido.

Mas se quisermos dar crédito à ideia de que muitos desses comportamentos, longe de serem produto da seleção natural darwiniana, se constroem a partir da experiência do indivíduo, teríamos que considerar as consequências no modo como as pessoas tomam decisões.

Por exemplo, devido à diversidade cultural, deveríamos observar uma alta heterogeneidade no comportamento de pessoas de culturas diferentes ou em momentos distintos da história, nos quais os padrões econômicos, se seguirmos essa lógica, acabariam sendo, em maior medida, consequência da idiossincrasia das pessoas que povoavam essas regiões em cada época.

Se me lembro bem

Para desentranhar os mistérios da decisão humana, parece certo começar questionando os diferentes mecanismos da memória. Daniel Schacter e Elizabeth Loftus, a quem apresentamos mais cedo, provavelmente são as duas pessoas que mais entendem do funcionamento desse sistema no mundo todo. O primeiro, psicólogo da Universidade de Harvard, publicou, em 2002, *Os sete pecados da memória*, um relato apaixonante das aparentes fraquezas de nosso sistema de memória; ele nos ensina que não nos lembramos da maior parte da informação a qual estamos expostos diariamente, e que, quando nos recordamos, normalmente "elaboramos" nossas próprias lembranças. Nossa memória, segundo esse especialista, não grava literalmente os acontecimentos como um disco rígido, mas guarda fragmentos do que é vivido; o que fazemos com o que guardamos é um tipo de edição para produzir uma lembrança.

Loftus, por sua vez, sabe disso muito bem por atuar como perita judicial. Suas pesquisas vão além ao mostrar que é até possível introduzir lembranças falsas na memória das pessoas. Essa especialista em memória apresenta evidências avassaladoras sobre a facilidade com que é possível induzir testemunhas a acreditar terem visto determinados fatos durante um acidente, por exemplo, ou sobre como pode ser simples convencer as pessoas de que sofreram graves abusos na infância.

Inclusive, em uma das pesquisas realizadas por Loftus e sua equipe, eles conseguiram convencer um grupo de indivíduos de que tinham sofrido uma indigestão na infância por terem comido ovos crus, apenas fornecendo questionários tendenciosos ou gerando falsos *feedbacks*.

Os participantes do experimento passaram sistematicamente a evitar, *a posteriori*, os alimentos que consideravam responsáveis pela suposta indigestão, provando que as falsas memórias podem até mesmo modificar nossos hábitos de consumo futuros.

Em outro experimento, esses psicólogos mostraram aos participantes da pesquisa a gravação de um acidente de carro retirada de um filme, mas prepararam uma pegadinha no momento de perguntar aos voluntários a que velocidade um dos carros estava na opinião deles.

À metade dos participantes, perguntaram a que velocidade vinha o carro vermelho quando *colidiu* com o prata; à outra metade, fizeram a pergunta trocando a palavra "colidiu" pela palavra "bateu".

Além disso, os estudiosos voltaram a entrar em contato com os voluntários uma semana depois, mas dessa vez perguntaram se eles se lembravam de ter visto vidro estilhaçado na cena do acidente. Para surpresa de muitos, os participantes a quem eles tinham feito a pergunta usando a palavra "colidiu" se lembravam de ter visto vidro estilhaçado, enquanto aqueles que tinham respondido à pergunta com a palavra "bater" não se lembravam dos vidros.

O resultado desse experimento nos dá a desculpa perfeita para começarmos a falar da questão da utilidade.

Esse conceito tão fácil de transmitir, mas tão difícil de definir, é a alma da teoria microeconômica padrão. Supõe-se que as pessoas têm uma função de utilidade ou satisfação que procuram maximizar cada vez que tomam uma decisão. Assim, se acreditamos ser mais vantajoso um sorvete de doce de leite do que uma porção de salada de fruta, e se os dois tiverem o mesmo preço, espera-se que escolhamos o primeiro deles.

Até o momento esse era o resultado indiscutível da teoria econômica, mas o vencedor do Prêmio Nobel de Economia e pai da Economia do Comportamento demonstrou que uma coisa é utilidade experimentada, que é a levada em consideração pela economia tradicional para explicar a tomada de decisões dos agentes econômicos, e outra coisa muito diferente é a "utilidade recordada", que é o nível de satisfação declarado quando pedimos posteriormente ao indivíduo que se lembre da ação.

A questão é que, se não pudermos confiar em nossas lembranças, então não teremos garantias de que, na hora de tomar uma decisão, estaremos maximizando a utilidade, como sugere o enfoque econômico tradicional, porque para isso teríamos que conseguir prever com exatidão o nível de satisfação que uma escolha nos proporcionará, e não podemos fazer isso com base em uma lembrança que não condiz com a realidade.

Imagine, leitor, que você tenha, por exemplo, que considerar a possibilidade de voltar com seu ex-parceiro. É evidente que não escolherá o caminho mais satisfatório se basear sua decisão em uma lembrança distorcida da relação, que seja diferente da realidade que de fato viveu.

De maneira concreta, diante de vários planos de ação possíveis, acabamos escolhendo um, e a tarefa de qualquer ciência econômica que se preze é explicar com mais ou menos precisão os motivos que levam à escolha, de modo que no futuro a teoria explicativa possa ser utilizada para prever o comportamento humano diante de circunstâncias parecidas.

Os manuais de microeconomia nos dizem que o indivíduo processa separadamente o resultado que obteria dos diferentes planos de ação possíveis e escolhe aquele que lhe proporciona a maior utilidade. No entanto, as descobertas anteriormente apresentadas parecem indicar que o problema tem duas respostas diferentes: se os planos de ação se referem a experiências já vividas (e, nesse caso, pesam a evocação e a lembrança para a decisão), ou se, pelo contrário, está-se diante de uma novidade.

O enfoque tradicional é especialmente útil quando se trata de explicar o comportamento diante de situações repetitivas: a lembrança da utilidade experimentada inclinará a balança a favor de uma escolha parecida diante de um plano de ação também familiar.

Em contrapartida, quando se trata de escolher entre produtos ou planos de ação novos ou pouco conhecidos, não existem garantias de que o resultado relembrado pelo indivíduo coincida com o que viverá nessa nova escolha. Pelo menos, não existem garantias desse tipo para a grande maioria dos mortais que não foram diagnosticados com hipertimesia, uma doença surpreendente que atua de modo exatamente oposto à amnésia.

Jill Price, Ric Baron e Brad Williams, ao contrário, poderiam muito bem ser as únicas pessoas no mundo a quem se aplicam o modelo tradicional de comportamento do consumidor que aprendemos em microeconomia. Esses norte-americanos têm a paradoxal infelicidade de possuir uma memória episódica perfeita. Conseguem se lembrar com riqueza de detalhes o que fizeram no dia 25 de abril de 1995 às três e meia da tarde, o que vestiram em 3 de junho de 1998, o que comeram em 2 de janeiro de 2001, qual era a exata temperatura um ano atrás, apenas para citar alguns exemplos.

Essa capacidade poderia servir para entreter a si mesmo ou para divertir os ex-colegas de classe numa reunião anual, mas o fato de não conseguir se esquecer de tanta informação totalmente irrelevante dificulta ao indivíduo levar uma vida normal. Quem se lembra de tudo se torna obcecado porque precisa da capacidade de resumir sua história em um conjunto ordenado de acontecimentos que façam sentido. Assim, em vez de dizer: "Terminei com minha namorada e passei três meses solteiro", uma pessoa que sofra dessa doença diria: "Cheguei às 15h24 à casa da minha namorada com um táxi da marca..., de placa..., que estava com dois vidros abaixados e dois pela metade. O motorista me disse que naquele dia o trânsito estava intenso devido ao fechamento de ruas enquanto suava muito, vestindo uma camisa da marca...", e assim continuaria dando detalhes sem poder chegar a um ponto importante do relato.

Felizmente, a imensa maioria dos mortais armazena a informação de modo parcial, fracionado e seletivo. Como demonstram Christopher Chabris e Daniel Simons no livro *O gorila invisível*, escolhemos qual informação armazenar, e o processo de escolha tem a ver com aquilo que (conscientemente ou não) consideramos relevante conforme nossa realidade. Muitas vezes, como veremos, essa tendência gera um *viés de seleção* (seria algo como escolher de maneira tendenciosa as testemunhas para um júri), já que nos lembramos mais daquela informação que tem a ver com nossas próprias hipóteses sobre o funcionamento do mundo.

Mais difícil ainda é termos que escolher entre um plano de ação cujo resultado podemos recordar com precisão e outro que nunca experimentamos diretamente, e que, portanto, devemos projetar em nossa imaginação. Quem troca de carro, compra uma roupa da moda, prova um prato novo, inicia uma relação amorosa ou troca de emprego vê-se nessa situação. Sabe ou acredita saber o que o antigo lhe proporcionou, mas não o que acontecerá com o novo.

Dito isso, quando falamos da memória dissemos que existiam tipos diferentes de compartimentos mnêmicos, segundo a natureza da informação guardada. Nesse ponto, é interessante considerar a diferença entre memória episódica e memória semântica.

A primeira delas tem a ver com a lembrança de fatos vividos e permite responder às perguntas do tipo "O que você fez no seu último aniversário?" ou "Gostou do sorvete de chocolate?". Por outro lado, quando se trata de dados ou de conhecimentos concretos que não resultaram de uma vivência particular, a codificação e o armazenamento são completamente diferentes. Os conhecimentos transmitidos ou aprendidos, como aqueles adquiridos na escola ou obtidos em uma enciclopédia, localizam-se na memória semântica.

Então, quem se vê diante de uma atitude nunca experimentada e que deve tomar uma decisão, pode procurar em sua memória episódica os acontecimentos mais parecidos entre os já vividos ou pode recorrer à memória semântica (dados obtidos com a leitura de informação ou por comentários de outras pessoas), porque ali está o conhecimento que indica, por exemplo, que Cuba tem melhores praias que o Chile, o que será útil para quem nunca viajou a nenhum desses lugares.

Portanto, o consumidor se imagina na situação que aconteceria a partir dos diferentes planos de ação possíveis e escolhe no presente não aquele que lhe proporcionará a maior utilidade no futuro, mas o que oferece mais prazer ao ser imaginado. Escolha que está, além disso, contaminada pelas prováveis imperfeições da informação armazenada em um tipo de memória ou no outro.

E Daniel Kahneman nos ensina que, embora possamos recordar com precisão e confiabilidade os resultados experimentados, o mecanismo que utilizamos para escolher entre dois planos de ação possíveis não consiste em comparar o total da utilidade experimentada em cada um deles, mas sim, provavelmente, o ápice de utilidade (ou de desprazer) com que se conclui cada experiência.

Em um famoso estudo realizado pelo doutor Don Redelmeier, juntamente com Kahneman, há dezenove anos, 682 pacientes que foram submetidos a uma colonoscopia relataram a intensidade da desagradável experiência em intervalos de um minuto; ao fim do estudo, fizeram uma avaliação final de quão ruim tinha sido o procedimento.

Em metade dos pacientes, os médicos deixaram, intencionalmente, o colonoscópio "na região do exame" durante um minuto a mais após a conclusão do procedimento. Uma vez que de modo geral esse minuto a mais provoca pouco incômodo em relação ao restante do exame, os indivíduos relataram, em média, que o tratamento havia sido menos incômodo em comparação ao que os demais pacientes (aqueles de quem o colonoscópio foi retirado imediatamente após os momentos de dor mais intensa) indicaram.

A conclusão paradoxal desse experimento é que podemos reduzir o desconforto vivido simplesmente agregando mais desconforto, desde que seja um incômodo menor do que o sofrido durante o restante do tratamento, porque o mecanismo cognitivo de nossa espécie não registra o total de prazer ou desprazer de uma experiência, mas considera especialmente o prazer ou a dor vivida no final.

Então, se você tem um restaurante, por exemplo, e está pensando em melhorar a qualidade da entrada ou das sobremesas, já sabe o que será mais conveniente para aumentar a sensação de satisfação de seus clientes.

Porém, se você está planejando suas próximas férias, não invista em uma viagem de muitos dias, pois a lembrança do período será fortemente influenciada pelo que você fará nos últimos dias, e assim será mais conveniente deixar as atividades mais prazerosas para o fim.

Mais pedras no caminho

Se o diabo me contratasse para criticar os resultados obtidos pela psicologia cognitiva, e em especial os achados da economia do comportamento, minha avaliação certamente indicaria a metodologia experimental utilizada nessas pesquisas. O típico experimento da classe de pesquisas que consideraremos na próxima seção se baseia no estudo de grupos integrados por uma centena de estudantes universitários, que, por sua vez, são divididos de modo aleatório em dois subgrupos: o grupo de tratamento e o grupo de controle.

O grupo de tratamento recebe uma orientação um pouco modificada em relação àquela recebida pelo grupo de controle, e a mudança tem a ver, justamente, com aquilo que se pretende pôr à prova.

Por exemplo, falemos do *priming*. O *priming* é um registro de informação que se armazena num terceiro tipo de memória, denominado sistema de *representação percentual*, o qual, de modo geral, é de acesso não consciente. É uma espécie de pré-ativação neuronal que condiciona futuras escolhas.

Para submeter à prova a existência desse mecanismo, analisemos um experimento comum. Os participantes do grupo de tratamento são instruídos a olhar em um monitor em branco no qual de repente aparece, por exemplo, uma marca de biscoitos; a imagem na tela dura menos de duzentos milésimos de segundo, de modo que ninguém poderá ter consciência de que a viu. Os participantes do grupo de controle, por sua vez, recebem a instrução de olhar para um monitor no qual não aparecerá nenhuma imagem.

O resultado mais frequente é que, embora os integrantes dos dois grupos afirmem não terem visto absolutamente nada na tela, quando o pesquisador pede que digam nomes de marcas de biscoitos, os membros do grupo de tratamento sistematicamente têm mais propensão a dizer o nome da marca correspondente ao estímulo visual a que foram expostos, ainda que não saibam por que fazem isso.

Além da lenda urbana que afirma que todos os filmes têm imagens escondidas de marcas com duração de poucos milésimos de segundo, colocadas ali de propósito para nos induzirem a consumi-las, a verdade é que os resultados das provas mencionadas mostram que, apesar de existir uma tendência do grupo de tratamento a dar respostas diferentes das do grupo de controle, essa diferença não é absoluta. Ou seja, nem todos os indivíduos submetidos ao *priming* citam a marca de biscoitos mostrada, enquanto alguns integrantes do grupo de controle também a mencionam.

Isso acontece na maioria dos experimentos desse tipo. Em todo caso, é possível afirmar que existe uma tendência sistemática dos indivíduos que participam deles a dar respostas diferentes se estiverem no grupo de controle ou no de tratamento.

O importante é que a partir desses resultados não é possível concluir que todas as pessoas se comportam de um jeito ou de outro, mas, sim, que em todo caso há uma maioria que tende a se comportar de determinada maneira, apesar de eu desconfiar que, no que diz respeito aos mecanismos de memória, o funcionamento é bem universal, porque eles foram herdados; porém, eu não acho que possa dizer o mesmo sobre o trabalho do sistema executivo central. As pessoas, em geral, processam a informação de modo diferente. Talvez utilizem os mesmos mecanismos ou as mesmas ferramentas, mas o fazem de maneira distinta. Isso fica evidente no fato de existirem pessoas mais inteligentes que outras, as quais resolvem os mesmos problemas seguindo caminhos diferentes, usando estratégias diferentes.

Aqui, num drible digno de Messi, quero me desviar da discussão interminável sobre existir uma só inteligência ou, como sustentam alguns autores como Gardner, elas serem múltiplas. Farei isso generalizando bastante minha definição. Direi, então, que a inteligência é a capacidade que o indivíduo tem de detectar regularidades no "mundo" e construir teorias explicativas que lhe sejam úteis para compreender como funciona o ambiente que o cerca, de modo que possa prever o que acontecerá em situações novas (seja isso realizado conscientemente ou de maneira mais ou menos automática).

Diante de planos de ação alternativos, as pessoas podem fazer escolhas diferentes não porque sejam preferências distintas, mas porque, no processo de projeção necessário para imaginar as situações novas e traduzi-las em resultados possíveis, algumas pessoas percebem regularidades que outras não notam e, desse modo, constroem modelos de futuro diferentes.

Por exemplo, analisemos o caso de duas alunas muito boas que terminam o ensino médio e precisam escolher seu curso universitário.

Sofía percebeu que a faculdade de Engenharia é amplamente dominada por homens e por isso imagina um futuro profissional pouco promissor nessa faculdade, mas Ana observa a composição de gêneros de cada área em vez de observar os alunos da faculdade como um todo, e então descobre que em engenharia química predominam as mulheres, circunstância que a influencia de modo positivo para que acabe escolhendo essa carreira.

Mas em geral não importa se a projeção feita por um consumidor se relaciona com as características de um carro ou de uma casa, ou com a escolha de um tipo de trabalho, de parceiro, de curso universitário, de um convênio médico, de um plano de aposentadoria ou do próximo presidente da República. Em todos os casos, essas diferenças aparecerão.

Tenho consciência de que muitos leitores talvez não tivessem se dado conta de que é tarefa da economia prever esse tipo de escolha, mas trata-se sempre de atribuir recursos escassos (como tempo e dinheiro) à satisfação de necessidades, e esse é exatamente o campo de estudo dessa ciência.

Por que nos comportamos assim?

Vivemos bombardeados por milhões de *bytes* de informação todos os dias. Como consequência disso e das limitações de nossas capacidades cognitivas, precisamos de um filtro para estabelecer a quais estímulos daremos prioridade e quais deixaremos de lado.

O primeiro filtro é a atenção. Ainda que não possamos evitar que os estímulos auditivos, visuais, gustativos, táteis e olfativos sejam captados por nossos sentidos e dirigidos ao sistema de representação perceptual, podemos escolher quais deles passarão à memória de trabalho (a memória de curto prazo) para serem processados. Conseguimos fazer isso apenas "prestando atenção" a alguns dados de maneira seletiva, porque a memória de curto prazo é muito limitada em relação à informação que consegue reter.

Por esse motivo se torna difícil encontrar duas testemunhas que tenham "visto" exatamente o mesmo acidente, inclusive quando estavam lado a lado na cena; cada uma terá reparado em aspectos, detalhes ou circunstâncias distintos de uma mesma situação.

Desde a publicação de *The magical number seven* [O mágico número sete], de George Miller, sabemos que a memória de trabalho pode armazenar transitoriamente cerca de sete *chunks* de informação, sendo um *chunk* o maior agrupamento de dados com algum sentido que é possível reter. A limitação da gestão simultânea de *bytes* não se refere a números ou letras, mas aos *bytes* que podem ser agrupados em *chunks* que tenham algum sentido; por exemplo, palavras ou números de dois ou três dígitos (praticamente ninguém memoriza um número de telefone dígito a dígito, e é muito mais fácil se lembrar de quinze letras se estas formam três palavras do que memorizá-las se elas se apresentam de modo aleatório e desorganizado).

Também, graças aos trabalhos do psicólogo cognitivo e professor da Universidade de York, Alan Baddeley, sabemos que essa informação se perde em um lapso que não passa de quinze segundos se não for processada e armazenada na memória de longo prazo ou se não for inserida novamente na memória de trabalho. Quem lê um número de telefone e tenta guardá-lo para fazer a ligação sabe disso muito bem: basta que alguém fale conosco para nos esquecermos do número. Se não for feito um esforço para codificar o número de alguma maneira, ele desaparece da memória em poucos segundos, a menos que a informação seja reinserida, como ocorre quando repetimos o número várias vezes para guardá-lo até o momento de realizar o telefonema.

O segundo filtro tem a ver com o processo de classificação dos dados e com o posterior armazenamento na memória de longo prazo.

De modo geral, pode-se dizer que nossa mente é parcimoniosa. A lei da parcimônia de Ockham diz que, se existe um modelo sintético que possa explicar adequadamente uma realidade, esse será preferível a um modelo mais complexo de semelhante poder explicativo. Isso quer dizer que costumamos buscar explicações muito concretas acerca do que nos ocorre, inclusive correndo o risco de exagerar na simplificação, como quando em uma relação amorosa que não dá certo sofremos pensando na causa do distanciamento ou da indiferença do outro. Perguntamos a nós mesmos o que fizemos de errado, como se houvesse uma única causa, um único erro ao qual culpar.

Para organizarmos nossas experiências no mundo e encontrarmos sentido nelas, classificamos e agrupamos as coisas e os acontecimentos que nos cercam. Retomando a mencionada frase de Borges, devemos nos lembrar de que categorizar implica esquecer as diferenças, já que, se fôssemos muito exigentes em relação aos critérios para estabelecer uma categoria ou um grupo, acabaríamos tendo infinitos elementos separados que não poderíamos classificar de nenhuma maneira. Ainda assim, devido ao fato de as diferenças realmente existirem, também pagamos um preço cada vez que, ao gerar categorias muito amplas, colocamos na mesma caixa elementos bastante diferentes.

Sempre classificamos tudo com uma voracidade sem limites, e quando enfrentamos uma realidade que parece um pouco confusa e que não corresponde às nossas categorias comuns, criamos um novo rótulo para podermos classificá-la.

Ficamos surpresos quando as pessoas demonstram maneiras diferentes de processar a mesma realidade, uma vez que, diante de cada acontecimento, cada observador começa a prestar atenção a aspectos diferentes dessa realidade e acaba por organizá-la a partir de categorias que não têm por que coincidir com as de outro espectador do mesmo fenômeno, tendo em vista que as categorias que surgem são resultado da história de cada indivíduo.

Também não quero entrar no clichê de defender que todos os seres humanos são únicos e singulares, porque não acredito que isso seja verdade.

Estritamente falando, é provável que eu não encontre muitas pessoas como eu, que gostem de tomar café amargo de manhã enquanto leem os e-mails, que usem roupas da moda, que se desloquem a pé para todos os lados, que fiquem demais ao celular, que almocem às 2h da tarde, que observem na rua mulheres de 35 anos, que saiam para correr à tarde e que preparem para si jantares que serão convenientemente desfrutados com um bom malbec, antes de irem dormir em uma cama-box enorme. No entanto, tenho certeza de que poderia encontrar muitas pessoas que fazem 90% de tudo isso com alguma diferença, e, em todo caso, acho que as coisas que me identificam com exclusividade não são tão importantes para que meu modo de organizar o mundo e a realidade se diferencie demais do que caracteriza muitas outras pessoas.

Em geral, a maioria das pessoas reage aos estímulos do ambiente mais ou menos da mesma maneira. Por exemplo, se eu bater na traseira de outro carro quando o semáforo estiver fechado, não consigo prever exatamente como o motorista vai reagir; se será o tipo de pessoa que se altera com facilidade e parte para a briga; se será daqueles que só xingam, mas não apelam para a agressão física; ou se simplesmente sairá do carro de maneira civilizada e pedirá que troquemos nossos dados para acertarmos tudo com as seguradoras.

No entanto, como levo em consideração que nós, seres humanos, não temos reações tão únicas e singulares, atrevo-me a afirmar que alguma das três reações que acabo de mencionar ocorrerá na enorme maioria dos casos, do mesmo modo que duvido muito que seja possível encontrar um motorista que, depois de uma batida, escolha aumentar o volume do rádio e me convidar para dançar, ou que comece a tocar violino, ou que dê a volta no quarteirão e bata na traseira do meu carro para devolver a gentileza (comportamento que, por outro lado, eu consideraria muito razoável).

A questão é compreender que nós, seres humanos, fazemos o que podemos para dar sentido a uma realidade muito complexa a partir de um conjunto cognitivo que tem muitas limitações para processar e armazenar informação. Não somos computadores que identificam a melhor solução para um problema em um menu de opções e a colocam em prática sem hesitar. Somos máquinas que classificam, buscam relações, tiram conclusões e arriscam prognósticos, mas também fazemos tudo isso com imperfeições. Contornamos nossas limitações substituindo a dificuldade dos cálculos e as estimativas exatas por aproximações e regras que na maioria das vezes funcionam muito bem. Usamos heurísticas; regras e métodos que não são totalmente rigorosos.

Em termos de formalização dessas heurísticas por parte da ciência, uma crítica muito sólida e habitual às pesquisas experimentais da economia do comportamento se dirige aos cientistas que colocam as pessoas em situações que só ocorrem excepcionalmente.

Assim, forçam as condições dos experimentos para que sejam criadas situações possíveis, ainda que pouco prováveis. Paradoxalmente, no entanto, aí está o maior potencial desses experimentos, porque nesse processo fica claro o conjunto de regras ou heurísticas que normalmente utilizamos para processar a informação. Se o experimento simulasse situações mais reais, a distância entre nossos métodos e o comportamento ideal poderia não ser tão evidente. Isso mostraria que aprendemos algo que nos permitiu tomar decisões melhores.

Apesar de termos visto anteriormente que Pinker defende a existência de um conjunto de regras de origem ou de heurísticas com as quais já viemos pré-programados quando nascemos, sabemos que a vida atual é muito diferente daquela que geravam as pressões seletivas que foram moldando nossa espécie por milhares de séculos.

Mesmo quando possam existir regras para administrar situações ou contextos que não mudaram muito com o tempo – como o uso da linguagem, o manuseio de objetos, a capacidade de reconhecer e interpretar estados mentais de outras pessoas, o reconhecimento da maturidade sexual, a definição das regras de grupos, entre outras –, sem dúvida também temos conseguido construir regras novas a partir de nossa experiência cotidiana, muitas vezes de modo espontâneo e não guiado, e outras tantas a partir da colaboração dos outros com quem interagimos e que nos forneceram categorias e intepretações do mundo.

Entre os ambientes com os quais interagimos incluo a educação formal, mas gostaria de precisar que a natureza dos diferentes tipos de regras construídas não é similar, pelo simples fato de que cada uma delas se baseia em mecanismos cognitivos distintos.

Procurar regularidades usando como apoio a memória autobiográfica (ou episódica) – que é o que fazem as pessoas que realmente constroem as próprias teorias sobre o funcionamento do mundo (aquelas que aprendem na rua) – não é o mesmo que incorporar regras que funcionam porque alguém nos disse que funcionam, como acontece no caso da educação formal.

Nesse segundo modo de aprendizagem, fica claro que a estrutura cognitiva envolvida é a memória semântica. Por sua vez, o terceiro caso, que corresponde à aprendizagem guiada, transita entre as duas estruturas, aproximando-se mais de uma ou de outra segundo o nível com que o guiamento se acerca do extremo da sugestão ou da transmissão de ferramentas já elaboradas.

Aqui é necessário recordar que a pesquisadora do Laboratório de Desenvolvimento Neurocognitivo da Universidade de Londres, Annette Karmiloff-Smith, afirmava que muitas vezes o conhecimento construído pelo indivíduo pode se modularizar gradualmente, ou seja, pode depender do contexto específico de aprendizagem e não ser generalizável ou aplicável em situações novas, ou em outro ambiente considerado pelo indivíduo como distinto.

Isso explica por que muitos vieses comportamentais descobertos experimentalmente também são "sofridos" por especialistas que supomos ter os conhecimentos necessários para gerar regras excelentes, não distorcidas, pois, apesar de conhecerem as regras de determinado domínio, não têm a capacidade de generalizá-las fora desse contexto, assim como ocorre quando especialistas em estatística se tornam vítimas dos efeitos de *framing* ou enquadramento nos experimentos de Kahneman e Tversky.

Para terminarmos de compreender a relação entre os erros comportamentais sistemáticos mais comuns na economia do comportamento, o funcionamento da estrutura cognitiva que os suporta e a natureza das formas de aprendizagem a partir das quais são produzidos, vejamos um exemplo concreto.

Uma equipe de psicólogos brasileiros formada por Terezinha Nunes Carraher, David Carraher e Ana Lúcia Schliemann, todos interessados em estudar as causas do baixo rendimento das crianças de lares humildes nas provas escolares, teve a brilhante ideia de comparar o rendimento dos jovens em avaliações formais realizadas com lápis e papel no âmbito escolar com o desempenho deles no âmbito laboral (feiras ou mercados) ao realizar operações de complexidade semelhante.

O título do trabalho em questão diz tudo:

Na vida dez, na escola zero.

Os autores observaram que os jovens fracassavam nos exames formais porque insistiam em aplicar regras aprendidas no âmbito escolar para a solução de contas (todos estamos familiarizados com expressões usadas no momento de efetuar operações matemáticas, como "sobe um" e "pego um emprestado").

No entanto, em seus trabalhos os jovens resolviam os mesmos problemas sem papel e lápis, sem aplicar métodos ensinados por terceiros de maneira formal; simplesmente faziam uso de técnicas construídas por eles mesmos, como a heurística de decomposição – pela qual, para subtrair 25 de 100, primeiro se tira 20, e dos 80 restantes se tira 5 – ou a heurística de agrupamento repetido – em que, para calcular 6 vezes 8, soma-se 6 mais 6 mais 6 mais 6, até obter o resultado de 4 vezes 6, e então se dobra esse número, para chegar a 48. Os resultados do estudo mostraram que as regras ou heurísticas construídas por eles mesmos aparentemente estavam gravadas na memória episódica e não conseguiam ser transferidas a outros âmbitos.

Os métodos mecânicos aprendidos na escola não eram corretamente armazenados na memória semântica, ou, se eram, o mecanismo de recuperação da informação falhava.

UMA VIAGEM AO MUNDO DAS IRREGULARIDADES NO COMPORTAMENTO

Talvez a maior quantidade de erros sistemáticos no raciocínio humano (vieses), sempre a respeito do que a teoria econômica prega, se produza no âmbito das escolhas realizadas em cenários caracterizados pela presença de incertezas.

A teoria econômica defende que nos contextos incertos as pessoas calculam a utilidade esperada dos diferentes planos de ação possíveis para decidir quais deles seguir, e afirma que esse resultado se refere à média obtida dos distintos cenários, ponderada pela probabilidade de que ocorram.

Para compreender isso, primeiro devemos entender o simples conceito de valor esperado. Vamos supor que uma pessoa tenha que escolher entre dois empregos muito parecidos. No entanto, em um deles, oferece-se um salário de 1.365 dólares, enquanto no outro propõe-se tirar a sorte na moeda ao fim de cada mês: se der cara, o funcionário recebe 3.070 dólares, e se der coroa, não recebe nada. Uma vez que, ao lançar a moeda, vai dar "cara" na metade das vezes, em média, é claro que, a longo prazo, o funcionário receberá mais se optar pelo salário decidido na moeda. Assim, em termos de valor esperado, o primeiro emprego promete um salário de 1.365 dólares mensais, enquanto o segundo oferece um salário de 1.535 dólares por mês.

Os produtores do setor agrícola conhecem muito bem essas ponderações. Se uma vez a cada dez anos ocorre uma forte seca ou uma inundação que destrói totalmente a plantação, mas nos outros nove anos é possível obter três toneladas de soja por hectare, o valor esperado da colheita será de 2,7 toneladas por ano (90% de 3 toneladas).

Apresentamos um último exemplo para ilustrar melhor a ideia. Recebemos a concessão de um bar na praia. O bar costuma faturar 682 dólares nos dias de sol e apenas 340 dólares nos de chuva. Se estimarmos que choverá em 20% dos dias, então o faturamento esperado será de 614 dólares diários (682 dólares vezes 0,8 mais mil vezes 0,2).

Voltemos, então, ao exemplo das alternativas de trabalho. Com qual dos dois empregos você escolheria ficar? A resposta dependerá principalmente de seu nível de aversão ao risco. Se for uma pessoa muito conservadora que não gosta de correr riscos e prefere o mais seguro, provavelmente optará pelo emprego que garanta os 1.365 dólares fixos. Por outro lado, se for uma pessoa um pouco mais ousada (ou não tão conservadora), talvez escolha o emprego que em média paga 1.535 dólares, ainda que saiba que em alguns meses não receberá nada (e que em outros receberá 3.070 dólares).

Naturalmente, a predisposição a assumir riscos tem um componente que depende da personalidade, mas também tem a ver com as circunstâncias, pois a situação varia se a pessoa que estiver escolhendo entre os dois empregos for uma mãe que precisa alimentar seus filhos todos os dias ou um jovem de 30 anos que mora com os pais e usa a renda que tem para sair com os amigos. A mãe não pode dizer aos filhos que eles não terão o que comer durante um mês porque deu "coroa" ao jogar a moeda, e no mês seguinte entupi-los de comida porque deu "cara".

Para tomar uma decisão em um contexto de incerteza como esse é preciso levar em conta o que os economistas chamam de utilidade esperada, que, como indicamos anteriormente, é a média das utilidades que se apresenta a uma pessoa em cada estado provável da natureza, ponderada por suas probabilidades de ocorrência.

Assim, no exemplo dos dois empregos, o valor esperado do salário do primeiro caso era de 1.365 dólares mensais e o do segundo era de 1.535 dólares mensais. Claramente, o valor esperado no segundo emprego era mais alto. Por outro lado, a utilidade esperada poderia não ser superior no segundo caso, uma vez que para estimá-la teria que se calcular a utilidade obtida nos meses em que se recebe 3.070 dólares e a alcançada nos meses em que não se ganha nada.

No caso da mãe com filhos, é provável que o excesso de utilidade alcançado no mês em que ganharia 3.070 dólares não compense o enorme sofrimento que enfrentaria durante o mês em que não recebesse salário, de modo que ela provavelmente opte pela utilidade ou satisfação que lhe proporcionará ganhar 1.365 dólares todos os meses. Ainda que essa escolha implique receber menos dinheiro em média, evitará o sofrimento dos meses sem renda que certamente enfrentaria no outro trabalho.

Para o jovem de 30 anos, por sua vez, é provável que não contar com salário um mês não implique uma perda de utilidade muito importante, dado que ele mora com os pais, que lhe proporcionam casa e comida e até podem emprestar dinheiro a ele nos meses ruins. Assim, ainda que o valor esperado do salário dos dois empregos seja de 1.365 dólares e de 1.535 dólares, respectivamente, tanto para a mãe como para o jovem, decerto a utilidade esperada não é a mesma para cada um deles.

Bem, é preciso assinalar que o princípio que sustenta que as pessoas comparam a utilidade esperada de diferentes planos de ação e escolhem o que traz maior utilidade é provavelmente um dos mais fáceis de invalidar de toda a teoria econômica tradicional.

Dito de outro modo, não é difícil encontrar exemplos que demonstram que, ao agir, as pessoas violam totalmente esse princípio.

O primeiro economista a descobrir isso foi provavelmente o francês Maurice Allais, vencedor do Prêmio Nobel. Para ilustrar o famoso paradoxo de Allais, imaginemos uma sala de qualquer cassino que tenha roletas. Coloco o exemplo nesse contexto porque encontrei na internet uma explicação do paradoxo feita por Adrián Paenza, na qual o matemático também utiliza um exemplo construído com roletas que acaba sendo muito convincente.

Vamos supor que você entra em um cassino onde haja duas roletas. Na roleta da esquerda, pagam a você 170 dólares de prêmio se sair a primeira dúzia (qualquer número entre 1 e 12) e 170 dólares de prêmio se for a segunda ou a terceira dúzia (qualquer número entre 13 e 36). Se sair o zero, você não ganha nada, ou seja, a banca leva tudo. Na roleta da direita, por sua vez, pagam 170 dólares de prêmio, independentemente de qual número saia (inclusive o zero).

Em qual dessas roletas você preferiria jogar?

Pense bem e anote sua escolha na margem da página.

No dia seguinte, você vai a outro cassino. Na roleta do andar de baixo pagam 188 dólares de prêmio se sair a primeira dúzia (qualquer número entre 1 e 12) e nada se sair a segunda ou a terceira dúzia (qualquer número entre 13 e 36). Se sair o zero, você também não ganha nada, a banca leva tudo. Na roleta do andar de cima, no entanto, pagam 170 dólares por qualquer número da primeira dúzia que sair (do 1 ao 12) e nada se sair a segunda ou a terceira (qualquer número entre 13 e 36). Se sair o zero, também pagam 170 dólares.

Em qual dessas roletas você preferiria jogar? Mais uma vez, pense bem e anote sua escolha na margem da página.

Paradoxalmente, a maioria das pessoas opta por jogar na roleta da direita no primeiro cassino e na roleta do andar de baixo no segundo cassino. No entanto, a diferença que existe entre a roleta da esquerda e a roleta da direita no primeiro cassino é idêntica à que se registra entre a roleta do andar de baixo e a do andar de cima no segundo cassino, de modo que, no caso de agir racionalmente, quem preferiu a roleta da direita no primeiro cassino deveria ter optado pela roleta do andar de cima no segundo cassino, e vice-versa.

Vamos analisar com mais calma. Na segunda sala de jogos, nenhuma roleta paga nada se sair a segunda ou a terceira dúzia; no primeiro cassino, no entanto, as duas roletas pagam 170 dólares tanto se sair a segunda dúzia como se sair a terceira dúzia. Ou seja, no caso de sair a segunda ou a terceira dúzia, dá no mesmo ter escolhido qualquer uma das roletas: nem a roleta da direita apresenta vantagens no que diz respeito à da esquerda no primeiro dos cassinos, nem a do andar de baixo é melhor do que a do andar de cima no outro salão. Uma vez que quando sai a segunda ou a terceira dúzia dá no mesmo ter escolhido qualquer uma das roletas, a diferença existe apenas se sair algum número da primeira dúzia ou o zero.

Mesmo assim, no caso de saírem esses números (a primeira dúzia ou o zero), a diferença de prêmios entre a roleta da esquerda e a da direita no primeiro dos cassinos é a mesma que existe entre a roleta do andar de cima e a do andar de baixo na outra sala de jogos. Em ambos casos, uma roleta paga 170 dólares pela primeira dúzia e nada se sai o zero. Enquanto a outra paga 170 dólares tanto pela primeira dúzia quanto pelo zero. Assim que não faria sentido escolher em um caso um prêmio certo de 170 dólares e, no outro caso, arriscar-se a sair zero pela ambição de obter 188 dólares.

Concordo. Nos cassinos sempre ocorrem coisas meio esquisitas.

No entanto, fica claro que não se pode dizer que as pessoas se comportem nem mesmo "como se" maximizassem a utilidade esperada, porque em pelo menos um dos casos mostrados no exemplo anterior não estariam fazendo isso. Precisamos, então, encontrar outra explicação para o modo como se comportam as pessoas em contextos incertos.

Continuemos com o exemplo anterior. Cabe notar que no primeiro caso a escolha da roleta da direita implicava que o risco de sair de mãos abanando era nulo (sempre se ganhava 170 dólares). Em contrapartida, a roleta "equivalente de Allais", situada no andar de cima do outro cassino, não podia oferecer garantia semelhante, uma vez que uma pessoa ficaria de mãos vazias se saísse a segunda ou a terceira dúzia. Em outras palavras: a certeza de saber quanto se ganhará gera mais utilidade.

Note-se, por outro lado, que a teoria da decisão baseada na utilidade esperada poderia se salvar simplesmente incorporando um termo que incluísse o valor dado pelos indivíduos à certeza: a utilidade da certeza.

Massimo Piattelli Palmarini, professor de ciências cognitivas da Universidade do Arizona, apresenta em seu livro *Los túneles de la mente* [Os túneis da mente] outro exemplo no qual se observa um comportamento parecido a respeito da valorização que as pessoas fazem em relação ao certo. Somos informados de que existe um vírus totalmente letal e que nossa probabilidade de contrair a enfermidade é de 5 em 1.000. Há uma vacina que pode reduzir nossas chances de infecção em 1 por 1.000, de modo que se a tomarmos, nossa probabilidade de adoecer e de morrer será de 4 em 1.000.

Quanto você estaria disposto a pagar por uma vacina com essas características? Anote a quantia máxima na margem da página.

Poucos meses depois, surge um novo vírus mortal. Nesse caso, a probabilidade de adoecer e de morrer é de 1 em 1.000. Se você tomar a vacina, a probabilidade diminui em 1 por 1.000, de modo que a probabilidade de contrair a enfermidade acabará sendo nula.

Quando você estaria disposto a pagar por uma vacina com essas características? Anote a quantia máxima na margem da página.

Sistematicamente, os resultados mostram que as pessoas estão dispostas a pagar mais no segundo caso, o que indica novamente que os indivíduos supervalorizam a certeza de saber que estão imunes à enfermidade, porque em ambos os casos o efeito absoluto de receber a vacina é reduzir em 1 por 1.000 a probabilidade de contrair o mal.

A explicação que me ocorre tem a ver com o modo como nossa mente funciona. A primeira hipótese é, simplesmente, que não somos muito bons para pensar em termos de probabilidades. De modo concreto, o que significa que tenhamos 1 por 1.000 menos probabilidades de morrer? Como representamos mentalmente essa ideia? Como processamos essa informação?

Imagino a seguinte situação: de 1.000 aviões que partem de um aeroporto, sei que há 5 que vão cair. Se tivesse que viajar em um desses 1.000 aviões, meu medo não mudaria muito se alguém corrigisse a estimativa e me dissesse que agora são 4 os que cairão. Bem diferente seria saber que há um avião quebrado em toda a frota e me notificassem que ele foi substituído por outro novo.

As probabilidades são um conceito um tanto ilusório para a mente humana, basicamente porque são magnitudes hipotéticas, estabelecidas *a priori*. Por fim, poderão ocorrer apenas dois fatos: ou o avião cai ou chega satisfatoriamente ao destino. Isto é, não pode cair 0,5% do avião e chegarem ilesos ao destino 99,5% do restante.

Isso faz lembrar os métodos contraceptivos que prometem 99% de eficácia. Estritamente falando, em cada caso particular e concreto, a realidade é que logo depois do ato sexual a mulher engravida ou não, não tem como ficar um pouquinho grávida. É lógico que nos apresentem com muito mais facilidade uma redução da probabilidade de 1% para 0% do que uma diminuição de 5% para 4%.

Se essa hipótese a respeito de nossas limitações para representar probabilidades estiver correta, então nós certamente não calculamos as utilidades esperadas dos diferentes planos de ação possíveis antes de agir, já que em todo caso utilizamos outro critério no momento de tomar decisões em contextos incertos.

Pode ser que os exemplos das roletas de Allais ou das vacinas de Piattelli Palmarini não deem a dimensão exata da importância que o problema ganha para as ciências econômicas. No entanto, a principal questão a se levar em conta é que praticamente a maioria de nossas decisões econômicas de todos os dias é tomada em contextos de incerteza, e elas são as mais importantes.

No meu caso, quando decidi estudar economia, não tinha a menor ideia de qual seria a minha renda esperada nem conhecia a distribuição dos salários de quem optava por não fazer faculdade ou seguir outra carreira.

Do mesmo modo, dizem-me que, se eu me casar, existe a probabilidade de 50% de acabar me divorciando depois de dez anos. E se fumo dois maços de cigarro por dia terei uma probabilidade de 30% de ter câncer de pulmão antes dos 65 anos. Malditas probabilidades! Parece que a pessoa tem que ser exímia matemática para poder viver neste mundo e tomar decisões "racionais".

Como represento mentalmente a probabilidade dos 30% de contrair câncer de pulmão? Deus jogará os dados comigo?

De modo geral, as pessoas têm uma forma particular de considerar as probabilidades: ou acreditam que algo vai acontecer com elas, ou acreditam que não acontecerá nada. Sou informado de que dirigindo a 150 quilômetros por hora tenho uma probabilidade de 12% de morrer na próxima viagem de carro. Assim, eu me acalmo e dirijo a 110 quilômetros por hora. Então percebo que passam por mim todos os outros motoristas como se o motor do meu carro estivesse desligado. Por acaso eles não conhecem essa estimativa? Na verdade, não: quem dirige a 150 quilômetros por hora, quem fuma dois maços de cigarros por dia e quem se casa de papel passado simplesmente pensa que não fará parte dessa porcentagem que morre na rua, que contrai câncer de pulmão ou que se divorcia depois de dez anos de casamento. Não faz sentido pensar na utilidade esperada de dirigir a 150 quilômetros por hora ou de fumar como uma chaminé. Qual é a utilidade de morrer?

Além disso, tenho más notícias. Se você morrer na próxima viagem (esperamos que antes disso tenha comprado este livro!), não poderá aproveitar a utilidade de chegar ao destino dirigindo a 150 quilômetros por hora nas viagens seguintes que já planejou fazer. Ou seja, deixaria de fazer sentido o conceito de utilidade esperada considerado em todos os exemplos anteriores. No entanto, de algum modo, temos que tomar decisões. Suspeito que temos uma noção de probabilidade que varia dependendo se foi construída a partir da memória semântica ou da memória episódica.

Com os dados da memória episódica – que registra coisas que nos ocorreram ou que experimentamos como se tivessem nos acontecido, como se dá, por exemplo, quando participamos de um jogo, assistimos a um filme ou lemos um romance – é razoável pensar que as pessoas constroem distribuições de frequências desta forma: "Comi 10 vezes comida chinesa, em 8 delas tive indigestão", "estudei muito para 30 provas das quais passei em 29", "dirigi 25 vezes a 150 quilômetros por hora e nunca me aconteceu nada", "sempre que corro, fico agitado", "sempre que apostei no real e contra o dólar, perdi", "tenho 10 amigos advogados, 7 dos quais ganham muito dinheiro" etc. Por outro lado, as probabilidades que nos são informadas por escrito ou verbalmente, mas que não são resultado de nossa experiência, armazenam-se na memória semântica.

Dessa maneira, a frequência com que experimentamos fenômenos ao longo de nossa vida tem papel fundamental no estabelecimento de nosso comportamento (não estou dizendo nada aqui que não tenha sido dito por Skinner há sessenta anos), de um modo bem parecido ao que sugere a teoria tradicional de maximização da utilidade esperada, embora sejam usadas as frequências assimiladas ou autoincorporadas, e não as adquiridas por transmissão de outros.

Ainda assim, quando não existem experiências anteriores a partir das quais estimam-se probabilidades, a informação sobre probabilidades estabelecidas *a priori* (diferentemente das frequências estimadas *a posteriori*) precisa ser representada mentalmente de algum modo pelos indivíduos antes de poder participar de qualquer cálculo de utilidade.

Ou seja: uma coisa é estimar a probabilidade de eu gostar de passar os verões na costa atlântica da Argentina, com base em minha experiência de uma dezena de férias nessa região, e outra muito diferente é o cálculo da probabilidade de me divorciar da mulher com quem acabei de me casar ou das chances de eu gozar de boa saúde se abandonar o cigarro. Nesses dois últimos casos, realmente não tenho antecedentes em minha memória episódica, mas, uma vez que devo tomar uma decisão, preciso imaginar essas situações.

Com base nessa ideia, podemos pensar que em situações de incerteza as pessoas procuram informação sobre contextos parecidos em seu passado autobiográfico e repassam as escolhas tomadas antes e os resultados correspondentes em matéria de utilidade (algo que já foi sugerido pelos economistas Caramuta, Contiggiani e Tohmé).

Quanto maior for a dificuldade para encontrar semelhanças entre uma situação nova e as experiências anteriores, menos valor terão as estimativas da utilidade experimentada e as frequências assimiladas, de modo que em tais circunstâncias será mais provável que uma pessoa se deixe "convencer" pelos dados de sua memória semântica (conhecimentos do mundo não relacionados à sua própria experiência). Por outro lado, quando a semelhança for grande, serão as probabilidades subjetivas construídas a partir da memória episódica que comandarão suas atitudes.

Mais problemas com as probabilidades

Apesar de todas as dificuldades apresentadas nos exemplos anteriores, cabe dizer que muitas vezes a informação que obtemos em termos de probabilidades acaba sendo um tanto enganosa. Por exemplo, confesso que nunca entendi muito bem o que significa um preservativo ter eficácia de 99%, para continuar com os exemplos sobre contraceptivos.

Por acaso se está dizendo que 1 em cada 100 preservativos estoura ou permite infiltrações? Isso vale tanto para um ator pornô que toma Viagra e aguenta duas horas de ação quanto para um sujeito que sofre de ejaculação precoce? Ou diz que 99 de cada 100 gravidezes que de outro modo teriam ocorrido são evitadas graças ao uso do preservativo? Porque esta última alternativa significa algo bem diferente.

Outras vezes, a informação não é enganosa, mas simplesmente não estamos preparados para entendê-la, e assim ela acaba nos confundindo.

Vejamos o caso dos exames de gravidez. Na embalagem está escrito que o produto tem um índice de acerto de 98%. Entendo, assim como você, que isso indica que em 2 de cada 100 vezes, o exame falha. Certo, agora vamos imaginar que uma senhora vai ao consultório do ginecologista e diz ao médico que acabou de fazer o exame e que o resultado deu positivo. Qual é a chance de essa mulher realmente estar grávida? Em termos mais simples ainda: de cada 100 mulheres que vão ao médico após um exame de gravidez com resultado positivo, quantas você acha que realmente estão grávidas? Pense e anote sua resposta na margem da página. Você escreveu 98, certo? No entanto, na embalagem não está escrito que 98 de cada 100 mulheres que recebem um resultado positivo estão grávidas, diz que o exame proporciona 98% de confiabilidade. Isso significa que de cada 100 mulheres que fazem o exame, 98 recebem o resultado correto.

Agora vamos supor que de 1.100 mulheres que façam o exame apenas 100 delas estejam grávidas. O que o exame vai indicar? Para as 980 das 1.000 que não estão grávidas, dará o resultado correto. Para 20 das que não estão grávidas, indicará equivocadamente que estão. Para 98 das que estão grávidas, dará um resultado correto. Para 2 das que estão grávidas, indicará erroneamente que não estão. Então, quantas mulheres chegarão ao consultório do médico com um resultado positivo? A resposta é 118. Dessas 118 mulheres, quantas de fato estão grávidas? A resposta é 98, ou seja, 83%, e não 98%, das mulheres. Assim, superestimamos os benefícios do exame porque nosso cérebro não está preparado para pensar em falsos negativos, mas só em falsos positivos. Afinal de contas, o teste se chama "exame de gravidez", e não "exame de não gravidez", denominação que, para o caso, também seria válida, e que certamente teria mais sucesso comercial no segmento das mulheres que compram o teste com o profundo desejo de descobrir que seu atraso não vai demorar nove meses.

Ao leitor poderia parecer que esses problemas que envolvem probabilidades se limitam ao campo dos resultados médicos, mas não é assim. Vejamos dois casos de experimentos feitos por Daniel

Kahneman e por mim, nos quais se apresentou uma situação hipotética a um grupo de alunos para que analisassem a probabilidade de ocorrência de um fato. Vejamos.

Caso 1. Na cena do crime, a situação é esta: uma mulher é assassinada a poucas quadras do terminal de ônibus, depois de ser assaltada por um delinquente que roubou o dinheiro proveniente de uma herança que ela acabara de receber. Uma testemunha ocular do crime jura que o delinquente tinha cabelos loiros, mas, uma vez que no tribunal desconfiam da capacidade da testemunha de identificar a cor dos cabelos de uma pessoa nas circunstâncias do delito, ela é submetida a uma série de avaliações, e conclui-se que em 80% dos casos a testemunha identifica corretamente a cor dos cabelos dos suspeitos (ou que só se engana em 20% dos casos, o que dá na mesma). Ainda assim, fica estabelecido que de 100 suspeitos que a promotoria apresenta só 15% deles são loiros (os outros são morenos). Qual é a probabilidade de o delinquente realmente ser loiro?

Caso 2. No cenário acadêmico, temos o seguinte problema: o Ministério da Educação avalia a conveniência de implementar um exame de admissão em todas as universidades do país. O problema mais preocupante é que o exame dá uma medida imperfeita da capacidade que um aluno tem de enfrentar as exigências de uma universidade de bom nível. É bem possível que uma pessoa muito inteligente tenha um dia ruim e fique nervosa, sendo reprovada no exame, assim como pode ocorrer de um aluno de baixo nível ter um dia de sorte e conseguir entrar na faculdade. As estimativas dos especialistas do Ministério indicam que apenas 40% dos candidatos têm o nível que a universidade exige. No entanto, o exame é imperfeito, em 30% das vezes falha, gerando um resultado errado devido a algum dos motivos já expostos. Qual é, então, a probabilidade de pessoas que não têm o nível exigido entrarem na faculdade e qual é a probabilidade de que alunos que efetivamente têm o nível exigido fiquem de fora?

Não darei as respostas por enquanto, mas posso antecipar que não é certo que a probabilidade de que o delinquente seja loiro seja de 80% nem de que os 30% de bons alunos com condições de aprovação no exame de admissão fiquem fora da universidade.

Por que é tão difícil compreender as probabilidades?

Ao longo deste livro me proponho a mostrar que somos animais sedentos de regularidade. Buscamos padrões, construímos modelos explicativos de nosso mundo e os utilizamos para fazer prognósticos de tudo.

Isso não deveria nos surpreender: Jean Piaget já nos ensinava que, no desenvolvimento de sua inteligência, os bebês começam a explorar a si mesmos por meio das reações circulares. Assim, observa-se como os bebês, nos quatro primeiros meses de vida, repetem sistematicamente experiências que provocam certo prazer, como a sucção (inclusive no vazio).

Em pouco tempo, a criança começa a explorar o mundo repetindo ações, mas agora fazendo uso do corpo e de algum objeto externo (as bordas do berço, por exemplo).

Depois de um ano, o bebê intencionalmente utiliza objetos de seu ambiente para explorar outras coisas, e de maneira muito significativa produz variações de suas interações com os objetos do exterior; ou seja, nas reações circulares terciárias já não repete sem mudanças um movimento ou uma ação que se mostra interessante, mas produz variações na exploração das coisas.

Essas variações geram informação que permite à criança aprender melhor a noção de objeto e a construir regras causais.

Por fim, e aqui deixo Piaget de lado, as crianças aprendem a interagir com outras pessoas e as utilizam como meios para construir atalhos em sua compreensão do mundo. É a etapa em que perguntam “por quê?” sem parar.

Nesse momento, ocorrem duas coisas muito importantes para o desenvolvimento da criança. Em primeiro lugar, atribuem verdade às afirmações dos adultos que mais a influenciam (normalmente os pais).

Dessa maneira, podem começar a armazenar teorias sobre o funcionamento do ambiente (e a modulá-las) na memória semântica, deixando de depender da própria experimentação. Começa aqui a gênese de um viés que fará estragos na vida adulta e que será responsável pelo modo como somos levados a comprar determinado produto ou a votar em determinado candidato. Esse viés, que chamarei de *viés de falácia ad hominem*, faz que analisemos a informação que recebemos não por seu valor de verdade lógico nem pela abundância da evidência estatística a seu favor, mas pela legitimidade que atribuímos a quem é o mensageiro.

Posteriormente, por volta dos 4 ou 5 anos de idade, as crianças começam a ser capazes de compreender que as outras pessoas com quem interagem também têm representações mentais (pensam e fazem planos), e isso complica demais o trabalho necessário para entender como o mundo funciona, porque aparece a possibilidade de dissociar a ação de terceiros de seus pensamentos, suspender significados literais, utilizar metáforas e assimilar a ideia de erro. Rebecca Saxe e outros colegas do Massachusetts Institute of Technology (MIT) mostraram que o nascimento e o amadurecimento dessa capacidade coincidem com o desenvolvimento de uma área do cérebro denominada junção temporoparietal direita.

A informação a partir da qual se aprende se torna, então, extremamente complexa. A busca por regularidades começa a ser uma tarefa por meio da qual as pessoas se diferenciam de acordo com sua maior ou menor capacidade de filtrar ruídos nos dados do ambiente, e em função de descobrir as verdadeiras covariações que levam à construção de modelos de funcionamento do mundo que permitem prever melhor o que acontecerá ao escolher um determinado plano de ação. Ou, em outras palavras: qual é efetivamente a correlação que existe entre os fenômenos que observamos.

É verdade, por exemplo, que os produtos mais caros são geralmente de melhor qualidade? É certo que, em média, as pessoas que fazem faculdade ganham mais? O dólar sobe porque uma crise se aproxima?

Em todos esses exemplos a correlação entre os fenômenos observados não se dá como correspondência, caso a caso e de maneira linear; ao contrário, vemos muitas pessoas que estudam e, no entanto, estão desempregadas, ou produtos que são caros e não são bons, do mesmo modo que muitas vezes o dólar sobe e uma crise acaba não acontecendo.

Isso ocorre porque existem muitas outras variáveis que não observamos, além de uma parcela de azar. Não sabemos se a pessoa formada na faculdade tem problemas de comportamento e por isso não para nos empregos, ou se o produto caro que compramos tinha uma peça defeituosa no lote de venda, ou se a crise não veio logo depois do aumento do dólar porque a economia de nossos parceiros comerciais melhorou e com isso pudemos driblar a recessão.

Além disso, na realidade é difícil que um acontecimento se repita, em sua manifestação mais pura, um número suficiente de vezes para que sejamos capazes de construir frequências desse fenômeno e de contabilizar, assim, probabilidades. Pelo contrário, na maioria das decisões que temos que tomar contamos com poucos casos de nossa experiência como parâmetros, e por isso a noção de probabilidade precisa de sentido: duas ou três realizações de uma variável aleatória não bastam para generalizar e elaborar uma conclusão sobre as chances de que um fenômeno aconteça sem que atuemos de determinada maneira.

Quando uma criança enfia os dedos na tomada e leva um choque, a associação é direta. Mas quando o que ela faz tem diferentes consequências em cada oportunidade, como ocorre, por exemplo, se incomodar o cachorro puxando seus pelos, são necessárias mais experiências para conhecer a influência dos próprios atos no mundo que a rodeia.

Em sentido ainda mais estrito, para falar de probabilidade *a posteriori* é preciso considerar uma frequência de acontecimentos aleatórios que permita identificar em quais desses episódios ocorre a realização de determinado valor da variável de interesse, e em quais não ocorre.

O exemplo típico é o dos jogos de azar, como roleta, dados ou cartas. No caso da roleta, pode-se observar que em grande número de tentativas a tendência de a cor preta e a cor vermelha aparecerem é praticamente a mesma, e daí se deduz que as duas cores têm probabilidade semelhante de ocorrência.

Quando o fenômeno já tiver ocorrido diversas vezes e puderem ser comprovadas as frequências de cada resultado, será possível estabelecer a noção de probabilidade *a priori*, o que implica que, no caso de não mudarem as condições do jogo, as duas cores deveriam seguir aparecendo nas proporções esperadas.

O problema é que normalmente abusamos da ideia de probabilidade e a utilizamos para nos referir a muitos acontecimentos que não são nem repetitivos nem aleatórios. Por exemplo, dizemos que a probabilidade de morrer em um acidente de carro é de tantos por mil, como se o acidente fosse um acontecimento independente da maneira como o indivíduo dirige, uma roleta russa.

Vamos supor que nos informem que a probabilidade de ficar desempregado se nos formarmos na faculdade é de 6%.

Sobre qual base essa probabilidade foi calculada? Certamente consideraram uma mostra de determinada população e calcularam quantas pessoas estavam desempregadas, quantas tinham frequentado a faculdade e quantas pertenciam a ambas as categorias, isto é, universitários desempregados. O ponto é que esse dado não me mostra nada útil, porque para mim não interessa a probabilidade de um universitário qualquer estar desempregado, uma vez que não são todos iguais.

De modo concreto, digamos que eu quisesse saber quantos homens de 39 anos de idade, provenientes de famílias de profissionais, formados em economia na Universidade Nacional de La Plata (UNLP) e com pós-graduação em psicologia estão desempregados. Até onde eu sei, essa categoria engloba apenas um sujeito chamado Martín Tetaz, e, portanto, ninguém poderia me dizer quantas pessoas com essas mesmas características estão desempregadas.

Além disso, inclusive se houvesse mais dez pessoas nas mesmas condições, que dado relevante eu poderia concluir por saber que uma delas não tem emprego? Como eu saberia se o colega em questão procurou trabalho o suficiente, se sabe elaborar um *curri-*

culum vitae, se conhece as regras básicas de uma entrevista de emprego etc.? Como saberia se o indivíduo não ficou sem trabalho porque começou a namorar a mulher do chefe, ou simplesmente porque teve azar?

Ainda mais, são os próprios economistas que muitas vezes abusam do conceito de probabilidade. No pior momento da crise financeira internacional de 2008, Nouriel Roubini, que foi justamente o primeiro a fazer o prognóstico da queda, afirmou, abusando de sua fama de guru, que havia 80% de probabilidade de que a crise tivesse a forma de "U" (ou seja, que fosse suave e prolongada) e 20% de probabilidade de que tivesse a forma de "V" (ou seja, breve e muito pronunciada). Para que um prognóstico semelhante tivesse sentido seria preciso contar com dados sobre centenas de recessões de natureza parecida à de 2008 que permitissem identificar essas frequências de evolução da crise.

Falar de probabilidades para se referir a um fato único e exclusivo é simplesmente um erro conceitual, a menos que se trate de probabilidades subjetivas. Ou seja, não é fácil lidar com probabilidades porque possivelmente não existe no mundo real de todos os dias algo parecido ao que pensam os estatísticos quando se referem a esse conceito.

Acredito que todos nós suspeitamos que a maioria dos acontecimentos aos quais me referi até agora atribuindo-lhes alguma probabilidade não são aleatórios, longe disso. No entanto, estamos em um mundo incerto, e devemos encontrar alguma lógica nele para poder inferir e desse modo justificar nossas escolhas. Talvez não tenhamos todos os elementos necessários para contabilizar probabilidades de modo correto e tomar decisões, mas, como dizem, "é o que tem para hoje". Assim, temos que compreender o mundo a partir dos meios disponíveis ou morrer tentando (dilema que no caso de nossos antepassados caçadores-coletores assumia um sentido literal).

Assim, não surpreende que apareçam dois vieses que marcam não apenas nossas decisões econômicas, mas também nossas opiniões mais íntimas.

Trata-se do *viés de conclusões precipitadas (ou prejuízo)* e do *viés de categorizações instantâneas*.

Minha mãe acaba de me dar um exemplo do primeiro viés: ao voltar do supermercado em Valeria del Mar, cidade da costa argentina onde estamos passando o verão, tivemos o seguinte diálogo:

"Não tem ninguém no litoral" disse ela.

"Por que diz isso, mamãe?" perguntei.

"Porque conseguimos estacionar com facilidade no centro comercial", respondeu.

Ao fazer tal dedução, minha mãe não levou em conta que eram 2 horas da tarde de um dia de sol e provavelmente muita gente deveria estar na praia. Também não tentou estacionar em muitas oportunidades antes disso. Bastou a experiência de um dia para elaborar a conclusão. Normalmente nos apressamos a concluir e fazer um prognóstico a partir de pouquíssimos casos, porque sabemos que as situações serão muito diferentes e que não teremos chance de construir probabilidades certas sobre as quais possamos basear nossas ideias.

Assim, temos mais probabilidades de cometer o erro de ver uma relação entre duas variáveis quando ela de fato não existe (o que os estatísticos chamam de *erro tipo 1*) do que de incorrer no erro de não ver uma relação entre duas variáveis quando tal relação realmente existe (*erro tipo 2*).

Vejamos um exemplo jurídico, de muita relevância pela crescente onda de insegurança. No direito, é preciso optar por um sistema que minimize um dos dois tipos de erros, mas não há como minimizar os dois ao mesmo tempo, pois se procuro o menor erro tipo 2 possível (não deixar passar nenhum delinquente em potencial), estarei cometendo um grande erro tipo 1 (muitos inocentes cairão). Mas, por outro lado, se procuro não cometer o erro tipo 1, ou seja, não prender ninguém inocente, meu sistema cometerá muitos erros tipo 2, ou seja, não conseguirá pegar muitos culpados.

Suspeito que essa tendência a tirar conclusões precipitadas esteja associada a circunstâncias que potencialmente implicam algum risco. Em contrapartida, quando se trata de situações que poderiam gerar um benefício, desenvolvemos o comportamento contrário, ou seja, demoramos muito a chegar a uma conclusão e pedimos à realidade muitas provas antes de começar a agir.

Vamos pensar no que acontecia com nossos antepassados quando, enquanto caminhavam pela savana africana, ouviam um barulho no meio da mata. Certamente podia ser só um cervo inofensivo (uma possível presa) ou um leão faminto (um possível predador). Cometer o erro tipo 1 (escapar e depois descobrir que era o Bambi) implicava perder uma oportunidade de conseguir alimento, mas cometer o erro tipo 2 (pensar que não havia evidência suficiente para pensar que não era um leão) conduzia o indivíduo em questão à morte certa. Então, a evolução aparentemente promoveu a tendência a elaborar conclusões rápidas diante das ameaças (minimizando os erros tipo 2) e a propensão de serem mais conservadores diante das oportunidades (minimizando os erros tipo 1), como comportamentos adequados.

Acredito que esse perfil defina muito bem o consumidor e o produtor médios. Somos preconceituosos em situações de risco, mas muito conservadores na hora de nos lançarmos a uma nova empreitada, seja ela econômica ou pessoal.

No que diz respeito ao viés de categorizações instantâneas, experimentamo-lo permanentemente, cada vez que damos a alguém determinado valor a partir de seu pertencimento a um grupo ou classe, seja pela cor de sua pele, pela roupa que usa, por seu sotaque, pelo lugar de onde veio, por sua posição política ou religiosa etc., por mais que sejamos conscientes de que o processo de generalização é imperfeito e saibamos que não podemos garantir que os membros de uma classe atuem em função do estereótipo que determinamos.

Assim, basta que, em média, os membros de determinada classe satisfaçam ao critério que estabelecemos ou previmos para que construamos nossas próprias noções de probabilidade *a priori*, que formam nossa ideia subjetiva do grau em que acreditamos que uma conduta ou um acontecimento serão mais ou menos factíveis.

Imaginemos a seguinte situação. Você está voltando do escritório numa sexta-feira e a via está cheia, circulam 20 mil carros por hora e o estresse corre pelas veias. Em meio ao caos, o carro mais adiante corta seu caminho do nada e passa a dirigir muito mal à sua frente. Pergunta: o motorista é homem ou mulher? A grande maioria das pessoas se apressa em rotular as mulheres como as que não sabem dirigir e que fazem manobras imprudentes.

Passando ao âmbito de trabalho: Juan tem 28 anos, um diploma universitário e é funcionário público. Andrea tem 32 anos, um filho e dirige uma microempresa. Quem você acha que é o mais produtivo dos dois? Não condenou Juan quando soube que ele era funcionário público?

E aí está a questão: sem a possibilidade (e a capacidade) de estimar probabilidades objetivas, construímos perfis que nos permitem pensar em situações distintas, e diante de acontecimentos concretos simplesmente analisamos se uma pessoa cumpre os requisitos para entrar ou não entrar em determinada categoria, por mais difusa que saibamos que ela seja.

Pagamos, assim, o preço por qualquer generalização, mas nos poupamos da tristeza de não poder dispor de categorias a partir das quais poderíamos racionar e tomar decisões.

Vivemos em uma bolha

Direi mais uma vez: os seres humanos são máquinas cujo *design* é o resultado das pressões que nossos ancestrais caçadores-coletores tiveram que enfrentar para garantir a sobrevivência e a reprodução da espécie em um meio ambiente hostil.

Isso não quer dizer que estejamos programados para realizar certas tarefas de determinado modo, mas que, entre todas as maneiras possíveis pelas quais essas tarefas poderiam ter sido realizadas no passado, o processo evolutivo se encarregou de escolher as estratégias mais bem-sucedidas.

Quem era dotado de recursos mais funcionais para enfrentar as circunstâncias particulares de cada ambiente em cada momento, simplesmente passou mais quantidade de cópias genéticas às gerações posteriores, de modo que esses comportamentos se tornaram mais comuns.

Pois bem, como você se sente em relação ao que acabo de dizer? Por favor, anote sua resposta na margem da folha. Sim, você leu certo. Escrevi as frases anteriores para fazê-lo participar de um experimento simples.

Você vai ver que o mundo se divide em dois grandes grupos de pessoas: aquelas que acreditam que "quem pode nasce pronto" e aquelas que pensam que "nascemos todos iguais". No momento, não me interessa a discussão sobre natureza e criação. O ponto é que a frase com a qual iniciei este parágrafo divide opiniões: muitas pessoas acham que é a coisa mais óbvia do mundo e outras sentem repulsa só de imaginar isso.

Pense: na população total, quantas pessoas têm a mesma opinião que você? Mais da metade ou menos da metade? Por favor, mais uma vez, anote sua resposta na margem da página. Aposto e ganho que independentemente de qual tenha sido a sua opinião, você acredita que mais da metade das pessoas compartilha de sua maneira de pensar em relação a esse assunto. Isso é natural: a tendência geral é que as pessoas acreditem que fazem parte do grupo maior.

Como isso pode acontecer? Porque os indivíduos vivem em grupo e frequentam ambientes em que há muitas pessoas parecidas com eles. Os sociólogos e os economistas não entram em acordo para definir se isso ocorre porque as pessoas semelhantes se atraem e se unem (como nos clubes) ou se acontece porque a convivência torna parecidas as pessoas que inicialmente eram diferentes. De todo modo, nossas opiniões são reféns dos ambientes em que atuamos. Temos a tendência a acreditar que "nosso mundo" é *o mundo*, que as pessoas com quem interagimos são *a gente*.

Proponho que faça o seguinte exercício: vá à praça de um bairro humilde em um sábado ou domingo e pergunte às pessoas que encontrar ali qual é a porcentagem delas que têm casa na praia ou carro, ou que terminaram o segundo grau, ou que contam com a ajuda de um projeto social, ou faça qualquer outra pergunta parecida. Depois, repita as mesmas perguntas em um clube de campo ou entre seus companheiros de pesca. Você vai notar que os membros do primeiro grupo sistematicamente subestimarão as porcentagens, enquanto os integrantes do segundo grupo vão superestimá-las.

Isso é mais ou menos como fazer um prognóstico do resultado das próximas eleições conversando com vizinhos depois de um ato político, ou perguntar se Deus existe justamente na porta de uma igreja. É óbvio que as amostras não são representativas da população em geral. E uma vez que não são, as estimativas que realizemos com base nessas amostras estarão desviadas. Estamos diante do *viés de representatividade*.

Esse viés não é uma simples questão anedótica. Como descobrimos em uma pesquisa que fizemos com Guillermo Cruces, do Cedlas, com uma enquete de 1.039 casos representativos da Grande Buenos Aires, não só os pobres e os ricos acreditam ser de classe média e estar no centro da distribuição de renda (os pobres se consideram em melhores condições socialmente, e os ricos, ainda mais), mas quando recebem a informação indicando sua verdadeira posição na pirâmide de renda, mudam sistematicamente suas preferências redistributivas; os pobres se tornam mais propensos à redistribuição e os ricos, menos.

Apesar de os dois últimos exemplos serem extremamente simples, esse é o tipo de raciocínio que realizamos dia a dia. Criamos nossas ideias a partir de uma experiência delimitada e não percebemos que nosso mundo não é representativo de toda a sociedade, do mesmo modo que o taxista não percebe que seu conceito de "a gente" não é o mesmo que o do motorista de ônibus ou do comissário de bordo, por exemplo.

Então, por que o viés tendencioso nas opiniões das pessoas deveria importar à economia? É porque, como no exemplo das políticas redistributivas, muitas das decisões que tomamos todos os dias se baseiam em estimativas que fazemos a partir da informação proveniente do mundo que nos cerca. É claro que ninguém nasce sabendo, e, portanto, para fazer um prognóstico adequado das consequências de nossas ações precisamos aprender como o mundo funciona.

Desde crianças aprendemos por meio da tentativa e erro. Quando cansamos de nos queimar com a chaleira quente, de levar choques por enfiar o dedo na tomada, de ser mordidos pelo cachorro depois de pegarmos seu osso e de peripécias parecidas, então nos tornamos pequenos cientistas. Claro, há duas maneiras de se fazer ciência. Com objetos inanimados, podemos experimentar como se a vida fosse um laboratório, mas se buscarmos compreender as consequências de nossos atos quando estes implicam outras pessoas ou grupos, a experimentação se torna lenta, tediosa, cara e metodologicamente muito difícil.

Optamos então por fazer o que faz a maioria dos cientistas sociais: observamos o mundo em busca de padrões, regularidades e correlações. Construímos teorias causais.

A partir delas decidimos se nos convém estudar, trabalhar, investir, ter filhos, praticar sexo seguro, tomar vacinas, comprar uma casa, pagar os impostos, fazer negócios, votar em determinado candidato, dirigir com prudência, jogar na loteria, pedir aumento, ir à academia, beber álcool, ter cartão de crédito, comprar celular e assim por diante.

Vejamos como exemplo o caso da educação, que é um dos mais interessantes. Como uma pessoa sabe se convém ou não estudar, ou qual carreira seguir? O ideal seria que conhecêssemos a trajetória de quem se formou na faculdade e de quem não se formou, mas não sabemos. Contamos com uma casuística feita por parentes, amigos e conhecidos, e somente na forma casual suas experiências se tornarão representativas para que possamos realizar uma inferência mais ou menos razoável. Mais grave ainda: por regra, ao conhecer poucos casos, a variabilidade dos resultados será maior que a observada em uma população maior, por isso é provável que as pessoas considerem a decisão de estudar e de investir em capital humano mais arriscada do que na verdade é. Assim, o que podemos dizer dos esforços que estaremos dispostos a realizar na hora de trabalhar ou do risco que aceitaríamos correr para fazer um investimento?

Durante muito tempo, os economistas acreditaram que tudo se resumia a uma equação de custo *versus* benefício. Trabalha-se mais horas se o pagamento for mais alto do que a desutilidade que implica esse esforço; investe-se mais dinheiro se a taxa de retorno justifica poupar, adiar o consumo e suportar a ansiedade de consumir já.

Quando começaram a aparecer as pesquisas sobre a economia da felicidade, descobriu-se que, na realidade, um dos determinantes mais importantes do nível de satisfação das pessoas não é sua própria renda (o resultado de seu trabalho ou investimento), mas a comparação dela com a de seus pares e com a dos membros de seu grupo de referência.

Parece que o que motiva as pessoas a se esforçarem não é seu bem-estar absoluto, mas seu bem-estar relativo. Isso é lógico, pois, afinal, somos animais sociais. No reino animal é comum que os mamíferos se organizem hierarquicamente e que essa escala determine o acesso aos recursos alimentícios e de reprodução. Nas diferentes espécies, a posição social é determinada pelo tamanho dos indivíduos ou pela capacidade de agressão, mas os seres humanos desenvolveram um modo mais civilizado de resolver as disputas: a carteira.

Ricardo Pérez Truglia, da Universidade de Harvard, tem mostrado que boa parte de nosso consumo não está destinada a satisfazer necessidades de alimentação, moradia, vestimenta, educação, segurança ou recreação, mas a mostrar nosso poder aquisitivo. O "consumo presunçoso" do qual Thorstein Veblen falou pela primeira vez há mais de cem anos explica por que existem pessoas que pagam mais de 682 dólares por um creme antirrugas, 30 mil dólares por uma noite na suíte Ty Warner do hotel Four Seasons de Manhattan, 327.400 dólares para abrir uma garrafa de vinho Château Cheval Blanc de 1947 (uma garrafa de 6 litros, mas mesmo assim...), 1,5 milhão de dólares por um automóvel esportivo Bugatti Veyron, a módica soma de 845 dólares por um jeans de algodão orgânico fabricado no Zimbábue ou 370 dólares por 1 litro de azeite de oliva Armando Manni, que, segundo dizem, é o melhor do mundo.

São exemplos que podem parecer exagerados e só ilustram o desejo de mostrar no grupo de referência que a pessoa pertence ao mais alto nível da escala social do mundo inteiro. Porém o consumo destinado a se organizar hierarquicamente e a se diferenciar daquele que tem menos ocorre em todos os níveis sociais, e isso explica por que pagamos 581 dólares por uma televisão de 42 polegadas e 1.278 dólares por um aparelho com apenas 6 polegadas a mais; por que pagamos três ou quatro vezes mais o valor de uma boa camisa por uma tão boa quanto com um crocodilo bordado; por que a diferença de preço entre o melhor celular e o segundo melhor é de 100%; ou por que, na Argentina, gastamos muitíssimo dinheiro para mandar nossos filhos a um colégio onde eles não necessariamente aprenderão mais do que em uma escola pública e gratuita.

A segunda consequência dessa segmentação é que, porquanto as pessoas tendem a pensar que a população se parece com seu grupo de referência, existe uma propensão dos pobres e dos ricos a acreditar que há muito mais pessoas em situação idêntica, e isso, paradoxalmente, aumenta o bem-estar percebido pelos pobres (porque não têm noção de como estão mal comparativamente) ao mesmo tempo que reduz o bem-estar que sentem os mais abastados (porque não notam o tamanho de seu privilégio). Nada que Karl Marx não tenha proposto há mais de 150 anos, quando se referiu à "falsa consciência de classe" como um freio para o processo revolucionário.

Sei que o comentário que farei a seguir é um tanto provocativo, mas acho que se as pessoas conhecessem seu verdadeiro lugar na distribuição de renda e se os diferentes níveis sociais interagissem mais entre si, o resultado esperado seria o seguinte: os pobres se esforçariam mais (ao tomarem consciência de sua posição relativa de desvantagem) e os ricos se esforçariam menos (ao receber informação a respeito de sua localização privilegiada na distribuição de renda). Ou seja, caberia esperar que os pobres buscassem conseguir mais educação, fazer mais negócios, trabalhar mais etc., e que os ricos agissem de modo contrário.

Diga o que você ouve e eu direi o que pensa

O problema de distorcer nossas opiniões, por não contarmos com uma amostra representativa de pessoas ao nosso redor que nos permita tirar conclusões generalizadas, costuma ser agravado pelo fato de que não obtemos a informação sobre os acontecimentos do mundo de modo neutro. Existe um *viés de disponibilidade de informação*.

Independentemente de estarmos na fila do supermercado, assistindo à televisão ou na cadeira do cabeleireiro, a verdade é que a informação que ouvimos não é prova cabal do que acontece no mundo. Comentamos uma colisão, um divórcio tumultuado, o sucesso de um advogado famoso, o fracasso de uma instituição financeira. É notícia aquilo que sai do comum e se afasta do normal. Assim, superestimamos a frequência com que ocorrem esses fatos e minimizamos a chance de coisas sobre as quais não temos muita informação chamarem a atenção.

Por isso é muito importante a publicidade, já que de outra maneira ficaríamos com a impressão de que os produtos e preços que existem em toda a economia são os que vemos nas prateleiras do supermercado ao qual sempre vamos.

Outro exemplo: Em sua opinião, qual é a chance de um avião cair no próximo ano? Acha que cairá 1 em cada 100 mil aviões ou que as chances são ainda menores? Anote sua resposta na margem da página.

Pedirei a você para arriscar outra resposta: A cada quantos aviões que chegam ao destino acontece um acidente? Anote sua resposta, por favor.

Tenho notícias para dar. Certamente, a maioria das pessoas não tem a menor ideia da frequência com que uma tragédia acontece, mas quase todas acreditam se tratar de um fenômeno muito mais comum do que na verdade é. Isso ocorre porque os jornais não publicam uma notícia assim: "Ontem, 50 mil aviões decolaram e chegaram ao destino sem nenhum problema". Tampouco se vê o seguinte: "Em 2009, aconteceram 4.388.779 voos, dos quais somente um acabou em acidente".

Tenho mais uma notícia. Como resultado do *viés de ancoragem*, as pessoas tendem a dar opiniões próximas à sugestão oferecida por quem faz as perguntas. Suspeito que muitos dos leitores, na verdade, ao avaliar as possibilidades de um avião cair durante o próximo ano, estimaram uma probabilidade mais próxima de 1 em 100 mil do que 1 em 10 milhões, porque se deixaram influenciar pela isca que lancei ao fazer a pergunta.

Não acredita? Faça o experimento por conta própria.

Repita a pergunta a qualquer conhecido que esteja perto, mas, em vez de indagar-lhe se 1 de cada 100 mil aviões cai, pergunte se ele acha que cai mais ou menos 1 avião a cada 1 milhão. Depois questione a cada quantos voos ele acha que um avião cai e notará que a resposta dessa vez se aproximará muito mais de 1 em 1 milhão, informação que você ofereceu como isca ou sugestão.

O fenômeno da ancoragem, além disso, não se limita ao número, mas também à classificação. Os restaurantes que como prato sugerido propõem "fetuccini ao funghi" vendem muito mais pratos de massa (ainda que não sejam exatamente fetuccini) do que os estabelecimentos que sugerem "filé-mignon ao molho mostarda" – esses, em geral, vendem mais pratos com algum tipo de carne. Alguns até se aproveitam do efeito do *viés de ancoragem*. Quem precisa reunir fundos com a venda de rifas sabe que conseguirá mais dinheiro se primeiro oferecer a rifa de 12 dólares do que se começar a oferecer a de 6 dólares; os negociantes em mercados de produtos costumam perguntar ao vendedor se o produto sai mais ou menos 35 dólares, mesmo que saibam que o preço real está em torno de 82 dólares; o governante pergunta aos cidadãos se preferem que se invista em semáforos ou em asfalto, e em seguida lhes indaga como determinar o orçamento participativo. Eu poderia continuar com os exemplos, mas tenho receio de dar ideias que mais para a frente possam ser usadas contra mim, seja em meu papel de consumidor, seja em meu papel de eleitor, e além disso preciso me dedicar a analisar outra tendência sistemática dos seres humanos: aquela que nos leva a nos concentrar na informação que está na mesma sintonia que nossas próprias ideias.

Com efeito, uma vez que tenhamos tirado uma conclusão precipitada, o *viés de confirmação de hipótese* é o responsável por nos agarrarmos à nossa teoria com unhas e dentes, ainda que surja uma informação que a contradiga. Nesse caso, simplesmente ignoramos a informação contraditória ou não damos importância a ela.

À primeira vista, parece se tratar de uma estratégia pouco conveniente. Em última instância, se realmente quisermos conhecer o mundo que nos cerca e tirar vantagem disso, pareceria razoável rever nossas hipóteses à luz da maior quantidade de informação possível e corrigir nossas ideias, se necessário. No entanto, não é assim que nossa mente funciona: de vez em quando, em discussões políticas, econômicas, amorosas, sobre os filhos ou até sobre o porquê de o carro gastar muita gasolina, insistimos em nos apressar em dar nossa opinião e ignorar qualquer informação que a contradiga.

As consequências de ser teimoso podem ser arrasadoras nos negócios. Conheço pessoas que compram ações de determinada empresa com base em uma notícia isolada sobre seu potencial de sucesso (tiram conclusões precipitadas) e mantêm essas ações mesmo depois de comprovado que o potencial não era tão bom. Também há aqueles que insistem em continuar investindo dinheiro em um empreendimento que de todas as maneiras já foi visto que não funciona.

Suspeito que o comportamento pernicioso venha de nossa condição de animais sociais. Em sistemas nos quais a hierarquia é tão importante, uma pessoa sente a pressão de ter que decidir depressa e de se mostrar segura se pretende manter sua posição na escala social.

Na tarefa de generalizar e tirar conclusões precipitadas, somos auxiliados por nossas emoções. Em momentos anteriores, afirmei que as emoções são vetores de informação que captam diversos estímulos do ambiente e os resumem em uma sensação de prazer ou de desprazer que volta nossa atenção a determinada série de informações, sobre a qual atua o sistema executivo central para encontrar regularidades e realizar classificações. Vou acrescentar agora que, ao focar alguns aspectos da realidade que se apresentam (descartando outros), as emoções condicionam nossa análise do mundo e influenciam, assim, nosso modo de agir.

Em uma pesquisa notável, Michael Spezio e Antonio Rangel, do Instituto Tecnológico da Califórnia, pediram a um grupo de voluntários que analisasse as fotos de políticos da região que tinham sido candidatos ao Congresso dos Estados Unidos nas eleições de 2000, 2002 e 2004, e que apontassem quais deles, em sua opinião, provavelmente seriam mais competentes para o cargo. De modo surpreendente, a percepção dos voluntários previu com grande acerto o resultado que esses candidatos tiveram nas eleições seguintes.

Além disso, manipulando a duração das imagens na tela do computador, Rangel conseguiu que os participantes classificassem com êxito os ganhadores e os perdedores em menos de um décimo de segundo, somente mediante o *flash* da imagem. Como bônus, graças ao fato de os sujeitos estarem conectados a um aparelho de ressonância magnética funcional, os pesquisadores puderam detectar certa ativação de duas regiões do cérebro, a ínsula e o cíngulo anterior ventral, no momento em que os participantes observavam as fotos dos candidatos perdedores.

O interessante é que pesquisas anteriores descobriram que essa combinação de ativações cerebrais ocorre diante de emoções negativas associadas aos comportamentos de evitação. No entanto, fica claro que ninguém gosta de reconhecer que toma decisões com a emoção, sem raciocinar. Minha hipótese é que muitas vezes resolvemos um problema a partir de decisões baseadas em nossos estímulos emocionais e depois buscamos argumentos racionais para justificar nossa atitude.

Esse argumento explicaria muito bem por que normalmente priorizamos a informação que condiz com nossas hipóteses *a priori* sobre o funcionamento do mundo. Uma ideia parecida com essa é a que Antonio Damasio defende quando diz que as emoções funcionam como marcadores somáticos que nos permitem atribuir valor aos estados da natureza que temos que ponderar no momento de tomar uma decisão.

As pesquisas do neurocientista Antonio Rangel demonstraram que na hora de escolher entre atitudes diferentes, nosso cérebro atribui um valor a cada uma das alternativas, e vimos que a memória episódica (que tinha a ver com as experiências autobiográficas) era fundamental para projetar em nossa mente os diferentes cenários futuros. Damasio nos ensina que essas memórias episódicas, que são insumos do processo de decisão, estão impregnadas de emoções.

As emoções, então, resumem toda a informação do que sentimos no momento em que armazenamos na memória episódica cada uma das experiências que vivemos.

Por isso, quando vemos um político que não nos agrada, ou uma carteira de que gostamos, decidimos emocionalmente a partir da lembrança de experiências políticas desagradáveis ou passeios nos quais nos alegramos comprando um presente, sapatos ou uma carteira. Prevemos, assim, as emoções que acreditamos que sentiremos se tomarmos uma ou outra decisão. Desse modo, escolhemos o caminho a seguir e logo temos a necessidade de racionalizar nossa decisão, um fenômeno que a psicologia chama de *locus de controle* e que tem a ver com a sensação de estar no comando do que nos acontece.

Quem está no comando?

Os manuais de microeconomia tradicionais que nos ensinam a teoria do consumidor nas universidades afirmam que os seres humanos simplesmente maximizam a utilidade que se pode obter a partir de determinado dado. Ou seja, escolhemos uma série de bens e serviços que nos proporciona o nível máximo de bem-estar possível em função do dinheiro de que dispomos.

Estritamente falando, o consumidor ideal desses livros-texto deve decidir quanto esforço dedicará todo dia para trabalhar a fim de obter a renda que depois destinará ao consumo de bens.

A cada momento, além disso, ele deve decidir se consumirá seus recursos ou se postergará o prazer, investindo-os ou poupando-os à espera de um futuro mais promissor.

Por fim, uma vez definida a quantia dedicada ao consumo, é preciso escolher quais bens comprará.

Assim, a quantidade de situações que o consumidor deve levar em consideração é astronômica, e além disso, como vimos, ao *Homo sapiens* acaba sendo muito trabalhoso comparar os benefícios de consumir em diferentes períodos de tempo, ainda mais quando são cenários caracterizados pela incerteza.

Pense em um caso concreto. Vamos supor que você já tenha decidido quanto tempo vai trabalhar e qual porcentagem de sua renda destinará ao consumo. Então, vai ao supermercado com um orçamento de 233 dólares, por exemplo, e deve decidir sua compra mensal. Quantos carrinhos consegue encher com esse valor? Sim, o número é finito, mas garanto que compra muita coisa. Imagine, por exemplo, que pudesse comprar 40 quilos de carne (a 6 dólares o quilo), ou 39 quilos de carne e 2 quilos de frango, ou 38 quilos de carne, 2 quilos de frango e 1,8 quilos de rim de boi, ou 39 quilos de carne e 1 quilo de linguiça.

Existem milhares de combinações de produtos diferentes, e ainda nem saímos da seção de carnes.

Acredite, você aprendeu o conceito dos números cem, mil, um milhão, um trilhão, mas ninguém ensinou a você o nome do número que representa a quantidade de combinações de compras diferentes que podem ser feitas com 233 dólares.

Certamente, a questão não termina aqui. Nosso leitor racional do livro de microeconomia deveria poder computar a utilidade que obteria de cada uma dessas prováveis compras, de modo a conseguir ordenar suas opções e determinar qual de todas essas milhões de combinações possíveis lhe é mais conveniente.

No jargão dos economistas, o indivíduo deve ter um conjunto de preferências completas, estáveis, computáveis e ordenáveis. No entanto, claro, não é isso o que as pessoas fazem no dia a dia.

Na realidade, as pessoas de carne e osso costumam utilizar suas estratégias de compra alternativas. Algumas se sentam tranquilas na sala de estar, com papel e lápis na mão, pensam no que precisam, escrevem uma lista de produtos e só então vão ao supermercado. Outras não utilizam a lista – simplesmente vão ao mercado, percorrem as gôndolas e colocam no carrinho aquilo de que precisam.

Mas é aqui que mora o perigo, porque, como todos nós sabemos, até mesmo alguém que vai ao mercado com uma lista acaba comprando outros produtos. Por que isso acontece? Por acaso as pessoas não sabem do que precisam? O consumidor "descobre" suas necessidades enquanto percorre os corredores? Ou será que os inescrupulosos funcionários do departamento de marketing das grandes marcas e lojas "criam" necessidades nos consumidores por meio da publicidade e da difusão cultural do consumismo?

Falta muito para o seu aniversário? Não, ainda não fiquei louco. Simplesmente quero propor um exercício. Por favor, pegue papel e lápis e faça uma lista com o nome de todos os amigos que gostaria de convidar para o seu aniversário se alguém lhe oferecesse uma festa. Já fez? Não me engane, por favor. Complete sua lista antes de continuar a leitura.

Perfeito. Agora, faça a gentileza de abrir sua agenda de contatos. Repasse cada um deles e volte a fazer a lista de todas as pessoas a quem gostaria de convidar para a festa. Pronto? Essa segunda lista é mais comprida do que a primeira? Isso acontece porque você recorreu a dois mecanismos diferentes para procurar informação em sua memória. No primeiro caso, fez uma lista com base na lembrança espontânea. No segundo, fez um reconhecimento guiado. Esse último recurso é muito mais potente que o primeiro, porque não requer nenhum tipo de raciocínio; somente precisa de um mecanismo que nos indique se um estímulo que se apresenta a nós está ou não registrado em nossa memória.

Alguma vez alugou um filme na locadora e assim que começou a assisti-lo percebeu que já o tinha visto? Não que você não tenha feito nenhum esforço pensando com antecedência em quais filmes já tinha visto, nem que suspeitou existir a possibilidade de alugar um repetido. O reconhecimento simplesmente se deu de maneira automática. Inclusive é provável que, se antes de alugar o filme em questão tivessem pedido a você que se lembrasse dos que já viu, nunca teria pensado nesse em especial.

Agora pergunto, você já teve um *déjà vu*? Algumas pessoas acreditam que a sensação de já ter experimentado uma situação atual de forma idêntica se baseia na hipersensibilidade de nossos mecanismos de reconhecimento, que identificam alguns padrões parecidos entre uma situação nova e uma vivida e transmitem automaticamente a sensação de reconhecimento, ainda que o restante do ocorrido seja diferente.

Voltemos agora ao supermercado.

De fato, fazer uma lista com os produtos necessários antes de ir às compras reduz muito a quantidade de itens que acabamos por adquirir; porém, mesmo no caso de o consumidor ir ao mercado com um orçamento limitado (apenas com dinheiro suficiente para fazer a compra da lista), acabará comprando coisas diferentes, com ou sem lista. Assim, parece que fazer uma lista em casa implica realizar uma busca pouco exaustiva em nossa memória (recordar em vez de reconhecer), por isso não garante a maximização da utilidade que a microeconomia tradicional propõe.

O que podemos dizer das necessidades criadas? O tema tem sido amplamente discutido, e parece existir consenso neste ponto: as pessoas têm uma hierarquia de necessidades muito gerais, e as empresas criam objetos que levam, de uma maneira ou de outra, a satisfazê-las.

Parece adequado lembrar aqui o influente trabalho do grande psicólogo norte-americano Abraham Maslow, que em primeiro lugar falava das necessidades fisiológicas (alimentação, basicamente); em segundo, das necessidades de segurança (no âmbito do trabalho, da saúde, da propriedade etc.); em terceiro, das necessidades de afiliação a grupos (amizade, afeto); em quarto, das de reconhecimento ou estima; e em quinto e último lugar das necessidades de autorrealização.

Assim, o fato de um produto novo aparecer no mercado – como o advento do celular ou da internet – não implica que as empresas que o comercializam devam criar necessidades novas nos consumidores, mas basta a elas satisfazerem uma necessidade preexistente de caráter mais geral; por exemplo, a busca por status ou reconhecimento social (a quarta hierarquia de Maslow) ou por identidade e pertencimento a determinados grupos (a terceira hierarquia).

No entanto, mesmo se as empresas conseguirem implantar com sucesso uma necessidade nova nos consumidores, isso mudará pouco o problema central que os compradores enfrentam. A questão importante é descobrir o mecanismo que utilizamos diariamente para lidar com nossa clara incapacidade de fazer aquilo que os livros de economia dizem que devemos fazer. Ou seja: comparar as quase infinitas combinações de bens e serviços que podemos adquirir antes de decidir que produto comprar.

Minha hipótese é que o ponto de partida é uma cesta básica que começamos consumindo por um erro (por tradição familiar, por exemplo).

Depois, sobre essa base vamos modificando paulatinamente os consumos e construímos dessa forma nosso próprio menu de opções. Incluímos na cesta alguns bens ou serviços que queremos provar e tiramos aqueles que nos proporcionam menos prazer por valor gasto.

Dessa forma, procuramos alcançar o ponto ótimo, ou seja, a cesta de bens que mais nos agrada sem mudar radicalmente o que compramos. A possibilidade de passar a outro ponto de maximização local diferente do experimentado originalmente, resultado de uma grande mudança em nosso comportamento, acontece com a experiência que causa um choque na cesta de consumo (férias em um lugar diferente, convivência com um novo parceiro ou com um amigo etc.), que nos força, de algum modo, a mudar de maneira importante aquilo que consumimos e nos permite provar outras coisas.

Então, tanto a dona de casa que faz a lista como quem vai ao mercado sem ela de algum modo têm em mente essa cesta básica (que, insisto, é diferente em ambos os casos). Procuram esse conjunto de bens que funciona como ponto de partida e causam mudanças graduais que se adaptam a novas condições de mercado em matéria de preço e de variedade.

Estou utilizando o conceito de mercado como uma metáfora. Na verdade, o conjunto de escolhas é muito mais amplo do que aquele oferecido nas gôndolas e inclui as decisões já mencionadas de trabalho, de estudo e de formação do lar. Nesses casos é preciso optar pelas diversas alternativas que se apresentam sem ter podido experimentar demais, de modo que se torna mais plausível ainda a hipótese de uma escolha meio automática, por padrão, que estaria influenciada pelos valores adquiridos na família e, mais tarde, nos grupos de pertencimento.

Minha ideia se sustenta nos resultados das pesquisas de Kahneman e Tversky, que demonstraram que somos muito ruins avaliando diferentes situações de forma isolada e que nossos sistemas de percepção se especializam em notar mudanças no *status quo*, que são as que acabam guiando nossas ações. O exemplo do livro-texto, que Kahneman usou em sua conferência Nobel, é o de quem coloca o braço direito dentro de um balde a, digamos, 5°C, e o esquerdo em outro balde a, por exemplo, 50°C. Depois de um tempo, se a pessoa retira os dois braços e os coloca em um terceiro balde, digamos a 25°C, sentirá calor no braço direito e frio no esquerdo. Nessas condições, seríamos incapazes de saber se a água está fria ou quente em termos absolutos. Nossa única possibilidade é perceber a mudança em relação ao ponto de partida de cada braço.

Essa ideia de que cada situação é avaliada levando em consideração um ponto de referência tem, além disso, lógica evolutiva.

Não faz sentido pensar que a evolução favorecesse especialistas em avaliar cenários diferentes de maneira isolada, porquanto o mais importante era que fossem capazes de notar as mudanças produzidas no meio ambiente, as quais, em último caso, eram as que indicavam o surgimento de uma ameaça ou a existência de uma oportunidade.

Assim, essas pesquisas indicam que, se não podemos computar a utilidade que poderiam nos proporcionar os diferentes planos de ação alternativos, podemos calcular quanto mudaria nossa utilidade se nos afastássemos da cesta atual de consumo em alguma outra direção.

Ainda, um dos vieses mais notáveis que as pesquisas sobre a economia do comportamento encontram tem a ver justamente com a supervalorização excessiva que damos à ordem atual das coisas em comparação a outras alternativas. Sendo assim, as pessoas são resistentes a mudar até quando poderiam estar melhores se alterassem seus alvos de consumo, e isso se deve ao *viés do status quo*.

Esse desvio de comportamento tem sido explorado muitas vezes pelos criadores de políticas e pelos fabricantes de produtos. Por exemplo, o governo argentino se aproveitou desse viés em 1994, quando privatizou o sistema de aposentadorias e criou as hoje falecidas Administradoras de Fundos de Aposentadorias e Pensões (AFJP) [Administradoras de Fondos de Jubilaciones y Pensiones].

Em um esquema de escolha ideal, o adequado seria perguntar a cada trabalhador qual dos dois sistemas prefere, o de capitalização (privado) ou o de partilha (público). Mas o que fizeram foi passar para o novo sistema de AFJP todos os trabalhadores, exceto aqueles que se manifestaram expressamente contrários a ele.

É importante destacar que *a priori* não existia nenhuma limitação na capacidade de escolha dos trabalhadores. Em teoria, o mesmo teria acontecido se o sistema tivesse sido implantado de modo reverso, ou seja, se todos tivessem permanecido no sistema público de contribuição, a menos que optassem expressamente pelas AFJP.

Na prática, é claro, a forma com que se apresentou aos cidadãos a possibilidade de optar não foi neutra. Ainda que se suponha que a cidadania deveria ter uma preferência clara enquanto se privilegia um sistema de aposentadoria ou outro, todas as pesquisas mostram sistematicamente que qualquer uma das opções será mais escolhida se apresentada como predeterminada (por padrão).

David Brooks registrou a mesma situação ao analisar o efeito do *status quo* na doação de órgãos. Nos Estados Unidos, ao renovar a carteira de motorista, o cidadão pode expressar seu desejo de ser doador. Na França, por sua vez, a princípio todos os cidadãos são considerados doadores, a menos que expressem desejo contrário. Ainda que as opções disponíveis sejam as mesmas nos dois casos, os resultados são completamente diferentes: nos Estados Unidos, somente 14% da população é doadora, enquanto na França essa porcentagem sobe para 90%.

O efeito desse viés foi desperdiçado quando, em novembro de 2011, procurou-se eliminar os subsídios dos serviços públicos na Argentina. Em vez de tirar esses benefícios por padrão, a menos que alguém manifestasse vontade contrária de modo expresso, estabeleceu-se um registro de renúncia voluntária aos subsídios, que obviamente conseguiu apenas 35 mil adesões.

Então já sabe: se você tiver um restaurante e quiser vender mais vinho, simplesmente o inclua no cardápio executivo. Ainda que ofereça aos clientes a possibilidade de mudar o vinho por outra bebida, sem dúvida muitos acabarão optando por acompanhar a refeição com a bebida predileta de Dionísio.

Se você gerencia uma rede de hamburguerias e quer vender refrigerante e batatas fritas de tamanho grande, não os ofereça em troca de 2 dólares adicionais; inclua os dois itens no cardápio e apresente aos clientes a possibilidade de diminuir o tamanho do refrigerante e das batatas fritas pagando 2 dólares a menos. Você notará que os clientes consomem muito mais refrigerante e porções de batata frita de tamanho grande.

E tem mais: o McDonald's agora oferece os combos de seus hambúrgueres tradicionais com salada em vez de batatas fritas, o que diminui consideravelmente o conteúdo calórico do cardápio. Seria interessante pedir à rede dos arcos dourados que essa opção apareça como padrão nas promoções que oferecem e que as pessoas devam optar expressamente pela mudança, para comer as batatas.

O efeito, naturalmente, não se esgota no mercado de produtos privados. Se você se dedica à política e submete uma proposta a plebiscito ou votação, cuide para que sua preferência seja apresentada como a opção predeterminada (ou como *status quo*) e que a alternativa seja mostrada como uma modificação dela.

Mesmo que você não seja comerciante nem político, também pode aproveitar esse viés. Se tem que preparar o jantar e está com vontade de macarrão, ofereça à família um "ravióli ao molho roquefort ou outro tipo de massa", e assim será muito menos provável que peçam a você um prato que tenha carne, por exemplo.

Contudo, um dos maiores problemas que esse resultado traz é que necessariamente implica que não maximizemos a utilidade como sustenta a microeconomia tradicional. Ou seja, é muito provável que exista uma cesta de bens alternativa que proporcione mais utilidade para um gasto idêntico de recursos, ou uma que proporcione satisfação parecida, porém mais barata, mas a qual não escolhemos.

E como se isso fosse pouco, existe outro viés encontrado nas pesquisas de economia do comportamento que apresenta mais evidência ao mostrar que a supervalorização do *status quo* não é um fenômeno isolado, uma raridade de laboratório. Trata-se da tendência a supervalorizar nossos ativos, que é conhecida na literatura como *viés de supervalorização de posses*.

Richard Thaler, economista da Universidade de Chicago, tem mostrado em diversos experimentos que valorizamos mais os objetos quando os possuímos do que quando temos que adquiri-los. Por exemplo: qual é o máximo que você estaria disposto a pagar por um ingresso para o final de um jogo de seu time ou para assistir a um show de seu artista preferido? Peço que pense de modo concreto no jogo ou no show, que o visualize com o máximo de clareza e que se veja fazendo parte do espetáculo. Agora, peço que, por favor, indique o preço máximo que estaria disposto a pagar. Anote-o na margem da página.

Vamos supor que você tenha de fato comprado o ingresso: você tem o bilhete e será um dos privilegiados a assistir ao show. O espetáculo será noticiado pelos principais meios de comunicação e você se sentirá satisfeito por tê-lo assistido. De repente, um dia antes do evento, um amigo telefona e se oferece para comprar o ingresso pagando 1 peso a mais do que você desembolsou. O que você faria? Você o venderia? A maioria das pessoas responde que não, e continua negando até se, em vez de 1 peso, a proposta de pagamento for de 10 pesos a mais. Os livros de economia dizem que em tais circunstâncias uma pessoa estaria disposta a vender seu ingresso.

O problema desse comportamento irracional é que a teoria econômica tradicional diz que, se você comprou uma cesta de produtos e pelo mesmo preço tem a possibilidade de trocá-la por outra cesta alternativa que proporciona um nível de utilidade mais elevado, você deveria aceitar a troca sem hesitar. No entanto, devido a esse viés, será mais difícil que você troque, porque exigirá pela cesta adquirida um preço mais alto do que o inicial. Como exemplo, podemos pensar na grande quantidade de pessoas que não muda de carro ou de casa porque não pode vendê-lo no mercado por acreditar que seus bens valem mais do que gastou para comprá-los.

E os problemas não acabam aí. Acontece que além de terem inconvenientes para escolher uma cesta de produtos que lhes permita maximizar seu bem-estar – como mostraram os professores Eldar Shafir e Sendhil Mullainathan, das universidades de Princeton e de Harvard, respectivamente –, os consumidores não se comportam no começo do mês, quando acabam de receber seu salário, do mesmo modo que se comportam na segunda quinzena.

De acordo com a teoria neoclássica do "ciclo vital" de Franco Modigliani, supunha-se que as pessoas equilibravam seu consumo ao longo do tempo, economizando em períodos de fartura e gastando mais que sua renda nos momentos em que o lucro diminuía, de modo a maximizar a utilidade intertemporal. Pois bem, acontece que os especialistas em teoria do comportamento estudaram os hábitos de consumo de agricultores na Índia no período após a colheita e em períodos intermediários, e perceberam que os comportamentos de consumo eram muito diferentes dependendo do momento em questão.

Durante muito tempo pensou-se que o "consumo cíclico" – o nome que damos a esse fenômeno – ocorria porque as pessoas tinham um índice de preferência intertemporal muito alto (ou seja, eram muito impacientes e por isso não tinham capacidade de economizar quando estavam com os bolsos cheios por terem vendido a colheita ou recebido o salário, e gastavam depressa seu dinheiro). No entanto, as pesquisas de Dean Spears isolaram o efeito de impaciência e mostraram que a anormalidade continuava, descoberta que sugeriria que essa conduta se deve a um processamento incorreto da informação no sistema executivo central (a memória de trabalho).

Assim, parece que em épocas de abundância agimos com base em uma racionalidade completamente diferente da que utilizamos em circunstâncias de escassez (inclusive o desempenho em provas de QI apresentam resultados diferentes ao longo do mês, mostrando que efetivamente a capacidade da memória de trabalho não é a mesma em períodos de tempo distintos).

É fácil comprovar que o mesmo acontece em nossas sociedades ocidentais, onde a classe média costuma comer em restaurantes, pegar táxis e pedir comida pronta nos primeiros quinze dias do mês, mas se comporta com grande austeridade nos quinze dias restantes, em completa dissonância com o que sugere a teoria neoclássica. Em todo caso, se as pessoas de fato têm consciência das consequências de suas ações e tomam decisões com racionalidade, esse resultado sugere que a utilidade marginal do consumo efetuado durante um dia seria crescente e que, por exemplo, seria mais útil gastar 47 dólares por dia na primeira quinzena do mês e 24 dólares por dia na segunda do que gastar 34 dólares todos os dias, descoberta que, se comprovada, obrigará a reformular boa parte dos princípios da microeconomia atual.

Ou poderíamos presumir que os indivíduos simplesmente têm um nível muito baixo de autocontrole e que, por melhor que fosse gastar seu dinheiro de modo equilibrado todos os dias do mês, eles não podem deixar de consumir mais do que o nível de sua renda nos primeiros dias, inclusive sabendo que deverão se submeter a um ajuste no fim do mês. Perceba que se esse fosse o caso, o governo poderia melhorar o bem-estar de todos os trabalhadores estabelecendo salários semanais em vez de mensais.

Minha hipótese é que a teoria do ciclo vital de Modigliani falha porque não reconhece a importância do consumo presunçoso – aquele para obtenção de status social – na função de utilidade. Acredito que as pessoas, tão logo recebam seu salário, prefiram viver alguns dias por mês publicamente como a classe alta, aceitando o custo de viver o restante dos dias com limitações (mas apenas dentro de casa, onde ninguém as veja), a resignar-se a viver todos os dias com um status de consumo de classe média.

Mas se você está surpreso com o modo aparentemente anormal com que o cérebro funciona, mantenha a calma porque tem mais.

A cereja do bolo é a razão mais importante pela qual Kahneman ganhou o Nobel: a teoria do prospecto, que estende esse tipo de comportamento ao âmbito dos contextos incertos.

Essa teoria parte da descoberta experimental de que as pessoas tendem a tratar de modo diferente o dinheiro conforme o ganham ou perdem. Em especial, a perda de utilidade experimentada pelos indivíduos que perdem 12 dólares, por exemplo, é muito maior do que o incremento de utilidade que sentem ao ganhar esses mesmos 12 dólares. Em outras palavras, não é indiferente ganhar uma quantia xis e perdê-la alguns dias depois, como sugeriria a microeconomia tradicional, e a situação inversa: perder, por exemplo, 116 dólares e voltar a ganhá-los um mês depois. A pessoa que passa por isso não fica tão satisfeita como antes (ou até se sente pior), porque o dano que a perda causa pesa muito mais do que a felicidade com o ganho.

Esse funcionamento de nossa cognição nos faz lembrar o personagem do livro *Quem mexeu no meu queijo?* – ele, ao descobrir que não existiam mais reservas do valioso alimento, fica praticamente imóvel diante da confirmação de sua perda, a ponto de não conseguir entender que perde ainda mais por se manter imóvel e que deveria começar a procurar novas alternativas.

Ainda segundo a proposta de Kahneman, também evitamos o risco (somos avessos ao risco) no terreno dos rendimentos, mas preferimos nos arriscar quando em contextos de perdas. Assim, preferimos um trabalho que nos ofereça um salário certo de 2.387 dólares a outro em que temos 50% de chance de ganhar 1.364 dólares e 50% de chance de receber 4.092 dólares, mesmo quando, como vimos antes, o valor esperado dessa última oferta seja de 2.728 dólares, que obviamente superam os 7 mil que o emprego seguro garante.

No entanto, se o mesmo trabalhador tiver 2.324 dólares em ações, diante de uma eventual queda de 813 dólares no preço delas (esse exemplo também vale se a queda for no valor de seu carro ou de sua casa) ele em geral vai preferir conservá-las e não vendê-las (não aceitando assumir as perdas) se pensar que, pelas futuras mudanças nos mercados, existe uma probabilidade de 50% de as ações se recuperarem e chegarem a 1.860 dólares, mesmo havendo 50% de chance de que as ações continuem caindo e acabem valendo 930 dólares.

Ou seja, gostamos dos ganhos seguros e dos prejuízos incertos. Diante dos primeiros, é como se pensássemos "já o ganhei, já é meu", e diante dos últimos, imaginamos que ainda existe uma possibilidade de reduzir o dano, "ainda não perdi tudo". Levada ao extremo, essa postura em relação às perdas explica o famoso comportamento dos jogadores compulsivos, que não conseguem parar de apostar quando começam a perder, pois acham que ainda existe uma pequena oportunidade de recuperação.

É muito provável que esse comportamento tenha evoluído em nossa espécie como resultado das pressões seletivas do meio ambiente.

Fica claro que, no processo de evolução de nossa espécie, os caçadores-coletores que perdiam seu alimento ou seu parceiro estavam praticamente destinados a perecer sem se reproduzir, pelo que valia se arriscar a sofrer uma perda ainda maior – que em termos de transmissão de seus genes a futuras gerações não mudaria muito o panorama, de todo modo – se o prêmio pudesse ser recuperar o alimento e o parceiro, o que implicaria estender no tempo as chances de sobreviver e de se unir a outras pessoas mais algumas vezes. Por outro lado, quem já tinha garantidos seu sustento e seu parceiro para acasalamento comprara a passagem de seus genes até a próxima geração, por isso não fazia muito sentido para esse sujeito se arriscar, principalmente quando uma ampla variação dos resultados podia levar à extinção de seus genes se perdesse a comida ou o parceiro e depois não tivesse a sorte de encontrar depressa outros recursos.

Minha pergunta, então, é a seguinte: O que teria acontecido se nossos antepassados tivessem contado com algum tipo de "mercado financeiro de genes" para administrar os riscos associados à implementação de estratégias de comportamento diferentes?

Se alguém encontrasse uma fonte de alimentos que oferecesse 2 mil calorias certas por dia durante um mês, por que não a arriscar se surgisse uma situação que oferecesse 50% de chance de acabar obtendo apenas mil calorias e 50% de conseguir 3,5 mil? No caso de as coisas não darem certo, os indivíduos poderiam ir a um "banco" a fim de pedir emprestadas as mil calorias faltantes para sobreviver, com a condição de devolvê-las quando "a colheita" chegasse a 3,5 mil. Esse comportamento seria claramente ótimo, já que teria proporcionado calorias excedentes que poderiam ter melhorado a alimentação dos indivíduos e aumentado suas chances de sobreviver, além de ter incrementado suas possibilidades de reprodução.

Contudo, infelizmente, para as teorias econômicas tradicionais, sabemos que a evolução não contava com essa possibilidade, e assim apenas as tendências a "comportamentos prospectivos", que implicavam priorizar o seguro no terreno dos ganhos e arriscar-se com base no "perdido pelo perdido" no campo dos prejuízos, eram evolutivamente vantajosas, aumentando as possibilidades de que quem se comportasse desse modo pudesse aumentar a prevalência de seus genes na população, de geração a geração.

É importante mencionar aqui que talvez a tendência a desenvolver comportamentos altruístas de cooperação poderia ter servido como uma forma de sociabilizar os resultados e de diminuir, assim, o risco de morte dos indivíduos de um grupo, porque, no fim das contas, a caça e a coleta de frutos também contam com um elemento de sorte.

Isso acontece porque os indivíduos com comportamentos solidários, como compartilhar a comida e racionar o acesso à reprodução, teriam diminuído drasticamente o risco de extermínio de seu grupo social, causando o mesmo resultado que de fato geram os mercados financeiros quando se trata de rendimentos: diversificar os riscos.

Poderíamos argumentar, é claro, que se a diretiva fosse a cooperação, haveria incentivos para que alguns indivíduos desfrutassem do coletivo sem contribuir para o grupo (*free riders*). Assim, esses membros poderiam se beneficiar à custa de outros mais solidários, passando seus genes em maior proporção às gerações seguintes.

Para reforçar esse ponto, poderíamos argumentar que embora alguns comportamentos altruístas e cooperativos diminuíssem as chances de sobrevivência dentro do grupo, porque geravam condições para o surgimento de membros parasitas, eles aumentam as chances de que o grupo como um todo sobrevivesse e passasse seus genes adiante, substituindo, assim, a sobrevivência individual pela adaptação do grupo.

Nos grupos nos quais houvesse muitos egoístas que só buscassem o benefício próprio, estes terminariam por dominar o grupo todo, mas o coletivo não conseguiria sobreviver. Pereceria, por exemplo, na luta com outros grupos que não tivessem membros parasitas.

Essa proposta acerca das pressões evolutivas de grupo não é nova, mas não foi considerada válida até o surgimento dos recentes trabalhos conjuntos do biólogo da Universidade de Binghmanton, David Wilson, e do zoólogo de Harvard, Edward Wilson, corroborados e confirmados pelos descobrimentos de outro zoólogo da Universidade de Cambridge, dr. Tim Clutton-Brock.

Desse ponto de vista, surge a possibilidade de pensar que todos esses comportamentos são resultado da evolução de nossa espécie, ainda que também seja plausível especular a hipótese de que esses fenômenos sociais surgiram a partir de uma construção cultural motivada por alguma mudança histórica nas condições do meio ambiente, como pode ter sido o descobrimento da agricultura há 10 mil ou 12 mil anos. Não sou o primeiro a apresentar essa ideia, pois um livro de Christopher Ryan e Cacilda Jethá aponta uma grande evidência arqueológica e antropológica nesse sentido.

Ainda que essa hipótese estivesse certa, a verdade é que as possibilidades de o homem acumular recursos a partir dos excedentes gerados pela agricultura e pelo consequente florescimento dos mercados financeiros chegaram tarde demais.

O embrião de nossos vieses cognitivos já havia deixado raízes. E talvez aqui esteja a chave dos problemas que 99% das pessoas enfrentam para lidar de modo adequado com os mercados financeiros e com decisões que implicam incerteza. Simplesmente não estamos preparados para isso.

MAS, ENTÃO, COMO FUNCIONA A MENTE?

Se resumirmos os resultados provenientes das lições da economia do comportamento e das descobertas da psicologia cognitiva juntamente com as contribuições dos últimos descobrimentos dos estudos de imagens neuronais, podemos afirmar que temos uma memória de trabalho (formada, basicamente, pela memória de curto prazo) que processa os valores de cada uma das alternativas para podermos compará-los e escolher.

O cômputo dos sinais neuronais provenientes desses valores se dá no córtex pré-frontal ventromedial de nosso cérebro.

Uma vez que a memória de curto prazo é limitada em sua capacidade de armazenamento e no tempo que consegue conservar os dados, os valores de decisão computados não podem ser comparados entre si, motivo pelo qual é comum que haja um contraste com um repertório preestabelecido de opções, ou seja, uma situação de *status quo* que funciona como ponto de referência.

Na memória RAM dos computadores, a capacidade de armazenamento também é limitada (o espaço de memória), e a duração dos dados está sujeita à disponibilidade de uma fonte de energia contínua, razão pela qual se perde a informação quando a máquina se desliga ou a eletricidade falha.

Na memória de curto prazo dos seres humanos, a energia que mantém a informação disponível (on-line) é a atenção, e a variável que determina a quais partes de informação se presta atenção normalmente está associada, o que é novo para o indivíduo e tem valor de sobrevivência.

É razoável pensar que os marcadores somáticos ou as emoções de modo geral funcionam como vetores informativos que dirigem a atenção a alguns aspectos particulares das alternativas analisadas a seguir.

Pois bem, uma vez que escolhemos entre as opções alternativas e realizamos o consumo, experimentamos uma utilidade que neuroanatomicamente está associada à ativação de uma área denominada *córtex frontal orbital*, juntamente com a ativação do núcleo accumbens.

A informação produzida pelo córtex frontal orbital é armazenada na memória episódica de longo prazo, que será o lugar onde a memória de trabalho buscará informação na próxima vez que tiver que computar os sinais neuronais correspondentes ao valor dessa alternativa no córtex pré-frontal ventromedial.

O cálculo dos sinais que medeiam o processo de escolha de alternativas possui uma cota de acaso; ou seja, erros serão cometidos ao estimar a utilidade, a qual, por fim, proporcionará as opções escolhidas.

Esses erros logicamente serão menores quando se tratar das escolhas repetitivas e relativamente triviais, sobre as quais temos muita experiência (por exemplo, escolher a bebida do almoço).

À medida que as escolhas entram no terreno das alternativas não conhecidas nem experimentadas, as margens de erro serão maiores, e quando entre as variáveis a considerar forem incluídas alternativas ou contextos desconhecidos, o sistema não poderá utilizar informação gerada pelo córtex frontal orbital e pelo núcleo accumbens (armazenada na memória episódica de maneira direta), mas deverá produzir estimativas da utilidade esperada a partir da experiência registrada em situações avaliadas como as mais parecidas com a nova situação.

O modelo de geração de semelhanças, ou de *matching* de cenários, será construído de maneira diferente por cada pessoa, e influirá de modo significativo na capacidade cognitiva de cada indivíduo tanto para administrar a informação na memória de trabalho como para processá-la.

Isso implica o fracasso da ideia do "consumidor representativo", uma vez que tal coisa não existe – existem, sim, muitos consumidores heterogêneos que apresentam diferentes níveis de viés e de variação ao estimar a utilidade que esperam ter a partir de suas decisões.

Do mesmo modo, quando nos encontrarmos em cenários caracterizados pela incerteza, construiremos probabilidades de que ocorram os cenários diferentes a partir das frequências com que esses casos realmente nos aconteceram e foram registrados (ou seja: armazenados na memória episódica).

É óbvio que isso vai gerar vieses no comportamento, pois o indivíduo provavelmente não leva em consideração a quase certa falta de representatividade de suas experiências para perceber como o mundo funciona.

Além disso, sem experiências pessoais os indivíduos utilizarão as experiências aprendidas nos meios de comunicação, na literatura, no cinema ou nos relatos familiares, sofrendo aqui as limitações que o *viés de disponibilidade de informação* impõe.

Nos casos de algum dos cenários incertos incluir uma possível perda ou um resultado não desejável, sabemos que causará a ativação da ínsula e do cíngulo anterior ventral (as já mencionadas áreas do cérebro associadas aos comportamentos de evitação), fazendo que as alternativas que incluam essas possíveis perdas sejam excessivamente penalizadas no momento de computar seu valor de decisão no córtex pré-frontal ventromedial, o que basicamente implica que o indivíduo será avesso ao risco no terreno dos rendimentos, mas propenso a correr risco em contextos que envolvam perdas, as quais se espera poder evitar.

Quando na memória dos indivíduos não existirem situações parecidas e as alternativas de escolha que enfrentarem forem totalmente desconhecidas, eles de toda maneira vão precisar realizar uma ideia mental dos cenários possíveis para proporcionar ao córtex pré-frontal ventromedial a informação necessária para computar a utilidade estimada, para o que também utilizarão informação proveniente da memória semântica de longo prazo.

Uma vez que a informação proveniente dessa última fonte está em desvantagem em relação à que procede da memória episódica, porque não tem marcadores somáticos nem experiências emocionais que permitam fazer com que "sinta" de algum modo quais serão as consequências das escolhas, seu uso na função de utilidade construída pelo córtex pré-frontal requer ainda a colaboração do córtex pré-frontal dorsolateral, que será o responsável por analisar as vantagens conhecidas de uma escolha com as desconhecidas.

O córtex pré-frontal dorsolateral tem sido amplamente estudado em vários experimentos de neuroanatomia e sistematicamente se apresenta como o responsável pelo autocontrole em situações nas quais se contrapõem utilidades a curto prazo experimentadas repetidamente (que produzem, por exemplo, ações como fumar, beber, comer, fazer exercícios) e utilidades a longo prazo não experimentadas (como gozar de boa saúde, estar magro, evitar um problema cardíaco no futuro etc.).

Em resumo: o modo como escolhemos agir em situações já vividas ou desconhecidas, o modo como avaliamos os resultados possíveis de nossas decisões, depende também de nossas capacidades cognitivas e de nossa inteligência, de maneira que não se pode apresentar uma explicação do comportamento do consumidor com base no uso de apenas um agente representativo, mas é preciso construir um modelo que contemple agentes heterogêneos e considere equilíbrios múltiplos produzidos pela variância nas estimativas dos diversos agentes.

Segunda Parte

Psicoeconomia aplicada

LENDO A MENTE DOS OUTROS. TEORIA DOS JOGOS; ESTRATÉGIA, MENTIRA E COOPERAÇÃO

A história se passa em 1950, no café da Universidade de Princeton, nos Estados Unidos. Um jovem de 21 anos, doutorando em matemática, está tomando cerveja com amigos quando entra no bar uma das garotas mais "populares" da faculdade rodeada por um grupo de amigas.

Parafraseando Adam Smith, um dos amigos propõe que cada um tente conquistar a loira mais desejada, uma vez que, afirma ele, "a persecução do interesse individual resultaria no maior bem-estar possível do grupo".

O doutorando pensa por um segundo e logo, com total soberba, anuncia: "Adam Smith estava equivocado. Vocês verão que, se todos tentarmos abordar a loira, ela certamente vai se vangloriar de sua beleza e nos rejeitar. E quando quisermos tirar as amigas para dançar, elas não nos darão atenção, pois ninguém gosta de ser a segunda opção. Ao contrário, o bem-estar do grupo só será maior quando cada um fizer o melhor para si mesmo, levando em conta as ações do restante do grupo".

É provável que a cena anterior, que pertence ao filme *Uma mente brilhante*, tenha sido inventada e nunca realmente acontecido. Entretanto, é certo que a Academia Sueca concedeu o Prêmio Nobel de Economia a John Nash, protagonista da história, por suas extraordinárias contribuições no campo da teoria dos jogos, ramo da matemática econômica que se ocupa do estudo das interações estratégicas entre as pessoas.

Nash não foi o primeiro curioso a estudar o tema. Em 1928, um brilhante matemático húngaro naturalizado norte-americano publicou um artigo intitulado *Zur Theorie der Gesellschaftsspiele*, cuja tradução seria algo como *Sobre uma teoria de jogos de estratégia*. É interessante lembrar que foi a paixão pelo pôquer que levou John von Neumann a se dedicar à matemática, com a intenção de encontrar uma solução capaz de aumentar suas chances de ganhar nesse jogo.

O pôquer, na verdade, não é um jogo, mas uma metáfora da vida.

Sei que muitos defendem a ideia de que a vida é como o trabalho de um artesão ou de um carpinteiro, que talha a madeira e obtém um resultado diretamente proporcional a seu talento e ao esforço realizado, um resultado que também depende, em certa medida, da qualidade da madeira talhada e dos instrumentos ou ferramentas de que ele dispõe para realizar sua tarefa.

Os que pensam desse modo são os amantes da meritocracia, convencidos de que as desigualdades sociais resultam dos diferentes talentos individuais e dos diferentes níveis de esforço que as pessoas realizam para progredir na vida.

Algo semelhante tinha em mente o filósofo John Rawls quando sustentou, em seu segundo princípio de justiça distributiva, que determinado nível de desigualdade era aceitável desde que gerado a partir de oportunidades ou condições iniciais iguais. Numa rota de enfrentamento se situam aqueles que, mais em sintonia com as teorias sociológicas clássicas, acreditam que os resultados socioeconômicos são produto de um processo que se repete historicamente, reproduzindo determinada ordem social na qual as pessoas ocupam diferentes posições quase por acaso.

Como quase sempre acontece, a realidade está em algum lugar intermediário. Como demonstra Malcolm Gladwell em seu livro *Fora de série*, as pessoas que se dão bem costumam combinar talento e sorte, ambos em quantidades significativas.

Por outro lado, essa é exatamente a receita de sucesso no pôquer: receber boas cartas, pensar estrategicamente e saber jogar. É verdade que no pôquer também é preciso saber mentir e detectar mentirosos, mas por acaso não ocorre o mesmo na vida?

Segundo o *trailer* da famosa série *Lie to me*, baseada nas pesquisas do psicólogo Paul Ekman, uma pessoa comum diz em média três mentiras numa conversa de dez minutos.

Obviamente, muitas dessas mentiras são relativamente inocentes ou ingênuas, como: "Ia te ligar agora", "Fiquei sem crédito no celular", "O jantar estava excelente", "É a primeira vez que me acontece", "Fica lindo em você", "Estou no banco, não posso falar", "Chego em cinco minutos", "Não tenho troco", "Depois te devolvo" e um imenso *et cetera*.

A mentira é uma das características fundamentais de nossa espécie, o que comprova ao mesmo tempo nossa inteligência e nossa capacidade de entrar na mente do outros, ou seja, nossa empatia.

Entretanto, esse comportamento também está presente, ainda que num grau menor de complexidade, em outras espécies animais, como demonstraram a bióloga Federica Amici e seus colegas da Universidade de Liverpool em um trabalho recente sobre a mentira em macacos, publicado no *Proceedings of the Royal Society in Biological Sciences*.

As pesquisas de Victoria Talwar, especialista em comportamento infantil da McGill University, mostram que as crianças começam a mentir aos 2 anos, embora no início o façam de maneira tosca e evidente.

Por volta dos 4 anos, elas começam a desenvolver a verdadeira capacidade de mentir (que vão aperfeiçoando pelo resto da vida). Com isso concorda Steven Pinker em seu livro *Como a mente funciona*, quando afirma que nessa idade se desenvolve a capacidade de ter uma teoria da mente que nos permite compreender que os outros também têm estados mentais.

Esse é um fenômeno que praticamente não tem exceção: testes de laboratório realizados por esses especialistas constataram que 96% das crianças mentem (e suspeito que as que não o fazem apresentem algum problema concreto de desenvolvimento cognitivo, como ocorre com as autistas).

Se nossa espécie se chama *Homo sapiens sapiens* é justamente porque somos seres humanos que pensamos que pensamos, mas provavelmente os pesquisadores não ficaram satisfeitos com a nomenclatura: deveríamos rebatizar nossa espécie de *Homo sapiens sapiens sapiens*, pois não só temos consciência de que pensamos (e, se estou certo, o fazemos da maneira descrita neste livro), mas possuímos também a capacidade de representar os pensamentos dos outros, ou seja, temos uma teoria sobre o modo como os outros pensam, uma teoria da mente.

É óbvio que essa teoria da mente permite compreender que outras pessoas também têm uma teoria da mente, de modo que fica realmente difícil e tedioso decidir o melhor curso de ação, considerando que *o outro sabe que tenho consciência de que ele imagina a maneira como eu penso, eu sei que o outro sabe que tenho consciência de que ele imagina a maneira como eu penso,* e assim sucessivamente, *ad infinitum*.

Era essa exatamente a ideia que Von Neumann tinha em mente quando escreveu seu primeiro artigo, a partir do qual foi elaborada a estratégia do *minimax*, que consiste em escolher o curso de ação capaz de, dados os diferentes comportamentos estratégicos possíveis da pessoa com a qual interagimos, minimizar as possíveis perdas.

Suponhamos, por exemplo, que nos designem para dirigir um time de futebol da primeira divisão. Por infelicidade, não se trata de uma grande equipe, dessas que lutam pelo campeonato, pois nesse caso nossa melhor estratégia seria ganhar sempre, com um plano de jogo bem ofensivo. Entretanto, se nossa equipe está entre as muitas regulares, o melhor que podemos fazer é avaliar nosso potencial ofensivo e defensivo e compará-lo com o dos adversários que teremos que enfrentar.

Vamos imaginar que quando chega a décima rodada do campeonato tenhamos feito 10 gols e sofrido 12. Nessa rodada vamos enfrentar um time que fez 12 gols, mas sofreu apenas 3. Se escolhermos um plano defensivo e eles apresentarem o mesmo esquema de jogo, a bola vai estar 50% do tempo em nosso campo e o restante no campo do adversário. Nesse caso, teremos todas as chances de perder, porque nossos rivais são quatro vezes superiores a nós na defesa. Se optarmos por um plano ofensivo e eles por uma postura defensiva, teremos chance de conseguir um bom resultado, porque nos manteremos distantes da nossa área (suponhamos, por 80% do tempo), fugindo ao que, comparativamente, representa nossa maior fraqueza.

Mas se, ao contrário, nosso rival partir para o ataque e nós nos preocuparmos em nos defender, estaremos no pior dos mundos, porque temos uma defesa bastante ruim. Eles possuem um ataque muito eficiente, e em 80% do tempo a bola estará no nosso campo.

Nossa última possibilidade é que tanto nós quanto nossos adversários partamos para o ataque, caso em que, de novo, tenderemos a perder, pois embora a força ofensiva deles seja um pouco melhor que a nossa, será mais eficiente em virtude de nossa fraca força defensiva.

Evidentemente, ainda não sabemos com certeza se eles vão optar por uma postura ofensiva ou defensiva, de modo que nosso raciocínio estratégico deveria focar o que de melhor poderíamos fazer se soubéssemos que o adversário decidiu se defender.

Por outro lado, se estivéssemos certos de que nosso oponente optaria por nos atacar, qual seria nossa melhor escolha? No primeiro cenário (o adversário decide defender-se), vimos que a melhor estratégia é atacar. No segundo cenário (o adversário opta por uma postura ofensiva), o mal menor também é atacar. Assim, em economia, diríamos que atacar é nossa estratégia dominante no jogo de *minimax*.

Se nosso adversário raciocinar da mesma maneira, vai preferir se defender, pois a defesa é a estratégia que lhe dará mais vantagem. Desse modo, poderíamos afirmar que o cenário resultante, no qual nossa equipe decide atacar e a equipe adversária decide defender-se, constitui, em termos econômicos, um equilíbrio de

Nash (o cálculo matemático exato pode ser feito a partir dos números oferecidos no exemplo).

Nos anos seguintes à publicação do mencionado artigo, Von Neumann foi além. Em 1944, junto com Oskar Morgenstern, publicou *A teoria dos jogos e o comportamento econômico*, a bíblia da teoria dos jogos aplicada à economia.

No início deste livro utilizamos a metáfora do computador para explicar o modelo de funcionamento da cognição segundo a psicologia cognitiva. É interessante notar que, além de ser um matemático brilhante e pai da teoria dos jogos, Von Neumann desenvolveu os fundamentos científicos para a invenção dos computadores, de modo que suas descobertas relativas à teoria dos jogos se basearam em considerar que as pessoas efetivamente atuavam de forma idêntica ao funcionamento dos computadores.

Assim, sem medo de errar, podemos afirmar que Von Neumann foi, talvez sem o saber, o primeiro psicólogo cognitivo. Entretanto, sua visão da mente como computador talvez tenha sido excessivamente literal. Ele não apenas considerava que os sujeitos tinham uma teoria da mente e compreendiam os estados mentais dos outros, mas também supunha que essa teoria era perfeita e, quase com força de lei, acreditava que todos podiam penetrar os estados mentais dos outros com clareza e transparência.

Talvez esse tenha sido o caso da mente de Von Neumann, provavelmente a pessoa mais inteligente que existiu sobre a face da Terra.

Conta a lenda que um dia seus colegas de laboratório estavam preocupados porque precisavam fazer um cálculo matemático complexo e os primitivos computadores que haviam criado ainda não tinham potência suficiente para realizá-lo. John pediu lápis e papel e resolveu o problema, que era impossível de um computador solucionar, em poucos minutos.

Naturalmente, se Von Neumann tinha no cérebro um computador Core Duo ou um Quad de 3,2 giga-hertz, 4 giga de memória RAM e 500 mega de disco rígido, nós, simples mortais, temos apenas a capacidade de um Commodore 64 ou de um Atari.

Se desenvolvemos heurísticas e estamos infectados de vieses em nosso raciocínio para dar sentido ao mundo a partir de nossas limitações, o caso da teoria da mente não é uma exceção, e a maneira como desenvolvemos nossas estratégias de comportamento, que levam em conta a reação dos outros, também está carregada de regras de comportamento que talvez não se baseiem em raciocínios tão sofisticados como os que Von Neumann acreditava que tivéssemos.

Uma das melhores provas de que nossa mente pensa sobre o que pensa a mente das outras pessoas, embora não faça isso como se fosse um computador, surge da experiência que Colin Camerer, especialista em economia do comportamento, realizou no Instituto Tecnológico da Universidade da Califórnia, inspirado no famoso "concurso de beleza" que havia popularizado John Maynard Keynes em sua *Teoria geral do emprego, do juro e da moeda*, obra publicada pela primeira vez em 1936.

No jogo proposto por Keynes, os leitores de uma revista que publicava fotos de modelos deviam eleger não a mulher que considerassem a mais bonita, mas aquela que acreditavam que a maioria ia considerar a mais linda. Na versão de Camerer, as pessoas deviam escolher um número entre 1 e 100, e a graça do jogo era a seguinte: ganhava-o quem tivesse escolhido o número que mais se aproximasse de 70% da média dos números selecionados por todos os participantes. Por exemplo, se a média dos números escolhidos pelos jogadores fosse 50, levando em conta que 70% de 50 dá 35, ganharia o concurso quem tivesse escolhido o número mais próximo de 35.

Obviamente, no jogo de Keynes o melhor que se podia fazer era não escolher a concorrente que a pessoa considerasse a mais bonita, mas aquela que seria considerada pelos demais jogadores a mais bonita (portanto, a mais escolhida).

No experimento de Camerer, se todos entendessem que o ganhador seria quem escolhesse o número 35, então a maioria escolheria o 35, e o verdadeiro ganhador seria quem escolhesse o número correspondente a 70% de 35, ou seja, 24,5. Por outro lado, se todos raciocinassem do mesmo modo, ganharia quem escolhesse 70% de

24, ou seja, 16,8, e assim sucessivamente, de modo que, se nossa mente funcionasse como um computador, no fim todos acabariam escolhendo o número zero.

Entretanto, o notável é que os participantes começam escolhendo o número 46, e só quando o jogo se repete eles se dão conta de que lhes convém pensar no que os outros estão pensando, ou seja, de que lhes convém construir uma teoria sobre o funcionamento da mente dos demais participantes.

Embora os participantes passem a atuar de maneira cada vez mais racional à medida que repetem o jogo, inclusive depois de o terem jogado dez vezes seguidas, muito poucos escolhem o zero, e a maioria acaba selecionando números próximos de 13.

Em tempos de turbulência nos mercados financeiros internacionais, enquanto as bolsas de Itália, França, Espanha e muitos outros países despencam, a lição da teoria dos jogos é que não importa o crescimento dessas economias e das empresas que têm ações em suas respectivas bolsas. Em última instância, o que determina o preço dessas ações é o que as pessoas pensam sobre a crise e as possibilidades de recuperação.

Além disso, se os investidores forem pensadores sofisticados, o que fará diferença será o que as pessoas pensam a respeito de como pensam as demais, dando lugar a um possível aprofundamento da crise em decorrência do fenômeno da profecia autorrealizável.

Keynes ficou multimilionário investindo na bolsa segundo essa lógica, e por isso é razoável que os investidores não queiram ver os balanços das empresas nem deem importância aos presidentes dos bancos centrais. Em vez disso, eles prefeririam, ainda que por enquanto não seja possível, contar com um escâner cerebral dos outros investidores para saber o que eles pensam em média sobre a crise, e o que pensam que pensam os outros investidores.

Essa é exatamente a lógica que explica os ataques de pânico: as pessoas exageram a possibilidade de que ocorra determinado fenômeno e sofrem terríveis ataques de ansiedade por anteciparem continuamente a concretização de cenários que não são reais.

Assim, por exemplo, um aluno que deve prestar um exame se angustia pensando no que fará se sofrer um lapso de memória, ou se não souber responder a uma pergunta, ou se for interrompido durante o exame, e centenas de outras possibilidades. A angústia que provoca nele antecipar todos esses cenários negativos é tão grande que, no momento da prova, ele não consegue pensar com clareza e fracassa, confirmando sua profecia.

No campo financeiro, o risco terrível desses processos mentais é que, ainda quando os investidores comprovem a existência de uma economia sólida e de indicadores robustos, com indícios certos de recuperação da atividade econômica, eles estarão mais dependentes daquilo que os outros investidores pensam. Assim sendo, se acreditam que os outros investidores estão ansiosos e passarão a vender suas ações, eles venderão antes para se antecipar à baixa, produzindo com esse comportamento o cumprimento da profecia e o temido desastre econômico e financeiro.

Entretanto, as experiências de Camerer não são a única evidência de que, em matéria de interações estratégicas com outras pessoas, não aplicamos o grau de racionalidade que Von Neumann indicaria. Interessa-me, em particular, comentar um famoso problema que provocou o equívoco da mulher que ostentava ter o QI mais alto do planeta, Marilyn von Savant. O jogo é o seguinte: você assiste a um programa de televisão no qual pode ganhar um automóvel zero quilômetro se conseguir acertar atrás de qual das três portas que lhe mostra o apresentador está o veículo. Nada mal, não é mesmo? Afinal, estão lhe oferecendo uma chance em três de acertar e voltar para casa sobre quatro rodas.

Agora, vamos supor que você tenha escolhido a porta A, deixando de lado as opções B e C. Antes de abrir a porta que você escolheu e revelar a incógnita, o apresentador abre a porta B (que você deixou de lado), mostra que de fato não havia nada atrás dela e lhe propõe mudar sua escolha inicial. O que você faz? Confia em seu instinto e insiste na primeira opção, a porta A, ou aproveita a oportunidade que o apresentador lhe dá e troca de porta, escolhendo a C? Por favor, anote sua resposta na margem da página.

Se você for como a maioria das pessoas, inclusive se possui conhecimentos avançados de estatística, o mais provável é que resolva ficar com a porta escolhida anteriormente, declinando da oferta do apresentador do programa de mudar sua decisão.

Por que isso acontece? Se você não conhece muita coisa de estatística, o mais provável é que sua decisão de não mudar sua escolha inicial se deva a um dos vieses já comentados neste livro, que consiste em tirar conclusões apressadas e ignorar qualquer informação que contradiga essa primeira escolha, filtrando a informação disponível e prestando atenção apenas aos dados da realidade que confirmem sua hipótese original.

Se, ao contrário, você acha que sabe um pouco de estatística, é provável que caia na armadilha de pensar que a probabilidade de ganhar com a troca seja exatamente igual à de ganhar mantendo-se fiel à primeira resposta (ou seja, 50%). Nesse caso, você jamais se colocou na mente do apresentador do programa nem analisou o problema com a lógica de uma decisão estratégica.

Vejamos.

Quando você escolhe a porta A no começo do jogo, logicamente suas possibilidades de acertar são de 33%, que equivale a dizer que, se jogasse muitas vezes o mesmo jogo, teria a chance de ganhar o carro em uma de cada três vezes. No entanto, quando o apresentador abre uma das portas e lhe mostra que não há nada atrás dela, sua decisão de mudar pode ser trágica ou bem-sucedida.

Pense que, cada vez que você acertar, o apresentador abrirá ao acaso qualquer uma das outras duas portas e lhe fará a oferta de uma nova escolha. Evidentemente, se você decidir mudar, vai perder o carro. Porém, caso você não acerte (digamos que você escolheu a porta A e o carro estava atrás da porta B ou C), o apresentador já não poderá escolher aleatoriamente que outra porta abrir, porque, entre as portas restantes, necessariamente uma esconde o carro, e ele estaria revelando sua verdadeira localização.

Nesse último caso, se você mudar sua escolha inicial, estará garantindo o prêmio. Como vimos, você só pode escolher corretamente em uma de cada três vezes (33% das probabilidades de acerto); então, se mudar sua escolha original, terá certeza de que nas outras duas de cada três vezes (os restantes 66%) ficará com carro.

Jogos psicológicos?

As provas científicas disponíveis indicam que não somos bons em pensar estrategicamente e que muitas vezes não entramos na cabeça dos outros nem levamos em conta as maneiras como os outros podem reagir diante de nossas ações. Além disso, muitos experimentos revelam que, mesmo quando pensamos nas possíveis reações das pessoas com as quais interagimos, tendemos a atribuir-lhes valores parecidos com os nossos e, portanto, estamos propensos a imaginar que os outros agirão de maneira muito semelhante à nossa se estivéssemos em seu lugar.

Um bom exemplo são as pesquisas de John Geanakoplos, que agregou aos modelos tradicionais da teoria dos jogos a possibilidade de que as pessoas levem em conta não apenas as expectativas monetárias ou os benefícios materiais de suas decisões, mas também as emoções, as crenças e os valores. Por exemplo: a surpresa, a confiança, a gratidão, a fúria, a vergonha, o respeito, a culpa, o desagrado, a raiva, a revanche e a reciprocidade, entre outros.

Pouco depois disso, Pierpaolo Battigalli e Martin Dufwenberg enriqueceram esses modelos ao incluir crenças e valores num contexto dinâmico, a fim de permitir que as expectativas das pessoas se ajustassem e se acomodassem no tempo, e incorporassem as crenças sobre as motivações dos outros. Esse enfoque parece um pouco mais humano que o de Von Neumann, pois contém uma visão um tanto mais completa do modo como as pessoas efetivamente agem.

Um dos jogos que experimentalmente revela mais evidências a favor desse modo de conceituar nossos comportamentos estratégicos é o "jogo do ultimato". No jogo do ultimato, desenvolvido inicialmente por três economistas alemães no início da década de 1980, os participantes se agrupam em duplas e um deles é designado para dividir um montante de dinheiro com o companheiro (em geral 2 dólares, embora as quantias tenham variado em outros experimentos).

O receptor da oferta tem o direito de veto: se recusar a proposta, nenhum dos dois receberá nada. Em síntese, é como se duas pessoas tivessem que repartir uma torta: uma delas corta a torta de uma maneira, e a outra decide se aceita a parte que lhe toca ou se ninguém receberá nada.

Por exemplo: quanto dinheiro você daria a seu companheiro se tivesse que jogar esse jogo? Do ponto de vista da economia tradicional, você deveria dar a ele o menos possível, digamos 1 centavo (ficando com os 0,001 dólares restantes), e seu parceiro deveria aceitar a proposta, porque receber 1 centavo é melhor do que nada, não é mesmo?

Richard Thaler, o economista da Universidade de Chicago a que já nos referimos, analisou exaustivamente a maior parte dos experimentos realizados sobre esse jogo e observou que em geral os sujeitos que devem fazer a oferta tendem a propor mais dinheiro a seus companheiros do que sugeriria a teoria dos jogos de Von Neumann. Na média, os indivíduos oferecem entre 35% e 40% do total a ser repartido, enquanto os companheiros que têm direito a veto costumam exercê-lo se a proposta for inferior a 25% do total.

Evidentemente, ou as pessoas erram quando precisam pensar de modo estratégico ou suas funções de utilidade não se baseiam exclusivamente em argumentos monetários. Em outras palavras, os indivíduos não apenas consideram o aspecto material, mas também valores como equidade, e julgam a intenção das pessoas com as quais interagem e não apenas o resultado de seus atos.

Para avaliar essa hipótese, Sally Blount, também da Universidade de Chicago, realizou um experimento em que os participantes primeiro jogavam o jogo do ultimato contra outros participantes e depois contra um computador. A pesquisadora comprovou que praticamente nenhum dos participantes recusava uma oferta, por mais baixa que fosse, quando feita pelo computador. É lógico: não faz sentido enraivecer-se com uma máquina, muito menos atribuir-lhe características como egoísmo ou cobiça (embora seja verdade que muitas vezes nos enfurecemos com o computador quando não funciona, inclusive o insultando).

Estudos de neuroimagem, por sua vez, confirmam que os processos mentais que se ativam quando analisamos as ofertas recebidas no jogo do ultimato são diferentes se consideramos a proposta justa ou se a julgamos um insulto e, portanto, decidimos recusá-la, exercendo nosso poder de veto.

Alan Sanfey e seus colegas da Universidade de Princeton estudaram a ressonância magnética funcional de diversos participantes do jogo, revelando que, além da ativação do córtex pré-frontal dorsolateral (cuja participação é típica nos exercícios que envolvem raciocínios cognitivos), ocorria a ativação da ínsula anterior (associada às emoções negativas). Os pesquisadores observaram também que a ínsula anterior se ativava com maior intensidade ao processar ofertas injustas, de modo que era possível prever o grau de veto ou de recusa diante de determinada proposta segundo o nível de ativação dessa região do cérebro.

Em outros estudos realizados por Antonio Damasio com pacientes que apresentavam lesões no córtex pré-frontal ventromedial (associado à capacidade de controlar os impulsos e regular ou suprimir os estados emocionais) também se descobriu que eles eram mais propensos a recusar propostas injustas no jogo do ultimato (por exemplo, as que lhes ofereciam menos de 30% do montante a ser repartido).

Então, se as funções de utilidade dos sujeitos levam em conta as intenções, crenças ou atitudes de outras pessoas, seria razoável supor que os pacientes autistas, que não têm a capacidade de "se colocar no lugar do outro" ou de lhe atribuir estados mentais – e, portanto, intencionalidade –, deveriam aceitar com mais frequência as propostas injustas de participantes mais gananciosos.

Entretanto, as pesquisas de Elizabeth Hill, do University College London, e de David Sally, da Cornell University, revelaram que pacientes que sofrem de autismo não se comportam de modo muito diferente dos pacientes sem a síndrome, o que é lógico se o leitor levar em conta que, nos estudos de neuroimagem a que me referi, não se menciona a ativação da junção temporoparietal direita, região do cérebro que se ativa quando o indivíduo está pensando nos estados mentais de outras pessoas.

Ao contrário, a evidência sugere que desenvolvemos um mecanismo detector de injustiças (uma emoção localizada na ínsula anterior de nosso cérebro) que liga um alarme quando interagimos com alguém que "está nos fazendo de bobos", e que a região mais sofisticada e nova de nosso cérebro (o córtex pré-frontal) serve para reprimir nosso impulso inicial de castigar alguém que consideramos injusto quando avaliamos que esse comportamento, apesar de tudo, pode nos beneficiar em valores absolutos.

É como se nossa parte racional mantivesse um debate com nossas emoções para tentar explicar ao sangue que ferve em nossas veias que, embora a proposta seja injusta, nos convém aceitá-la porque isso vai melhorar a situação em que nos encontramos.

Talvez a melhor prova disso seja a que nos oferece a etologia. Sarah Brosnan e Frans de Waal realizaram um experimento interessante com macacos-prego. Começaram dando-lhes pequenas pedras de granito, que os animais podiam trocar, como se fossem moedas, por diferentes alimentos que os pesquisadores lhes ofereciam: às vezes lhes davam uma rodela de pepino; outras vezes, uma uva.

Nas primeiras tentativas, os macacos, que podiam ver uns aos outros, recebiam aleatoriamente qualquer alimento. Entretanto, à medida que o experimento avançava, alguns dos macacos eram favorecidos sistematicamente pelos pesquisadores, que vez ou outra lhes davam uma uva, a fruta que todos preferiam.

O resultado foi que os macacos que tinham sido discriminados deixavam de participar do experimento e abandonavam a troca de pedrinhas por pepinos quando viam que seus companheiros privilegiados recebiam uvas, ou seja, preferiam recusar o alimento a aceitar uma realidade manifestamente desagradável.

É evidente que a falta de desenvolvimento do córtex pré-frontal dos macacos os impedia de suprimir a emoção negativa provocada pela desigualdade de que eram vítimas, mesmo se sua reação os prejudicasse.

Podemos afirmar, então, que talvez Von Neumann tenha considerado de maneira muito literal a metáfora computacional da mente quando desenvolveu os fundamentos científicos da teoria dos jogos. Apesar de desconhecer detalhes sobre o funcionamento do cérebro de Von Neumann, suspeito que o desenvolvimento de seu córtex pré-frontal tenha sido muito maior que o do restante dos mortais.

Hans Bethe, inclusive, disse certa vez que Von Neumann era uma mutação superior de nossa espécie, e, pelas informações que tenho do sucesso acadêmico e científico da única filha e dos netos dele, creio que Bethe não estava muito errado. Provavelmente era muito mais fácil para ele do que para nós controlar as emoções e decidir principalmente com base na razão.

Por outro lado, o fato de nossas emoções interferirem em nossas decisões não é necessariamente algo negativo. Já mencionei que acredito que as emoções são vetores informativos, maneiras que a natureza encontrou de resumir informações relevantes.

Imaginemos a existência de duas sociedades primitivas idênticas que vivem de lados opostos de uma montanha, com a única diferença de que, numa delas, os indivíduos pensam de maneira estritamente racional, enquanto na outra aplicam uma regra simples de avaliação da igualdade herdada de seus antepassados, que se manifestaria na rejeição emocional da injustiça.

Na sociedade dos racionais, cada vez que alguém encontrasse alimento o repartiria à maneira de Von Neumann, ou seja, o responsável pelo achado ficaria com a maior parte e só dividiria as sobras, enquanto na sociedade dos emocionais o afortunado distribuiria o alimento de maneira mais equitativa.

Assim sendo, pode-se demonstrar matematicamente que, se encontrar alimentos fosse um fenômeno absolutamente aleatório, a sociedade dos racionais estaria condenada a desaparecer ou, no mínimo, a se reproduzir a uma taxa muito mais baixa que a do grupo situado do outro lado da montanha.

Isso aconteceria porque a quantidade de alimento encontrado por cada indivíduo da sociedade dos racionais teria uma distribuição normal, que resultaria num acesso desigual, de modo que todos os que tivessem a má sorte de não encontrar alimento suficiente para cobrir suas necessidades calóricas diárias durante alguns dias, morreriam, ao passo que os afortunados que encontrassem muito alimento só engordariam ao acumular um excesso de calorias.

Conseguir mais alimentos tampouco lhes garantiria uma descendência maior, porque poderia pôr em risco sua sobrevivência em razão da maior dificuldade que esses indivíduos teriam de se locomover e escapar dos predadores. Ou simplesmente porque sua probabilidade de sofrer complicações de saúde associadas ao sobrepeso, como colesterol alto ou diabetes, seria maior.

Na outra sociedade, com indivíduos orientados geneticamente a privilegiar as emoções e condenar as injustiças, a distribuição do acesso a alimentos seria muito mais equitativa, fazendo crescer as chances de sobrevivência (e de reprodução) de seus integrantes, pois quem tivesse a sorte de encontrar muitos alimentos durante alguns dias os repartiria com os que tiveram menos sorte. Todos sairiam ganhando.

Assim, não é necessário postular que as pessoas possuem uma sofisticada engenharia de raciocínio estratégico como sugeriu Geanakoplos, segundo a qual as pessoas não apenas são capazes de "ingressar" na mente de outra e imaginar como ela está pensando e o que ela pensa que eu penso (a hipótese de Von Neumann), mas também que cada um deve avaliar com que intenção e a partir de que lugar essa outra pessoa pensa, e como interpreta meus pensamentos, atribuindo-me determinadas crenças e valores.

Basta imaginar uma sociedade de autistas (que obviamente não têm a capacidade de realizar o processo racional ao qual Geanakoplos se refere) cujos integrantes estivessem dotados da capacidade emocional de detectar uma injustiça. Essa capacidade seria suficiente para garantir a sobrevivência e a reprodução desse grupo.

Não estou negando a possibilidade de que as pessoas efetivamente considerem os motivos, as crenças e os valores que guiam as ações dos indivíduos com os quais interagem, assim como a natureza dessas ações. Essa é justamente a tarefa do córtex pré-frontal (naturalmente, ajudado pela informação proveniente da junção temporoparietal direita, que é a ferramenta que nos permite "invadir" a mente dos outros).

Minha hipótese é que essa capacidade supersofisticada tenha sido uma das últimas a evoluir em nossa espécie e que provavelmente esteja distribuída entre as pessoas de maneira muito desigual. Vejamos dois experimentos que procuram comprovar essas ideias.

O primeiro é uma pesquisa de Robert Slonim e Alvin Roth, realizada na Eslovênia, que demonstrou experimentalmente que, quando o montante a ser distribuído em um jogo é muito alto, os sujeitos tendem a aceitar propostas de divisão muito mais desiguais.

No mesmo sentido aponta a descoberta de Gary Charness, da Universidade da Califórnia, em Santa Bárbara, que simulou experimentalmente um mercado de trabalho no qual os empregados deviam decidir quanto esforçar-se em um contexto em que os salários podiam ser determinados pelo empregador ou por um sorteio aleatório.

Os resultados revelaram que os trabalhadores sempre tendiam a se esforçar mais (aumentando os ganhos do patrão) quando os salários eram mais altos, sem levar em conta se esses valores tinham sido alcançados por decisão do empregador ou por sorteio.

Entretanto, foram observados resultados muito interessantes: quando os salários eram baixos por causa do mecanismo aleatório (por falta de sorte), os trabalhadores continuaram se esforçando, mas quando o pagamento era pouco por decisão do empregador, a reação dos trabalhadores foi reduzir o esforço.

As experiências analisadas indicam que o mecanismo emocional entra em jogo quando está em risco a nossa sobrevivência, e não apenas por uma simples preferência pela igualdade. Em outras palavras, não nos importa que alguém coma mais que nós se a paga que recebemos nos deixa satisfeitos, mas nos incomoda, sim, quando a cobiça do outro põe em risco a nossa cota calórica diária, ameaçando nossa sobrevivência.

Somos racionais em nosso comportamento estratégico?

Dia 2 de julho de 2010, Joanesburgo, África do Sul. A seleção uruguaia vem de vitória sobre a Coreia do Sul e enfrenta os africanos de Gana, que acabam de vencer os Estados Unidos na prorrogação. O estádio está lotado. Os jogadores lutaram durante 90 minutos e continuam lutando nos 30 minutos da prorrogação, mas a paixão africana não consegue evitar o empate, o que leva a decisão para a disputa de pênaltis.

Então, agora, vamos raciocinar por um momento. A decisão por pênaltis é de fato uma questão de sorte? Se Von Neumann estivesse vivo, responderia que sim: trata-se de um jogo estratégico entre o batedor e o goleiro.

Quem cobra o pênalti precisa decidir se chutará para a esquerda, para a direita ou forte no meio. Como a curta distância entre o gol e o ponto de cobrança de pênaltis torna impossível que o goleiro veja para onde se dirige o chute antes de atirar-se, ele precisa adivinhar, enfrentando, portanto, um dilema semelhante ao do batedor: ou fica parado no meio do gol, ou voa para a direita ou para a esquerda.

Obviamente, num jogo com essas características, o melhor que o batedor pode fazer é escolher aleatoriamente o lugar onde pensa colocar a bola, pois, se tivesse uma preferência marcante por um lado (suponhamos que sempre chutasse para a direita), ela seria detectada pelos goleiros, que poderiam antecipar a jogada, reduzindo drasticamente as chances de gol.

O goleiro enfrenta a mesma situação, pois, se não alternasse suas escolhas com frequência (atirando-se mais vezes para a esquerda, por exemplo), os batedores perceberiam essa tendência e aproveitariam a informação, maximizando as chances de gol.

Mas se os dois jogadores escolhessem aleatoriamente o ponto para onde chutar ou o qual defender, em uma de cada três vezes, ignorando os chutes por cima do travessão ou nas traves, o goleiro acertaria o lado escolhido pelo batedor, o que faria com que o gol dependesse da perícia ou da força da execução e da habilidade do goleiro.

Em um famoso trabalho de Steven Levitt e colaboradores, foram analisadas 459 cobranças de pênalti entre os anos de 1997 e 2000 nas ligas italiana e francesa. Curiosamente, os pesquisadores observaram que 75% dos pênaltis foram convertidos. No entanto, a escolha do lado por parte dos batedores foi aleatória: sistematicamente, 44% das vezes eles escolheram o lado contrário à perna usada no chute, enquanto em 38% das vezes preferiram o outro lado. Apenas 17% dos chutes foram dirigidos ao centro do gol.

Voltemos à África do Sul. Estamos na decisão por pênaltis, e quem começa chutando é o Uruguai. As duas equipes convertem as duas primeiras cobranças. Em seguida Scotti marca o terceiro gol para o Uruguai, mas Mensah perde o chute. Maxi Pereyra também erra para a celeste, e a mesma sorte tem o africano Adiyiah com a quarta cobrança para Gana. A contagem está em 3 a 2. Sebastián Abreu, apelidado de El Loco, sai caminhando tranquilamente do centro do campo em meio ao barulho ensurdecedor das *vuvuzelas*. Richard Kingson, o goleiro, sabe que precisa defender, porque se El Loco fizer o gol o Uruguai passará para as semifinais da Copa do Mundo e será o fim para os ganenses, que terão que voltar para casa.

O que acontece em seguida supera a história das definições importantes em um mundial e ofusca a fantasia do mais sonhador dos realizadores cinematográficos de Hollywood: Loco Abreu, com toda a responsabilidade de passar às semifinais sobre seus ombros, com um país inteiro prendendo a respiração e todos os seus companheiros à beira de um infarto, toma uma decisão que marcará seu apelido com sangue e fogo: de "cavadinha", chuta no centro do gol, quase como se estivesse querendo errar. Ninguém poderia ter imaginado tanta loucura, tampouco o simpático goleiro ganês, que se atira para a direita e nada pode fazer para deter o torturante caminho da bola para o fundo da rede.

Suponhamos agora que você pense que a decisão por pênaltis é uma questão de sorte, ou que, como afirmou Louis Pasteur, a sorte só favoreça as mentes preparadas. Pode ser que você se chame Jens Lehmann, isto é, que você seja o goleiro da seleção alemã e tenha estudado as tendências dos batedores argentinos, as tenha escrito num papel, guardado esse papel embaixo de uma meia e o consultado antes de cada cobrança, e por fim tenha defendido dois pênaltis para passar às semifinais do mundial de 2006.

Ou pode ser que você seja Loco Abreu, tenha lido o estudo de Levitt e descoberto que apenas em 2% dos pênaltis o goleiro escolhe ficar no centro do gol, sem se jogar para nenhum dos lados. Inclusive, pode ser que todos pensem que você está louco e com certeza não acreditarão se você lhes disser que essa decisão não foi uma loucura, mas o resultado óbvio de uma análise baseada na teoria dos jogos: um equilíbrio de Nash.

O paradoxo: o Uruguai se classificou porque Abreu foi o único são num mundo de loucos, um mundo repleto de sujeitos que sistematicamente negligenciam as previsões da clássica teoria dos jogos. O motivo pelo qual a maioria das pessoas se comporta desse modo é terem criado regras heurísticas para lidar com os complexos cálculos que deveriam fazer.

Quanto aos pênaltis, podemos mencionar outro estudo que revela resultados semelhantes ao de Levitt, mas utiliza outra base de dados. Nesse trabalho, Michael Bar-Eli, da Universidade do Neguev, em Israel, mostra que os goleiros são vítimas do *viés de ação* e que por isso tendem a se atirar para um dos lados e raramente ficam no centro do gol. Esse viés ocorre porque, diante de maus resultados, as pessoas se sentem pior se acham que não fizeram o máximo esforço possível para evitá-los. Entretanto, não se sentem tão mal se acreditam que esses resultados ocorreram apesar de terem tentado evitá-los.

Para a mente de um goleiro é imperdoável que a bola entre por um dos lados quando ele ficou parado no meio do gol, porque o raciocínio do goleiro é que poderia ter evitado esse desenlace atirando-se para um dos lados. Por outro lado, se ele se joga para um dos lados e a bola vai para o centro do gol, ao menos lhe resta o consolo de pensar que fez o máximo possível e que não ter acertado o canto foi uma questão de falta de sorte.

Na economia e na vida em geral, muitas vezes a melhor opção estratégica é, paradoxalmente, não fazer nada, mas aqueles que têm a responsabilidade de tomar decisões sentem sobre os ombros o peso de demonstrar aos demais que para alguma coisa eles foram escolhidos, sendo portanto mais propensos para a ação do que os princípios de racionalidade aconselhariam.

Outro jogo estruturalmente muito parecido com o dos pênaltis é o famoso "pedra, papel ou tesoura", que todos já jogamos na infância para decidir disputas simples e outras nem tanto. Mais uma vez, o melhor que cada participante pode fazer nesse jogo é escolher de modo aleatório seu movimento, pois qualquer sequência que tenha alguma lógica será facilmente detectável pelos adversários, que poderão adaptar suas respostas para explorar a resposta previsível de seu oponente e derrotá-lo.

No entanto, como já imaginará o perspicaz leitor, as pessoas não jogam "pedra, papel ou tesoura" de maneira aleatória. Tanto é assim que existe até um campeonato mundial para esse passatempo, e há pessoas que se dedicam profissionalmente ao jogo, como o canadense Mark Julien. Alguns jogadores, inclusive, discutem no YouTube as melhores estratégias.

Embora eu não tenha tido acesso a dados estatísticos fortes, comenta-se que as mulheres têm uma tendência maior a optar por tesoura na primeira rodada, enquanto os homens costumam começar escolhendo pedra. Talvez se pense que isso tem relação com a maior familiaridade que cada sexo tem com esses objetos. Outra estratégia habitual consiste em escolher pedra contra quem está perdendo nas rodadas finais do jogo, pois se diz que quem está atrás no placar procura elementos agressivos (uma pedra ou uma tesoura), e não passivos (como um papel), para tirar a vantagem do adversário.

O que já foi provado em várias pesquisas (por exemplo, nos trabalhos de Rapoport e Budescu, assim como no estudo de Falk e Konold) é que somos particularmente ruins em produzir ou gerar sequências aleatórias. Por exemplo, enquanto a roleta de um cassino pode apontar dez vezes seguidas os números da segunda dezena, e não raro as dezenas saem em sequências repetidas, a maioria dos seres humanos acredita que, para que um fenômeno seja aleatório, as alternativas devem estar intercaladas, praticamente sem repetições. Assim, é muito pouco provável que quem começou o jogo com tesoura, por exemplo, volte a escolhê-la na segunda rodada, de maneira que qualquer jogador mais ou menos experiente poderia explorar essa tendência e ganhar simplesmente escolhendo papel na segunda rodada.

Os vieses no comportamento estratégico não se limitam ao campo dos jogos que tecnicamente se denominam "não cooperativos com equilíbrios de estratégias mistas", como a disputa de pênaltis ou o jogo da pedra, papel ou tesoura, mas surgem uma vez ou outra em todos os jogos.

O artigo seminal a esse respeito é o que Colin Camerer escreveu para o *Journal of Economics Perspectives*. Nele são explorados vários efeitos do *framing* (enquadramento) que estão relacionados à maneira como o jogo é proposto aos participantes, bem como às palavras escolhidas para explicitar as possíveis estratégias e as perdas ou ganhos ligados a cada escolha.

No jogo do ultimato, por exemplo, chega-se a resultados muito diferentes se o jogador que reparte o dinheiro recebe a instrução de escolher quanto oferecerá ao outro participante (o que tem o poder de veto) ou é instruído a decidir quanto caberá ao outro jogador. Nesse último caso, a partilha costuma ser muito mais equitativa, porque parece que o *framing* do primeiro cenário coloca quem reparte numa posição de generosidade (ele escolhe quanto dará), enquanto o segundo cenário o coloca numa situação de "roubo" (ele decide quanto lhe restará).

É interessante notar que, quando as pessoas interagem estrategicamente na vida real, também tendem a reagir de maneira diferente segundo o *framing* da situação, mesmo quando as consequências de seus atos sob um ou outro enquadramento sejam equivalentes.

Em um experimento famoso, Dan Ariely, especialista em economia do comportamento, deixava um pacote de seis latas de Coca-Cola nas geladeiras comunitárias de diferentes universidades durante uma semana, e em outras oportunidades deixava um prato com seis moedas de 1 dólar (custo aproximado de cada lata) sobre o refrigerador. Sistematicamente, as latas de refrigerante desapareciam, mas ninguém se atrevia a tocar nas moedas. Parece que em nossa mente roubar está associado a pegar dinheiro que não nos pertence, mas nos permitimos mais liberdade quando se trata de pegar objetos materiais não monetários.

Portanto, os experimentos de Ariely nos ensinam que, quando temos que interagir com outras pessoas na vida real, não avaliamos as consequências de nossos atos de maneira neutra, mas fazemos uma tradução mediada por uma escala de significados de nossas ações. Desse modo, pegar um refrigerante da geladeira não é considerado roubo, assim como ficar no meio do gol quando é preciso defender um pênalti ou se manter calado numa discussão são escolhas nas quais as representações mentais dos sujeitos não têm o mesmo *status* que atirar-se para um dos cantos ou defender uma opinião numa discussão.

É também na interação estratégica com os outros que aparece o *viés de confiança* já mencionado. Um jogo que exemplifica bem esse viés é o "jogo da galinha", no qual os participantes querem provar quem tem mais coragem.

No famoso filme de James Dean *Juventude transviada*, Jim (personagem de Dean) e Buzz (seu rival na escola secundária) se desafiam a um duelo para ver quem é covarde [ou *chicken*, galinha em inglês]. O desafio consiste em encarar um precipício dentro de um carro e ver quem consegue resistir por mais tempo antes de saltar para não cair no abismo. Numa versão diferente do mesmo desafio, que pode ser vista em muitos filmes, dois jovens colocam seus carros frente a frente em uma estrada e aceleram ao máximo, um de encontro ao outro. Perde quem revelar menos coragem ao desviar para evitar a colisão.

O jogo pode parecer artificial, mas a vida real está repleta de situações em que disputas põem em risco dois oponentes e que só se resolvem quando um deles abandona a luta. Isso ocorre quando um sindicato poderoso persiste em manter uma greve e o empregador se nega a fazer concessões, ou quando duas empresas oligopolistas competem ferozmente por um mercado a ponto de, com risco de falir, vender seus produtos abaixo do custo. Esses exemplos remetem a casos de relevância nacional, mas também é possível mencionar outros, mais cotidianos e triviais: a mesma situação se repete quando dois carros se encontram em um cruzamento e os dois motoristas tentam passar primeiro.

Em um programa de tevê da Independent Television, da Inglaterra, os produtores recriaram um jogo com as mesmas características, mas no qual se joga por dinheiro de verdade. No programa, chamado *Divided* [Dividido], os participantes atuam em conjunto respondendo perguntas para encher um pote comum e chegar à final, quando o valor do pote será repartido.

O problema é que o pote não é dividido em partes iguais, porque a produção separa as porções e os participantes devem propor a quem caberá cada uma. Num dos programas da série, os participantes precisavam dividir pouco mais de 148 mil dólares.

A produção propôs a seguinte divisão: 94 mil dólares para o participante que levasse a maior parte, 16 mil dólares para o que levasse a menor parte e 47 mil dólares para o que levasse o prêmio intermediário.

Obviamente, todos queriam levar para casa as 94 mil dólares, e ninguém queria aceitar a menor parte. Para tornar o jogo mais interessante, a produção dá aos participantes cem segundos para eles negociarem entre si e chegarem a um acordo.

O truque é que, enquanto os jogadores decidem, o montante total vai diminuindo à medida que os segundos passam, de modo que, se 50 segundos se passarem sem que os participantes cheguem a um acordo, como de fato aconteceu no programa citado, a metade do dinheiro se evapora.

A verdade é que na maioria dos episódios do programa mais da metade do dinheiro acaba se perdendo antes que os participantes consigam chegar a um acordo. Em muitos casos, perde-se absolutamente tudo, e os jogadores voltam para casa com os bolsos vazios.

Em quase todos os casos ocorre o seguinte: quando finalmente se chega a um acordo, tanto dinheiro se perdeu durante a discussão que quem recebe a maior parte acaba ficando com menos dinheiro do que teria obtido se tivesse aceitado o segundo prêmio no início da negociação.

No episódio mencionado, os participantes levaram 77 segundos para chegar a um acordo, de modo que só lhes restaram 23%

do total inicial, e o participante que levou mais dinheiro recebeu apenas 22 mil dólares.

Portanto, do ponto de vista teórico, a melhor maneira de ganhar o "jogo da galinha" é um participante convencer o outro de que em nenhuma hipótese dará o braço a torcer. No caso dos carros que se enfrentam, um deles pode conseguir isso amarrando as próprias mãos ou arrancando o volante do lugar.

No programa *Divided*, a melhor estratégia é um participante anunciar rapidamente que só aceitará o prêmio maior e logo tapar os olhos e os ouvidos a fim de passar pressão aos demais, que compreenderão que não há sentido em estender o debate enquanto o total diminui, já que não existe nenhuma possibilidade de fazer mudar de opinião um participante que se recusa a ver ou escutar, afastando-se da discussão. Logo, o segundo participante que imitar mais rápido a estratégia do primeiro obterá o segundo prêmio, e o terceiro não terá outra opção senão aceitar o último lugar.

O problema surge quando, por efeito dos mencionados vieses cognitivos, cada uma das partes tem mais confiança em sua capacidade de manter a posição inicial do que foi capaz de transmitir a seus oponentes na negociação, e também quando os jogadores subestimam a capacidade de perseverar (ou seja, a coragem) dos outros. Nesses casos, aumenta a possibilidade de que os carros se choquem ou de que um conflito se prolongue indefinidamente.

Isso acontece porque, por definição, o equilíbrio de Nash do jogo da galinha implica uma estratégia na qual, dado o comportamento do ator B, o ator A não pode melhorar sua situação mudando de decisão (e vice-versa).

Obviamente, a colisão entre os dois carros (ou o dinheiro que se evapora no concurso) não representa o equilíbrio de Nash previsto teoricamente, segundo o qual, se o condutor do primeiro veículo se dirige incontestavelmente ao choque, o outro sempre terá uma estratégia melhor, que consistirá em desviar-se do curso e evitar a colisão para se salvar.

Na realidade, esses erros de cálculo por excesso de confiança (ou por falta de comunicação) farão que o jogo, na prática, não alcance o equilíbrio de Nash, mas, ao contrário, derive para uma situação de não cooperação.

O desafio de um bom negociador consiste em averiguar quanto, no máximo, estaria disposto a ceder a seu oponente, fazer-lhe essa oferta e gerar uma tecnologia de compromisso tal que não haja margem para mudança do rumo estabelecido uma vez que a proposta está na mesa.

O dilema do prisioneiro

Outro programa, talvez mais excitante que *Divided*, é *Golden Balls*. Tem uma estrutura semelhante ao anterior, na qual os jogadores participam em conjunto de um processo prévio de eliminação e construção de um montante comum, com base na confiança mútua.

No entanto, na última rodada do jogo há um desenlace espetacular. Cada um dos finalistas tem à sua disposição duas bolas douradas com as palavras *split* (dividir) ou *steal* (roubar) impressas no interior de cada uma delas, respectivamente.

Imaginem a cena. Steve e Sara estão frente a frente, cada um com suas bolas douradas, e há 137.508 dólares (cerca de 175 mil dólares) em jogo. O apresentador explica mais uma vez as regras: cada jogador deve escolher uma de suas bolas sem que o outro veja. Se os dois escolherem dividir, o prêmio será repartido pela metade, e cada um ganhará 68.754 dólares. Se um deles escolher roubar e o outro dividir, então o ladrão levará todo o prêmio, e aquele que decidiu dividir não ganhará nada. Por último, se os dois jogadores escolherem roubar, nenhum dos dois receberá nada, e ambos voltarão para casa com os bolsos vazios. O apresentador lhes dá um minuto para que tentem chegar a um acordo e discutam qual será a estratégia adotada.

Stop. Pausa. O que você faria se chegasse à final desse programa e tivesse que repartir 137.507 dólares com seu oponente? Cooperaria e tentaria dividir o prêmio em partes iguais? Ou, ganancioso, trairia seu oponente para tentar levar todo o prêmio?

O que faria nosso amigo John Von Neumann? O que fazem as pessoas habitualmente?

Olivia "Liv" Boeree é uma moça angelical de 27 anos que não tem por que invejar a beleza de Angelina Jolie. No entanto, por trás desse rosto bonito com ares de boneca se esconde uma temível jogadora profissional de pôquer com mais de 2,11 milhões de dólares ganhos em torneios graças a uma combinação fatal de agressividade, atuação e manipulação de seus oponentes, além de um conhecimento e um domínio da teoria dos jogos que orgulhariam o próprio Von Neumann.

Liv foi uma das finalistas do *Golden Balls*, mas, com menos sorte que Steve e Sara, teve que negociar com seu companheiro Stuart um prêmio de apenas 8.924 dólares. Como de costume, o apresentador explicou as regras e deu a Liv e Stuart o minuto regulamentar para dialogar e chegar a um acordo.

Se os membros da Academia de Hollywood que indicam os nomes para o Oscar de melhor atriz tivessem visto o programa, com certeza teriam incluído Liv Boeree na lista.

Seria praticamente impossível Stuart não confiar nela, e nós inclusive teríamos lhe dado a combinação do nosso cofre ou as chaves de nosso carro.

Entretanto, quando cada participante mostrou ao outro a sua escolha, Stuart desmoronou: a cara do diabo se materializou no rosto angelical, e Liv Boeree foi para casa com 100% do prêmio.

Steve teve que digerir o mesmo trago amargo. Depois de ter saboreado na imaginação o que pretendia fazer com mais de 68.754 dólares que supostamente obteria, teve que observar, atônito, como sua oponente (também jovem e bonita) lhe roubava um prêmio de 137.508 dólares depois de ter jurado por seus filhos que estava disposta a cooperar e dividir os ganhos.

Pois bem, se o que moveu Sara foi a avareza de não se conformar com as 68.754 dólares, sem dúvida no caso de Liv Boeree a diferença de 4.462 dólares libras não justificava a traição. Mas a jogadora de pôquer não pôde deixar de aplicar a lógica implacável da teoria dos jogos. Liv sabia que a estrutura do programa copiava o famoso *dilema do prisioneiro*, e a única coisa que fez foi jogar como Nash e Von Neumann lhe haviam ensinado.

O *dilema do prisioneiro* é o exemplo clássico da teoria dos jogos. Embora a descoberta do dilema seja atribuída a Merrill Flood e Melvin Dresher, o crédito geralmente é dado ao matemático estadunidense Albert Tucker, que propôs a metáfora criminal que dá nome ao dilema.

O dilema original é mais ou menos assim: dois suspeitos de terem cometido um crime são detidos pela polícia. O juiz não tem provas suficientes para condená-los a mais de um ano de prisão, de modo que chama cada um separadamente e lhes faz a seguinte proposta: "Se você delatar seu companheiro e afirmar que ele foi o autor material do delito, sendo você apenas um colaborador, ele receberá cinco anos de prisão e você terá sua sentença reduzida a seis meses em agradecimento por sua colaboração".

Cada detento sabe que a mesma proposta foi feita ao outro, o que resulta em três cenários possíveis. Uma possibilidade é que nenhum dos dois confesse, caso em que ambos cumprirão a pena de um ano; a segunda possibilidade é que os dois confessem, e ambos receberão uma pena superior à que receberiam se não tivesse havido uma confissão (suponhamos, dois anos para cada um); finalmente, a terceira possibilidade é que um dos suspeitos confesse enquanto o outro decida manter silêncio: nesse último caso, o que confessar receberá seis meses de pena, e o delatado, a pena máxima (digamos, uns cinco anos).

Se os criminosos analisarem a situação racionalmente, cada um deles fará o seguinte raciocínio: "Não sei se meu cúmplice vai me delatar ou não, mas só uma das duas possibilidades ocorrerá. Se meu cúmplice me delatar, o melhor que eu poderia fazer seria delatá-lo também, pois prefiro cumprir dois anos de pena a cinco. Se meu cúmplice não me delatar, de novo o melhor que eu poderia fazer seria delatá-lo de qualquer maneira, porque então eu só receberia uma pena de seis meses, opção melhor do que enfrentar uma condenação de um ano, que nós dois receberíamos se nenhum de nós confessar. Portanto, em qualquer cenário, me convém delatá-lo".

O problema é que, se os dois prisioneiros raciocinarem do mesmo modo, enfrentarão o seguinte dilema: saberão que o melhor a fazer do ponto de vista estratégico é delatar o outro, embora estejam conscientes de que o resultado mais provável seja que ambos acabem recebendo uma condenação maior do que a que receberiam se entrassem num acordo e se mantivessem em silêncio. Assim, a não cooperação entre os suspeitos constitui, nesse caso, o equilíbrio de Nash do jogo, já que a melhor estratégia possível para cada um consiste em delatar o outro.

Foi exatamente esse raciocínio estratégico que fez Liv Boeree no *Golden Balls*: ela pensou que, se seu oponente escolhesse roubar o dinheiro, o melhor que podia fazer era optar por roubá-lo também, para castigá-lo por seu comportamento, pois de qualquer modo não ganharia nenhum dinheiro. Mas se seu oponente escolhesse dividir o prêmio, ela poderia obter o dobro do dinheiro se o roubasse. Assim sendo, independentemente do que decidisse Steve, o melhor que Liv podia fazer, segundo um pensamento absolutamente estratégico, era roubar o dinheiro.

Mas vamos nos deter aqui por um momento: o que o equilíbrio de Nash do dilema do prisioneiro nos ensina é que, se os dois jogadores forem racionais e pensarem estrategicamente, nenhum deles escolherá cooperar. Ou seja, ambos deverão optar sempre por roubar o dinheiro todo, caso em que os dois irão para casa com os bolsos vazios.

Paradoxalmente, se todos fôssemos tão racionais como supunham Von Neumann, Nash e tantos outros teóricos dos jogos, então *Golden Balls* seria um programa chato e previsível. Resultaria num completo fracasso, pois sempre terminaria igual. Mas não é isso o que acontece na realidade. Às vezes um dos participantes decide cooperar e o outro o trai; muito poucas vezes os dois decidem cooperar; e muitas vezes os dois saem do programa com nota dez em teoria dos jogos e bolsos vazios.

As pesquisadoras sociais Donja Darai e Silvia Grätz, da Universidade de Zurique, analisaram 222 episódios do programa e observaram que 54,5% dos participantes decidiam cooperar. Mesmo assim, ao classificar os participantes segundo características socioeconômicas, encontraram resultados ainda mais interessantes.

Notaram, por exemplo, que 62% das pessoas com mais de 40 anos cooperaram, em comparação com 49% no grupo dos mais jovens. Os dados obtidos, por sua vez, indicaram que a tentação de trair o oponente aumenta à medida que o valor do prêmio é maior, já que, enquanto 75,7% dos participantes cooperaram quando o prêmio era inferior a 4.720 dólares, a cooperação se reduzia a 51% quando o valor era superior a 41 mil dólares.

O fato de a cooperação diminuir fortemente quando estão em jogo altas quantias de dinheiro pode estar sinalizando que as pessoas agem de forma mais racional quando o que está em jogo realmente importa.

Assim, contrariando as afirmações de Nash, observou-se que em um terço das vezes os dois participantes decidiram cooperar, e em geral a cooperação mútua ocorreu em equipes mistas em relação ao gênero, entre maiores de 40 anos e, como era previsível, quando estavam envolvidos valores relativamente pequenos. Só em 24,3% dos programas chegou-se ao resultado final de não cooperação mútua previsto pela teoria dos jogos padrão, e em geral esse desenlace se deu entre participantes do sexo feminino e de idade avançada.

Lamentavelmente, não existem estatísticas sobre outras características dos participantes, mas os episódios que estão disponíveis no *YouTube* permitem observar que os participantes mais jovens, em especial os mais atraentes, são os que tendem a roubar sistematicamente o prêmio todo. Suspeito que as pessoas de idade avançada, tal como sugerem as pesquisas sobre jogos psicológicos que apresentamos anteriormente, levam em conta argumentos não monetários em suas funções de utilidade, como crenças ou valores morais que influem no momento de avaliar as alternativas e que tornam mais factível optar pela cooperação, ao passo que, para os mais jovens, pesa mais o dinheiro em suas funções de utilidade.

Quanto à aparente relação entre a beleza dos participantes e a decisão de não cooperar, penso que responde ao fato – demonstrado em numerosas pesquisas científicas (por exemplo, os estudos de Hamermesh e minhas próprias pesquisas sobre o tema) – de que existe uma alta correlação entre beleza e inteligência das pessoas, o que explicaria que as pessoas mais atraentes sejam em média mais racionais, ou seja, mais parecidas com Von Neumann.

Sei que a afirmação de que inteligência e beleza estão correlacionadas gera incredulidade em muitas pessoas e incomoda outras, mas não só há evidências empíricas disso como também a afirmação tem lógica, tanto quando se considera a inteligência uma capacidade codificada nos genes e transmitida hereditariamente (a hipótese *nature*, ou da natureza), quanto quando ela é definida como a reprodução social de uma desigualdade inicial (a hipótese *nurture*, ou da influência ambiental).

No primeiro caso, se as pessoas mais inteligentes são mais produtivas e ganham salários melhores, aumentam suas chances de se unirem e terem filhos com pessoas mais atraentes, transmitindo assim genes atraentes e inteligentes à descendência. No segundo caso, a transmissão ocorre porque os mais inteligentes (e produtivos), além de se unirem a pessoas mais atraentes, mandam seus filhos aos melhores colégios e pagam por uma educação superior, potencializando a inteligência deles. Em ambos os casos vai-se gerando um padrão de correlação que se fortalece geração após geração.

Seja como for, voltando ao jogo que nos ocupa, é interessante notar que John List, do National Bureau of Economic Research, encontrou praticamente os mesmos resultados em uma análise de 117 episódios do programa *Friend or Foe* [Amigo ou inimigo], que também se baseia numa estrutura semelhante à do dilema do prisioneiro.

Segundo o estudo de List, só em 25% das oportunidades se chegou ao resultado de não cooperação mútua previsto pela teoria dos jogos, e praticamente na mesma porcentagem de vezes ambos os participantes escolheram cooperar. Esses resultados confirmam as descobertas anteriores e nos obrigam a pensar em modelos heterogêneos de comportamento estratégico, que não podem ser generalizados para explicar a ação de todos os indivíduos.

O leitor deve recordar que, na primeira parte deste livro, chamei atenção para o fato de que a maior parte da psicologia cognitiva tinha sido construída sobre modelos experimentais que mostravam resultados heterogêneos.

Esses experimentos naturais, nos quais as pessoas competem por quantias significativas de dinheiro, confirmam minhas suspeitas e nos obrigam a pensar na construção de uma nova teoria econômica.

Para microfundamentar os comportamentos estratégicos dos agentes e elaborar novos modelos explicativos, essa nova teoria deverá em princípio reconhecer que existem diferentes tipos de agentes nas interações, os quais apresentarão níveis distintos de racionalidade, disporão de teorias da mente de níveis desiguais de sofisticação e implementarão estratégias de interação diversas, em contextos caracterizados pela presença de variados fatores não monetários que também influirão em suas decisões.

HÁ COISAS QUE O DINHEIRO NÃO PODE COMPRAR... AINDA

Em 1992, a Academia Sueca concedeu o Prêmio Nobel de Economia a Gary Becker por ter conseguido estender a análise custo/benefício a áreas impensadas das relações sociais, como o casamento e o crime, mas, acima de tudo, por sua análise econômica sobre o uso do tempo.

Como economista, confesso que me formei na concepção da escassez, que é o que justifica a nossa ciência, porque se vivêssemos num contexto de abundância não haveria razão para preocupação. Fui nutrido na influência da análise custo/benefício de Becker, de modo que modulei (à maneira de Karmiloff-Smith) essa forma de pensar o mundo (qualquer que seja a sua manifestação) e a aplico a praticamente tudo. No entanto, a realidade não funciona sempre assim. Naturalmente, em muitas áreas nas quais não há mercado, a escassez, de todo modo, cobra um "preço" das condutas, e as análises dos prós e contras criam as ordens do dia.

Portanto, as louras são mais desejadas na Argentina porque há poucas (como acontece com as morenas na Suécia); os casais se divorciam com mais frequência porque o custo disso (principalmente para a mulher) se reduziu drasticamente em consequência do maior acesso aos mercados de trabalho; a delinquência aumenta quando diminuem os salários reais e o desemprego; e as amizades se fragilizam se nelas não investimos tempo.

No entanto, muitas de nossas relações sociais são apreciadas em contas mentais diferentes das que empregamos para avaliar os aspectos econômicos.

Talvez uma das pessoas a melhor demonstrar isso tenha sido Dan Ariely, que em seu livro *Previsivelmente irracional* mostra claramente o efeito nocivo de se considerar com um critério monetário as relações sociais que se desenvolvem em âmbitos não mercantis, mesmo quando há relações econômicas semelhantes.

O que Ariely aponta eu experimento na Faculdade de Ciências Econômicas da UNLP, onde trabalho como professor e pesquisador. Nunca tive problema para convocar renomados especialistas em contabilidade, administração e economia para proferir palestras aos estudantes. Jamais me pediram dinheiro em troca, e estou certo de que, se eu lhes tivesse dito que havia uma remuneração de 211 dólares por conferência, muitos deles teriam recusado o convite.

Acontece o mesmo com muitos conhecidos a quem costumamos pedir algum favor. Podem nos dar uma mão na pintura do departamento ou mesmo uma carona, mas se lhes oferecêssemos 53 dólares por isso certamente se negariam a aceitar, já que na realidade seu tempo deve valer muito mais que isso.

Algo semelhante me ocorreu recentemente. Quando há doze anos me formei em economia, meu primeiro trabalho consistiu em dar aulas particulares de microeconomia, macroeconomia e finanças públicas. Com o tempo, quando começaram a aparecer melhores oportunidades de trabalho, fui deixando as aulas particulares. No entanto, vez por outra me procuram, pedindo apoio para a preparação de alguma prova. Em geral, amavelmente recuso o que me pedem, mas quando se trata de algum amigo ou conhecido procuro achar tempo para ajudar. Faço isso inteiramente *ad honorem*. Se me oferecem alguma gratificação, explico que não tenho tempo para me comprometer por dinheiro, simplesmente porque tenho melhores ofertas de trabalho e, se concordasse em ser remunerado, teria que cobrar um preço proibitivo para um estudante.

Agora vamos deixar que Ariely nos conte seu exemplo, que certamente será muito mais revelador e alarmante. Ou pelo menos foi essa a sensação que tive quando li pela primeira vez as pesquisas de Gneezy e Rustichini no livro de Ariely. Esses economistas não fizeram seu trabalho de campo em mercados de ações nem em empresas produtoras de bens, mas escolheram um jardim de infância em Israel como objeto de estudo.

Como ocorre em muitos colégios, alguns pais costumam se atrasar para buscar os filhos à saída da escola. Seja pela razão que for, excesso de tráfego ou reuniões demoradas, muitos chegam depois do horário. Os administradores de um jardim de infância em Israel começaram a achar esses atrasos inconvenientes e, na falta de ideia melhor, estabeleceram uma taxa para a retirada das crianças com atraso. De fato, pode-se considerar que as instituições cobram uma matrícula para cuidar das crianças (e educá-las) por determinado período de tempo. A falta de cobrança pelo cuidado delas nesse período de atraso poderia gerar uma demanda excessiva por parte dos pais, que abusariam da facilidade, o que sempre ocorre quando o preço de um bem ou serviço é muito barato. De uma perspectiva economicista, pôr preço num comportamento indesejado (o atraso) deveria certamente ter reduzido esse comportamento. No entanto, não foi o que ocorreu. Para surpresa de muitos, o resultado foi exatamente o contrário do esperado. De certo modo, foi como se os pais tivessem encontrado uma justificativa para a conduta incorreta. Era um basta para as preocupações e para a vergonha: agora se podia "comprar" o direito de chegar tarde, e muitos pais aproveitaram essa oportunidade.

A moral da história é que é preciso ser muito cuidadoso quando se decide precificar uma relação social que não é atravessada pelo mercado. Isso pode ter consequências nefastas, óbvias no caso de muitas políticas públicas de controle do trânsito ou de uso de espaços comuns, ou até mesmo na questão da regulação de condutas ilegais, tanto no âmbito do direito público quanto no terreno do direito privado (civil e penal).

Penso, neste momento, nas multas por excesso de velocidade ou por atravessar uma via com o sinal no vermelho, por exemplo. É evidente que, ao atribuir um valor monetário a uma conduta incorreta, permite-se que o infrator considere regularizar esse comportamento inadequado. O mesmo acontece com os ruídos incômodos, a poluição, a violação às leis do código do consumidor etc.

É verdade que, tendo esses comportamentos passados para o âmbito do mercado, o que entra em operação é a lei da demanda – postulando que a preços mais elevados o consumo de um bem diminui –, e por isso existe uma ferramenta poderosa para reorientar os comportamentos sociais. O que quero destacar é que a eventual multa funciona substituindo regras sociais não mercantis, e isso seguramente permite que se estabeleça um conjunto de incentivos sociais que produzam os efeitos desejados sem precificar as relações e o risco de efeitos indesejados.

Assim, uma recomendação que se poderia fazer ao jardim de infância seria a publicação de uma lista contendo os nomes dos pais impontuais que poderia ser distribuída, por exemplo, nas reuniões de pais e mestres. Com relação aos infratores de trânsito, em vez de multas seria possível impor-lhes outras sanções, como obrigá-los a fazer trabalhos comunitários, ou reter seus automóveis com uma trava e suspender a carteira de habilitação durante um mês.

O mesmo efeito poderia ser obtido se um motorista que excedesse o limite de velocidade fosse obrigado a voltar 150 quilômetros para abonar uma multa simbólica no valor de 1 dólar. As empresas que violam as normas do código do consumidor poderiam ser obrigadas a reduzir suas campanhas publicitárias, a fazer publicidade contra sua marca ou a financiar uma campanha da concorrência, ou ainda sofrer sanções que limitassem sua capacidade de operar nos mercados.

Quem polui o meio ambiente ou gera ruídos perturbadores poderia ser penalizado por uma cláusula preventiva incancelável mediante qualquer pagamento. Por exemplo, quando se tratasse de um bar, a sanção poderia consistir na proibição do uso de equipamentos de som, o que resultaria em queda considerável em sua clientela.

Há também um conjunto de comportamentos que geram efeitos indesejados sobre outras pessoas, mas não contam com penalidades econômicas ou sociais. O caso que me vem à mente é o dos alarmes de automóvel. Quantas vezes você teve que ouvir durante horas e horas o som de um alarme sem que ninguém se mobilizasse para desligá-lo?

A resposta econômica óbvia seria que os dispositivos deveriam incluir um medidor de ruído que, como no caso da luz e do gás, obrigasse o dono do automóvel a pagar pelo incômodo ocasionado.

Em vez disso, uma solução não monetária poderia consistir em obrigar o causador do ruído incômodo a colocar no para-brisa do carro um adesivo com os seguintes dizeres: "Roube meu carro tranquilamente, porque nunca ouço mesmo o alarme". Aceitam-se ideias alternativas, é claro.

Quem sabe talvez fosse possível um mundo em que todas e cada uma das relações sociais fossem submetidas a sanções penais e pecuniárias, mas advirto que ele seria muito diferente deste que conhecemos. Basta que se imagine um mundo em que os favores são comprados e vendidos, os lugares nas filas são negociados, o sexo cobrado e os votos comercializados.

Quando jovem, você poderia fazer muitos favores, acumulando em sua conta um saldo importante que depois poderia ser usado para "comprar" outros favores durante a velhice, quando provavelmente viesse a precisar de ajuda para cruzar uma rua ou levantar objetos pesados. Você também poderia trocar os bônus de favores por dinheiro, inclusive negociar seu histórico de comportamento.

Se alguém lhe dissesse: "Senhor, preciso de alguns favores, mas como fui egoísta durante toda a vida não possuo bônus para comprá-los", você poderia responder: "Não há problema.

Ofereço-lhe alguns de meus direitos a receber favores e o senhor me dá uma parte do seu dinheiro". Suspeito, inclusive, que isso poderia servir para melhorar substancialmente a distribuição de renda, uma vez que pessoas desempregadas, por exemplo, que dispõem de mais tempo livre, poderiam se dedicar a fazer favores a outras pessoas, conseguindo desse modo comprar bens com os bônus obtidos (ou seja, o direito a ser retribuído) pelos favores prestados.

O pessoal do Timebanking.org tem posto em prática uma ideia semelhante a essa, criando um banco de tempo que permite às pessoas fazerem favores, tarefas comunitárias e prestarem todo tipo de serviço, acumulando horas que depois podem ser usadas quando precisarem de algo que requeira essa quantidade de tempo. Suponhamos, por exemplo, que deposito nesse site quinze horas de orientação em economia. Se depois precisar de um conserto em meu carro, procuro um mecânico que tenha oferecido algumas horas de seu tempo e o pago com minhas horas, que ele depois poderá trocar por outras em tarefas de que precise. O importante, no caso, é que uma hora de trabalho vale exatamente o mesmo, não importa qual seja a tarefa feita.

Se outras relações sociais fossem apreçadas, os efeitos positivos em matéria de distribuição de renda poderiam ser reforçados.

Imagine, por exemplo, a seguinte cena. Você chega a uma fila de banco e encontra cinquenta pessoas já à espera. Ali mesmo começa o leilão. Dirigindo-se ao primeiro da fila, você lhe oferece 2 dólares pelo lugar dele. Se a resposta for negativa, você faz a oferta ao segundo, e assim sucessivamente, até encontrar alguém disposto a receber o dinheiro e ir para o fim da fila. Essa pessoa poderia, por sua vez, gritar bem alto: "Ofereceram-me 2 dólares pelo meu lugar. Alguém dá mais?". Numa sociedade cujas relações sociais são pouco valorizadas, quem mais perde são os pobres, que não podem negociar nenhum valor social além de seu trabalho.

E quanto à precificação do sexo? Não me refiro à antiga profissão da prostituição, ao sexo pago como trabalho, mas minha abordagem agora tem a ver com imaginar um mundo onde todas as relações sexuais saíssem do espaço social não mercantil e ingressassem no terreno da oferta e procura.

Até o lançamento do *Viagra*, as mulheres gozavam de uma vantagem de negociação sobre os homens, já que podiam ter por dia mais relações sexuais que eles. Com esse medicamento, as possibilidades se equilibraram, de modo que é preciso analisar a situação de outra maneira. Suponha-se que haja pessoas muito desejáveis cujo sexo valha 58 dólares, por exemplo, e outras menos dotadas cujos atributos são avaliados em apenas 12 dólares. Sempre que duas pessoas igualmente desejáveis tenham sexo, não haverá movimentação de dinheiro, pois ambos se equipararam em questão de valor, anulando o pagamento. No entanto, alguém mais desejável poderia achar conveniente oferecer seus serviços a alguém menos desejável, recebendo de diferença 46 dólares. Por sua vez, se o par da pessoa menos desejável sentisse ciúme, poderia se dispor a pagar os 46 dólares de diferença para evitar que o parceiro tivesse relações com uma terceira pessoa.

Para os conhecedores da economia das externalidades, isso nada mais é do que uma versão simplificada do Teorema de Coase, que afirma que os direitos de propriedade nesse caso estão estabelecidos (sabe-se de antemão quem tem direito a que) e a negociação entre as partes sempre permite que se chegue a um resultado socialmente ótimo, não importando a quem pertençam esses direitos.

Dando sequência ao exemplo anterior, se ambos os parceiros forem ciumentos, a solução de mercado ótima seria a monogamia, mas, se divergissem no nível do ciúme, o mais possessivo deveria possuir mais dinheiro ou ser sexualmente mais atraente.

Mesmo que todas as relações sexuais passassem pelo mercado, ainda poderia persistir uma forma de prostituição como a que conhecemos hoje, mas quem apostasse em viver disso teria que aceitar não possuir parceiro – a menos que o *partner* fosse alguém igualmente promíscuo e que obviamente não deveria ser ciumento, a menos que pudesse bancar o custo de sê-lo – ou deveria procurar um parceiro menos atraente e pouco ciumento.

Desse modo, a precificação do sexo seguramente levaria a um desajuste dos valores afetivos que definem a relação.

Obviamente, se você é como a maioria dos mortais e se sentiu chocado só de pensar na possibilidade de precificar uma relação que constitui uma parte tão íntima de sua vida, isso se dá justamente porque se trata de uma relação social correspondente a um âmbito *a priori* não mercantil.

Note que deveríamos experimentar a mesma desaprovação toda vez que observamos uma pessoa atravessando de automóvel um sinal no vermelho ou dirigindo a 150 quilômetros por hora, pondo em risco a vida dos outros e eliminando sua culpa ao pagar uma multa que nem sequer é proporcional ao valor do carro.

Embora a questão da precificação das relações sociais admita uma multiplicidade de exemplos, encerrarei este tópico comentando as implicações de um mundo em que os mercados eleitorais tenham sido precificados.

O sistema representativo no qual se baseia a maioria das democracias modernas implica um método de votação que corresponde à conhecida fórmula de *uma pessoa, um voto*. Embora a legislação eleitoral tenha se encarregado de distorcer um pouco essa relação, pode-se dizer que os sistemas de alguma maneira procuram (com muitas aspas) conseguir uma distribuição equânime do poder político de cada cidadão. As economias de mercado que se apoiam no livre jogo da oferta e demanda para a destinação de recursos escassos, ao contrário, estabelecem um sistema de votação submetido à regra de *um dólar, um voto*, segundo a qual o poder fica concentrado de acordo com a disponibilidade de riqueza de cada cidadão.

Assim, se as regras sociais de representação tivessem sido mediadas por dinheiro, viveríamos num mundo no qual os cidadãos votariam transferindo quantias a seus candidatos favoritos, de modo que quem conseguisse reunir a fortuna maior (que depois deveria ser investida no orçamento público) seria o vencedor. Curiosamente, existe a possibilidade inversa, isto é, que os candidatos paguem os cidadãos por seus votos.

Por fim, existe a possibilidade de implementar um sistema misto (qualquer semelhança com a realidade é mera coincidência), em que os cidadãos com particular interesse em determinado político poderiam dar dinheiro ao partido do qual ele faz parte; o partido, por sua vez, poderia comprar os votos dos indivíduos que não manifestaram preferência por um ou outro candidato (os indecisos ou desinteressados), ou os daqueles para quem o direito de escolher um candidato não justificasse gastar dinheiro de seu próprio bolso.

Note-se que um sistema eleitoral precificado poderia funcionar muito bem num mundo em que as pessoas tivessem um nível de renda semelhante, porque, de fato, sob essas condições, a regra *uma pessoa, um voto* seria em princípio tão justa como a que diz *um dólar, um voto*; no caso de sociedades muito fragmentadas socioeconomicamente, porém, a regra mercantil poderia levar a que poucos chegassem a impor sua vontade aos demais simplesmente usando sua fortuna para pagar por isso.

Mesmo num mundo desigual, se o mercado eleitoral funcionasse de forma eficiente, ainda que a maioria não tivesse renda suficiente para influenciar os resultados da eleição, ele contaria de todo modo um importante volume de votos que poderia impor sua preferência. A maioria dos cidadãos mais pobres poderia contratar os serviços de um negociador que vendesse seus votos coletivamente, como fazem os sindicatos quando negociam em grupo os direitos do conjunto de trabalhadores que eles representam.

Alternativamente, se os cidadãos mais pobres tivessem uma forte preferência por determinado tipo de política, poderiam exigir uma quantidade tão grande de dinheiro em troca do voto em um candidato que desejasse implementar políticas contrárias às de sua preferência que somente outro candidato favorável a seus interesses poderia ganhar, uma vez que ninguém seria capaz de acumular a fortuna necessária para compensá-los.

De todo modo, o problema é que não existe nenhuma garantia de que o mercado eleitoral efetivamente funcione de modo eficiente. Inclusive, se fosse assim, o conjunto dos incentivos monetários introduzidos modificaria substancialmente as regras do jogo da política. Ela seria um negócio, e as convicções, uma mercadoria.

Sob essas condições, os partidos políticos se transformariam em meras marcas, suscetíveis de serem promovidas sob modernas regras de marketing, e os cidadãos se transformariam em consumidores que maximizariam sua utilidade ou satisfação, mesmo se isso implicasse votar num candidato que os prejudicasse.

Nós agimos e tomamos decisões de determinada maneira quando uma relação social se dá num terreno diferente do monetário, mas modificamos nosso comportamento quando o dinheiro entra na equação. Raciocinamos de maneira distinta quando temos de lidar com análises econômicas de custo/benefício, dependendo de haver ou não dinheiro envolvido.

O QUE O AMOR TEM A VER COM A ECONOMIA DO COMPORTAMENTO?

Há mais de cinquenta anos, desde o trabalho pioneiro do sociólogo Reuben Hill, se reconhece uma diferença substancial na resposta que homens e mulheres dão à pergunta sobre as preferências no momento de escolher um parceiro. Sistematicamente, os homens demonstram mais interesse pelos aspectos físicos da pessoa, enquanto as mulheres parecem se sentir mais atraídas pela posição econômica do companheiro.

Para descartar a hipótese de que só se observava essa predileção entre estudantes de alguma universidade dos Estados Unidos, o psicólogo social David Buss realizou um estudo transcultural que consistiu em entrevistar indivíduos provenientes de 37 países de culturas distintas, e ele chegou às mesmas conclusões.

Uma explicação plausível para esse fenômeno se apoia no modelo que o economista David Bjerk desenvolveu na Universidade de Claremont, que demonstra que se efetivamente a utilidade marginal da renda é decrescente (ou seja, se a renda do parceiro importa menos quando a situação econômica de quem procura um parceiro é melhor), então a situação ótima consistirá, no caso do par de renda mais alta, em que a pessoa procure alguém que contribua com beleza, e entre aqueles mais pobres que busquem "sócios" em melhor situação e deem menos atenção às aparências.

Assim, que as mulheres priorizem mais a economia do que a biologia seria um resultado circunstancial, fruto do fato de os homens, em média, ganharem mais que elas.

Se a afirmação anterior está correta, não será surpresa que na próxima geração, digamos, em uns 25 anos, os homens venham a escolher as mulheres por sua situação econômica e elas escolham seus parceiros tendo em vista principalmente os aspectos físicos, já que a brecha de educação entre os gêneros está se fechando, e é muito provável que a situação logo se inverta, fazendo, portanto, que as mulheres passem a ter salários maiores que os dos homens.

Naturalmente, essa mudança modificaria a morfologia de uma das relações sociais mais antigas: a prostituição. A venda de sexo se encaixa perfeitamente no modelo explicativo de Bjerk, pois, se é correto que um dos parceiros considera principalmente o aspecto físico, então não convirá a ele assumir o compromisso que implica uma relação, e poderá maximizar seu bem-estar simplesmente pagando para obter aquilo que realmente lhe interessa.

Não deveria nos surpreender que nos próximos anos o mundo das relações apresente grandes transformações, num contexto caracterizado por uma crescente quantidade de mulheres cada vez mais interessadas no aspecto físico de seus companheiros e um número cada vez maior de homens ávidos pela proteção (e provisão) que o compromisso implica.

É possível que, metodologicamente, não venha a ser fácil para os pesquisadores sociais detectar esses novos padrões de comportamento, mas para os economistas deveria ser mais fácil percebê-los no mercado dos serviços sexuais, pois a tendência deveria se traduzir em um aumento da prostituição masculina e em uma demanda maior de produtos ligados aos cuidados e à beleza do homem (incluindo, naturalmente, as cirurgias estéticas).

Evidentemente deverão estar em operação outras forças sociais que possam contribuir para gerar tanto um aumento da prostituição masculina como uma tendência maior para considerações estéticas por parte das mulheres, mas a variabilidade de rendimentos relativos e a diminuição das brechas salariais entre os sexos nas diversas regiões do planeta deveriam servir para isolar o efeito puramente econômico.

É claro que a assimetria de preferências mencionada no início deste tópico poderia muito bem ser um resultado artificial, produto de falhas no processo de investigação.

Os psicólogos Richard Nisbett e Timothy Wilson, por exemplo, provaram em muitas experiências que existe uma diferença entre aquilo que as pessoas dizem que gostam e o que de fato acabam escolhendo. Assim, seria bem mais ilustrativo analisar o modo como homens e mulheres efetivamente escolhem seu parceiro em contextos reais.

Tendo em mente esse objetivo, Paul Eastwick e Eli Finkel, em recente artigo publicado no *Journal of Personality and Social Psychology*, organizaram um evento de *speed dating* (em português, encontro rápido) no qual 163 estudantes universitários tiveram entre 9 e 13 encontros aleatórios de 4 minutos de duração.

Depois, durante o mês que se seguiu à reunião, fez-se um acompanhamento para avaliar como estavam as relações que haviam se formado naquela oportunidade. Os resultados mostraram que, embora antes dos encontros os participantes tivessem expressado o mesmo padrão de preferências anteriormente descrito, os relacionamentos que se formaram não coincidiram com aquilo que haviam dito que desejavam; ou seja, não se observou correlação entre o sexo do participante e a preferência pela situação econômica ou pelo aspecto físico do companheiro ou companheira.

Em outro estudo famoso, o professor Dan Ariely, especialista em economia do comportamento, analisou, com Günter Hitsch e Alí Hortacsu, uma base de dados de 23 mil usuários de um famoso site de encontros da internet. O interessante da pesquisa foi que os autores conseguiram identificar tanto a quantidade de mensagens enviadas e recebidas por todos os participantes do site como a quantidade de vezes que seu perfil havia sido consultado por outras pessoas. Eles foram até mesmo capazes de detectar se em suas mensagens os interessados haviam trocado informações sobre seus dados de contato ou endereço de e-mail.

Os resultados dessa pesquisa são muito interessantes. Observou-se que 10% da população masculina mais atraente enviam mensagens a apenas 5% de mulheres feias ou do grupo geral e só aumentam seus envios quando as candidatas em questão estão entre os 30% das mulheres mais bonitas.

O homem médio, por sua vez, também presta pouca atenção nas mulheres menos favorecidas esteticamente, mas seu interesse cresce de maneira mais equilibrada, razão pela qual uma jovem "de 6 pontos" e uma "de 5 pontos" têm as mesmas chances de receber sua atenção que a mulher mais linda do escritório, mas a de 6, graças a seu ponto de vantagem, ganha com mais facilidade os favores do homem-padrão, que habitualmente é rejeitado pela mulher "de 9 ou 10 pontos".

De sua parte, os homens mais feios agem de modo bastante semelhante aos demais, mas não se animam a tentar conquistar as mulheres que fazem parte das 20% mais bonitas.

As mulheres, embora mais resistentes a mandar correios eletrônicos, têm um perfil bastante homogêneo, independentemente de seus atributos físicos. Sem importar o tipo de homem em que você se enquadre, há o dobro de possibilidades de que uma mulher feia lhe escreva, mas se por sorte você foi dotado dos atrativos físicos de um ator de Hollywood, tenha cuidado, pois 100% das mulheres tentarão conquistá-lo.

É interessante observar que, em termos de quantidade de mensagens, em regra as damas recebem seis vezes mais mensagens que os cavalheiros. Na hora de avaliar as respostas, 40% das mensagens enviadas por um homem médio são respondidas, enquanto uma mulher comum e simples obtém 70% de respostas.

Obviamente, há diferenças de qualidade substanciais. Até mesmo as mulheres mais feias contam com a possibilidade de obter resposta para 1 em cada 2 e-mails enviados, o que se justifica porque elas se comportam como os homens ao responder a pelo menos 40% das solicitações. Por outro lado, as que se situam entre as 30% mais bonitas respondem apenas cerca de 15% a 25% das mensagens, obtendo até 30% de respostas quando se trata de candidatos de muito boa aparência.

A diferença de idade também exerce grande influência nas decisões dos participantes e prejudica de modo especial os homens mais jovens e as mulheres mais velhas (seis anos de diferença entre os participantes equivalem a uma queda de uns 25% no *ranking* de beleza). Por outro lado, incluir no perfil uma foto é uma medida bastante benéfica, mas, enquanto para eles as respostas crescem uns 50%, no caso das mulheres as respostas recebidas se duplicam.

Até aqui os resultados são interessantes, mas vejamos qual é o impacto da aparência em relação ao dinheiro. O aspecto físico (que se avalia mediante pontuação atribuída por juízes neutros que observam a foto da pessoa) é estatisticamente, e de longe, o mais importante atributo para previsão de resposta para ambos os sexos.

A altura e o índice de massa corporal também têm importância, mas no sentido oposto de acordo com o sexo: os mais prejudicados no caso são os homens muito baixos e as mulheres exageradamente altas.

A posição econômica é importante no homem, mas só quando sua renda ultrapassa os 52 mil dólares anuais (que é mais ou menos a renda média nos Estados Unidos).

A cada 10 mil dólares de aumento na renda, cresce em 7% a chance de receber resposta de e-mail. Por outro lado, no caso das mulheres, sua renda importa relativamente menos, com prejuízo apenas para aquelas de recursos escassos.

Mais interessante ainda é que parece haver uma tendência a procurar semelhança no parceiro. As mulheres que atribuem mais importância ao dinheiro são as que possuem renda alta e, surpreendentemente, são também as que compõem os 50% das mulheres mais feias entre a população. Essa tendência também é observada quando se consideram as preferências pelo nível de educação dos parceiros: as mulheres preferem, decididamente, homens que tenham o mesmo nível de educação delas ou superior, como ocorre também com homens que não têm nível superior; mas quando se trata daqueles com nível universitário, o grau de instrução da mulher não importa.

Finalmente, os resultados dessa pesquisa mostram que o modelo que leva em conta a aparência, a renda e a educação explica o comportamento dos homens em 44%, enquanto sua capacidade preditiva sobe para 29% no caso das mulheres.

Pode parecer que quando as pessoas procuram com grande interesse um parceiro, elas considerem a aparência e a posição socioeconômica dos candidatos, mas quando se deparam circunstancialmente com vários tipos de pessoas, elas acabam admitindo a importância de outros aspectos talvez mais vinculados com a personalidade.

É claro que a análise que fizemos até aqui é bastante linear e perde de vista um aspecto fundamental das relações entre as pessoas: o engano, cujas causas e consequências delimitam um terreno no qual a economia e a psicologia novamente andam juntas.

Helen Fisher, em seu livro *Anatomia do amor*, nos apresenta o tema quando diz que "a monogamia é rara entre os mamíferos porque, para o macho, geneticamente não convém ficar com uma só fêmea quando pode copular com várias e transmitir mais de seus genes à posteridade". A fêmea, por sua vez, não pode engravidar de mais de um homem ao mesmo tempo, de modo que não vê vantagens genéticas na poligamia, pelo menos enquanto estiver carregando o fruto de sua última relação.

No entanto, não basta emprenhar a fêmea. Além disso, é preciso garantir que ela possa se alimentar corretamente até que ocorra o nascimento da descendência, e convém ainda garantir alguma proteção para os filhotes até se estar mais ou menos seguro de que eles poderão sobreviver sem grandes sobressaltos.

É aqui que a análise se torna interessante: não só a poligamia não significa benefícios genéticos para a fêmea como ela tem mais um incentivo para manter ao seu lado o macho escolhido, porque ele pode prover os recursos alimentares para ela e sua prole. No caso do macho, a lógica indica que haverá múltiplos equilíbrios.

Você está se perguntando o que significa tudo isso? Explico.

O macho alfa da manada permanece incentivado a acasalar com quantas fêmeas cruzarem seu caminho porque, embora não tenha certeza de sua paternidade em cada caso, sabe que seguirá emprenhando mais fêmeas que a média de sua espécie.

Por sua vez, os exemplares mais submissos estão em desvantagem e, portanto, precisam de outros recursos. Eles podem "comprar" o acesso às fêmeas ao assegurar a provisão de recursos alimentares e de proteção para elas e sua descendência em troca de alguma garantia de paternidade: a fidelidade. Nasce então a monogamia entre os mamíferos.

Ora, machos e fêmeas também têm incentivos para enganar e sair de fininho do acordo desde que não arrisquem sua vigência. O macho que circunstancialmente pode copular com outra fêmea consegue transmitir maior quantidade de genes a gerações vindouras.

E ainda que um macho provedor possa ter a preferência da fêmea em detrimento do macho alfa, o melhor negócio para a fêmea é ficar com os dois, jurando amor eterno ao submisso provedor enquanto faz o possível para que seja o macho alfa que, em última instância, dê a contribuição genética à sua descendência.

No entanto, é preciso ter presente que o ser humano não é um mamífero qualquer; possui cultura, ou seja, religião e regras morais, podendo ainda acumular recursos, embora esse seja um fenômeno relativamente recente na história de nossa evolução como espécie.

Gary Becker, Prêmio Nobel de Economia, afirma que as famílias são unidades de produção (uma espécie de empresa) que em conjunto produzem bens. De um ponto de vista estritamente econômico, um indivíduo maximiza sua utilidade se puder ter acesso ao maior conjunto de bens possível fazendo o menor esforço, de modo que, segundo esse enfoque, o melhor que poderia acontecer a alguém seria conseguir um parceiro muito mais produtivo, para ficar sentado desfrutando o dinheiro do outro.

Esse não é, porém, um equilíbrio possível, porque nunca convirá a uma pessoa hiperprodutiva se juntar a outra folgada. Então, se não existissem os genes nem fôssemos, em última instância, mamíferos, as famílias seriam formadas por pessoas com nível de produtividade semelhante. Afinal, ninguém quer um "sócio" preguiçoso ou pouco inteligente. Contudo, os genes nos mobilizam na direção de pessoas atraentes, do mesmo modo que, sobretudo à mulher, interessa encontrar um homem com capacidade provedora.

Então, onde está o engano nos casais *Homo sapiens sapiens*?

No ano de 2008, o professor Daniel Kruger, da Universidade de Michigan, orientou um estudo transcultural para determinar os padrões de preferência das mulheres nas relações pessoais. A Argentina fez parte da amostra, e eu tive a responsabilidade de levar adiante o trabalho local.

Quanto aos resultados dessa pesquisa, as mulheres de Estados Unidos, Croácia, Israel, Coreia do Sul e Argentina se referiram sistematicamente a sujeitos que representavam o estereótipo do homem atraente, agressivo e pouco predisposto a assumir compromisso (o macho alfa) como os candidatos ideais para uma aventura, e àqueles que apresentavam um perfil afável, carinhoso, protetor e pouco agressivo (submisso) como os ideais para estabelecer uma relação de longo prazo.

Uma segunda pesquisa foi publicada. Sua autora, a socióloga Christin Munsch, da Universidade Cornell, estudou os padrões de infidelidade em homens e mulheres estadunidenses e sua relação com a disparidade de renda do casal. Os resultados não poderiam ser mais polêmicos: seus achados indicam que os homens têm mais tendência a enganar as mulheres quando ganham bem menos que elas, porque, segundo as palavras da autora, essa situação "ameaça a identidade masculina, questionando a imagem de *ganhador* do homem".

Contudo, eles também demonstram tendência a enganar com mais frequência as mulheres quando ganham bem mais que elas, presumivelmente porque as mulheres estariam numa posição mais vulnerável e, além disso, o homem teria fartos recursos para gastar com outras pretendentes. No que diz respeito às mulheres, o estudo indica que elas têm mais tendência a ser fiéis quando ganham menos que o parceiro.

No fim das contas, parece que não somos tão diferentes dos animais. Nós, homens, buscamos uma parceira para garantir que ela reforce a nossa identidade de machos e para obter garantias no caso de pretendermos ser pais, mas trapaceamos se nossa garantia cambaleia, se não precisamos dela porque somos o macho alfa ou se temos dinheiro de sobra para prover com recursos mais de uma candidata.

As mulheres, por sua vez, reforçam o vínculo à medida que sua dependência aumenta, mas se procuram um candidato a uma aventura dificilmente escolherão aquele que as presenteia com rosas ou lhes abre a porta do carro: optam pelo perfil próprio do macho alfa, de excelente aspecto físico e elevado nível de agressividade.

Finalmente, se as brechas econômicas entre homens e mulheres mantêm a atual tendência, é provável que nos próximos anos tenhamos que mudar os últimos dois parágrafos, substituindo "ele" por "ela", e vice-versa.

PSICOECONOMIA DAS FINANÇAS FAMILIARES

Vestindo um macacão azul que já passara por melhores dias, o técnico confirma a má notícia: "A geladeira não tem conserto". O casal leva as mãos à cabeça, porém, como se tivesse a solução, o marido abre o armário e se põe a escolher entre a infinidade de pastas e caixas que entesouram diversos fundos: dinheiro para as férias de verão, reserva para o aniversário de 15 anos da filha e as moedas reunidas para pagar o terapeuta. O comercial de um conhecido banco exibido em todos os canais de televisão logo viralizou nas redes sociais, procurando ilustrar os benefícios de um cartão de crédito com a promessa de tirar a pessoa do apuro, mas em rigor exibe de corpo inteiro um comportamento habitual aqui ou na China: as contas mentais separadas.

Segundo supõem os livros de economia, cada um de nós é um grande contador que mantém um balanço geral no qual computa receitas, despesas, ganhos e perdas. A partir do resultado global dessa folha de cálculos é possível determinar o resultado de nossas ações (o que nosso cérebro traduzirá, por sua vez, em utilidades).

Isso permite que se tomem decisões econômicas importantes. Entretanto, o que se observa na realidade são comportamentos muito curiosos (embora paradoxalmente habituais) que parecem questionar a tarefa do contador que cada um tem dentro de si.

Você, por exemplo, usa cartão de crédito? Tem dinheiro depositado em caderneta de poupança? Do ponto de vista da racionalidade econômica, é provável que você responda afirmativamente apenas a uma das duas perguntas, mas é pequena a probabilidade de que responda sim a ambas.

De igual modo, não teria sentido depositar suas economias com prazo fixo, o que lhe renderia juros de 10,8% se isso o deixaria sem liquidez e o obrigaria a financiar suas compras pagando os 333,6% de juros do cartão de crédito.

No entanto, há muitas pessoas que mesmo assim fazem isso.

Richard Thaler demonstrou que esse e outros comportamentos igualmente curiosos emergem como consequência do fato de que a contabilidade mental das pessoas funciona em compartimentos: temos várias contas mentais que controlamos separadamente.

Por favor, acompanhe-me uma vez mais num percurso pelo cassino.

Entramos. Vamos direto aos caixas e trocamos 58 dólares por fichas. As roletas estão carregadas, e mediante uma gorjeta conseguimos escolher uma cor para começarmos a apostar no número que selecionamos. A sorte se esgueira, e 25 minutos depois já estávamos sem dinheiro. Voltamos para casa engolindo em seco, contrariados, pensando em tudo o que poderíamos ter comprado com os 58 dólares.

No dia seguinte, voltamos com outros 58 dólares, mas dessa vez com a sorte ao nosso lado. Ficamos jogando por quase uma hora e ganhamos 1.160 dólares. Animados e alegres, pedimos um uísque e continuamos, só que dessa vez mais agressivamente, apostando alto. Afinal, estávamos jogando com dinheiro do cassino, não é?

Um momento. Espere um pouco. Vamos raciocinar por um instante. Que negócio é esse de que estamos jogando com o dinheiro do cassino? Afinal, nós não o ganhamos? Se fôssemos embora, poderíamos trocar as fichas por dinheiro e voltar para casa.

Tudo isso lhe parece familiar? Se a resposta é "não" é porque você nunca ganhou num cassino. Para o restante dos mortais que concorda que ganhamos, essa situação é até habitual: embora o dinheiro ganho seja nosso e os 1.160 dólares sirvam para comprar exatamente o mesmo que poderíamos adquirir com essa mesma importância ganha com alguns meses de trabalho, damos a eles um tratamento completamente diferente, e inclusive é provável que gastemos esse dinheiro em compras que não faríamos se, em vez de termos ganhado esse montão de dinheiro na roleta, nós o tivéssemos obtido como um bônus salarial.

Sigamos adiante com a representação do jogo no cassino. Suponhamos que você continue jogando, convencido de que é seu dia de sorte, mas o azar lhe apronta uma e você perde tudo. Quase tudo. Quando lhe restam os últimos 116 dólares, sua mulher o obriga a parar de jogar e trocar as últimas fichas por dinheiro.

Duas coisas ocorrerão: a primeira delas é que, embora você saia do cassino com mais dinheiro do que quando entrou, não estará mais feliz (ao contrário, é provável que esteja amargurado). Em segundo lugar, vai gastar esse dinheiro de forma muito diferente da que escolheria se o tivesse recebido trabalhando. Habitualmente, é isso que as pessoas costumam fazer com o dinheiro ganho no jogo; elas se permitem gostos que haviam deixado para mais adiante e gastam demais em coisas que nem se estivessem loucas comprariam com seu salário.

Está certo, sei que muitos de meus leitores nunca entraram num cassino, então usarei um exemplo diferente.

Voltemos ao nosso consumidor racional que maximiza utilidades. Esse homem recebe um salário de 872 dólares por mês, de modo que ao final de um ano de trabalho junta 11 mil dólares, os quais deve destinar à aquisição de bens e serviços para conseguir ter o máximo de bem-estar possível. No ano seguinte, muda de emprego, agora com um salário de 872 dólares mensais e um salário adicional de 864 dólares no final do ano, de modo que continua recebendo os mesmos 10.460 dólares (peço licença pela simplificação, embora nós, economistas, ensinemos que receber a mesma importância em dinheiro em momentos distintos não é exatamente a mesma coisa).

Em tese, o consumidor deveria comprar o mesmo nos dois casos, não é? Contudo, sistematicamente as pessoas incluem em contas mentais separadas a renda do salário de bônus, destinando esse último a compras que não fariam com o salário mensal. Parece que as pessoas não gostam de misturar contas diferentes, por mais que o dinheiro seja um só, não importa sua origem. Como resultado, trocas de moeda de montante semelhante, mas registradas em contas mentais diferentes, podem gerar efeitos distintos sobre a nossa utilidade.

Esse resultado é particularmente interessante porque os governos podem manipular o modo como é pago o salário adicional; poderia ser estabelecido como um único pagamento anual ou em doze parcelas mensais que se somariam ao salário. No primeiro caso, as pessoas lidariam de maneira muito diferente com esse dinheiro, como se fosse uma renda extraordinária, economizando mais ou gastando em coisas que não comprariam com o salário. No segundo caso, se o salário de bônus fosse pago mês a mês, as pessoas acabariam incorporando-o como um ganho comum, como o salário, gastando, portanto, uma parte muito maior dele.

Desde que eu era pequeno, o fenômeno das contas mentais separadas sempre me tocou de perto. Lembro-me de quando meus irmãos e eu éramos adolescentes e nosso pai nos dava dinheiro para nossos gastos. Se um de nós lhe pedia 6 dólares uma vez por semana, ele se angustiava e parecia reticente para entregar o dinheiro, o que parece lógico, considerando que ele bancava os quatro filhos. Mas o curioso é que não havia nenhum problema se cada um lhe pedisse 2 dólares por dia durante os sete dias da semana. Claramente, meu pai fazia contas mentais diárias, e era em torno delas que organizava suas finanças.

Muitas pessoas possuem rendas específicas que destinam a determinados gastos e se permitem usar o dinheiro mais livremente quando ele provém de certas atividades, ao mesmo tempo que se censuram quando ele vem de outra fonte.

Se nenhum dos exemplos anteriores lhe pareceu apropriado, os restaurantes são extraordinários laboratórios nos quais se podem observar esses comportamentos. Em muitos lugares são cobrados à parte os talheres e o serviço de mesa, ou acrescentam um valor à conta se for pedido pão ou creme extra na sobremesa. Parece que muitas pessoas acham razoável pagar separadamente várias contas pequenas, mas não entrariam no local se todos esses custos estivessem discriminados no valor do prato principal.

Prosseguindo com os exemplos de restaurante, quem não conhece um garçom que administre de modo distinto o dinheiro proveniente de seu salário e o que obtém com as gorjetas?

Afinal de contas, os clientes também têm comportamentos semelhantes. A mesma pessoa que à tarde caminha cinco quarteirões para tomar um café de 70 centavos em vez de um de 2 dólares, à noite não é capaz de atravessar a rua para jantar por 7 dólares, pois prefere desembolsar 8 dólares no local que acabou de ver.

Suspeito que as contas mentais separadas sejam uma consequência direta de nossos limites cognitivos de processamento da informação, aos quais se soma o fato de que muitas vezes definimos de modo separado um conjunto de objetivos e os meios ou planos apropriados para alcançar cada um deles. Trata-se da nossa maneira particular de lidar com a necessidade de fazer a análise custo/benefício, cujas conclusões motivam nossas ações.

ATENÇÃO PARA A PUBLICIDADE E AS PROMOÇÕES

Pode ser que você conheça Miguel Brascó (1926-2014) por alguma de suas obras literárias ou o tenha visto na tevê falando de uma de suas paixões: os vinhos. Em 1992, esse *bon vivant* grisalho, oriundo de Puerto Santa Cruz, organizou a bem-sucedida feira de alimentos finos, a Expo Gourmandise, na qual o famoso *chef* Francis Mallmann debutava como produtor de geleias cuja marca trazia seu nome. Javier González Fraga, que pouco antes passara pela presidência do Banco Central, lançava na mesma feira seu altamente bem-sucedido doce de leite La Salamandra.

Alguns dias antes do evento, Francis pediu a Javier que lhe mandasse uma boa quantidade de doce de leite para que ele o acondicionasse e vendesse como "doce de leite Mallmann".

Os caprichos do acaso fizeram que o estande do La Salamandra ficasse bem em frente ao das geleias do conhecido *chef*, e, embora milhares de visitantes tivessem provado os dois produtos durante os sete dias de duração da feira, nem uma única pessoa se deu conta de que era o mesmo produto.

O interessante foi que as mulheres gostaram mais do produto de Mallmann, que custava o dobro do preço, enquanto a escolha dos homens tendeu mais para o produto embalado por González Fraga.

Sem dúvida, essa não é uma evidência suficiente para que se conclua que as mulheres decidem suas compras pela marca. Talvez elas sejam mais sensíveis a usar o preço como indicador de qualidade, e os homens, ao contrário, sejam mais utilitaristas.

A ideia de que a embalagem pode influenciar nossa percepção se choca com o princípio de modularidade de Fodor[1], mas foi posta em prática de modo muito bem-sucedido pela Pepsi ao lançar um teste cego no qual os participantes deveriam identificar a bebida que tomavam sem ver a garrafa.

A influência do preço no gosto dos consumidores, por sua vez, foi testada empiricamente por Antonio Rangel, neurocientista do Instituto Tecnológico da Califórnia, que serviu a vinte voluntários várias amostras de diferentes vinhos identificados apenas por uma etiqueta com o preço, cujos valores variavam de

1. De acordo com a teoria modular de Fodor, o ser humano nasce com um módulo social que lhe permite adquirir a psicologia popular da cultura na qual está inserido.

5 a 95 dólares por garrafa, passando por preços intermediários de 10, 37 e 47 dólares.

Os participantes não só declararam sistematicamente ter experimentado mais prazer quando bebiam das garrafas mais caras como uma área do cérebro chamada córtex medial orbitofrontal, que participa da avaliação da utilidade, mostrava níveis mais altos de ativação, confirmando que realmente os vinhos mais caros tinham sabor melhor.

Mas Rangel e seus colegas resolveram fazer uma pegadinha, trocando aleatoriamente as etiquetas das garrafas, e assim o vinho de 90 dólares ficou com a etiqueta do de 10, e o de 5 dólares trazia a identificação de 35.

Resultado: as pessoas continuaram achando melhores os vinhos que tinham as etiquetas mais caras, quando o que havia na garrafa era um produto de 5 ou 10 dólares. E o mais curioso foi que os estudos de neuroimagem confirmaram que de fato elas haviam gostado mais dos vinhos com etiquetas mais caras, independentemente de, na realidade, serem baratos ou caros.

Essas duas provas nos mostram que a publicidade é um dos campos mais apaixonantes para se observar o comportamento humano em pleno funcionamento.

De um ponto de vista absolutamente racional se poderia pensar que as campanhas publicitárias se destinam a informar as pessoas sobre as boas qualidades dos produtos que se quer comercializar, porém a realidade está longe disso. É raro encontrar uma campanha bem-sucedida que use essa abordagem em sua comunicação.

Quando comecei a trabalhar na área de marketing político, tive de assessorar um candidato que desejava que o principal *slogan* da campanha desse destaque à sua honestidade. Recusei a ideia, e não por achar que ele não fosse um homem honesto nem por não acreditar que a honestidade é uma virtude importante, mas porque sei que o eleitor mediano não presta atenção ao que os políticos afirmam, e, além disso, porque ninguém vai acreditar que uma pessoa é honrada só porque isso está escrito num cartaz, ainda mais quando se trata de um político e a eleição se aproxima.

Também não creio que se trate de um atributo importante numa eleição, principalmente em momentos em que muita gente considera natural e inevitável que os políticos roubem, valorizando a ideia de que pelo menos "façam algo".

Sei que há gente que acha inaceitável que na hora de "vender" um político a honestidade não tenha importância. Duplico a aposta: a vida e a morte importam na hora de adquirir um bem ou serviço? Os autores da lei que exige que os maços de cigarros e a publicidade de marcas desse produto tragam impresso um aviso como "Fumar é prejudicial à saúde" acreditam que sim. Enquanto isso, os donos das fábricas de cigarro dissimulam o riso, já que não há nenhum fumante que tenha abandonado o hábito por causa da campanha. E tem mais: Martin Lindstrom provou a ineficácia dessas advertências em vários estudos de neuroimagem nos quais era possível ver que as áreas do cérebro associadas ao perigo e à evitação de comportamentos de risco (as áreas límbicas) não eram ativadas quando os fumantes viam os anúncios.

Você já viu alguma publicidade de automóvel? Dificilmente se encontram nelas informações referentes aos quilômetros rodados, como: o consumo, a autonomia, os custos de reposição de peças, a duração do motor, o tamanho do porta-malas etc.

Além disso, quando se compra um carro, a modelo do anúncio não vem com ele.

E a publicidade de tecidos? Já notou alguma menção à procedência do algodão, ao método de costura, à resistência às lavagens ou ao modo como deve ser passado a ferro? Eu poderia continuar citando uma infinidade de exemplos, mas estou certo de que você já percebeu a ideia geral do que quero transmitir. Não, a publicidade não é informativa. E não é porque nós, seres humanos, não somos supercomputadores capazes de processar toda a informação importante para tomar decisões no dia a dia.

Os pesquisadores não entram em acordo a respeito da quantidade de marcas e logotipos que enfrentamos a todo momento. Alguns afirmam que nos relacionamos com centenas de marcas em poucas horas, e outros sustentam que são milhares.

Faça um exercício. Pense em todas as marcas com as quais você interage ao longo de um dia.

Acorda ao toque do despertador Casio, levanta-se do sofá Piero, calça as sandálias Havaianas, vai para o banheiro, que tem azulejos Durex, abre as torneiras Ferrum, toma banho com sabonete Dove, lava os cabelos com xampu Pantene, usa desodorante Rexona, prepara um café Cabrales, preparado numa cafeteira Philips, come torradas Criollitas com geleia de La Campagnola e manteiga La Serenisima, lê o jornal *Clarín*, abre um portão com fechadura Trabex, entra em seu Chevrolet e sai para a rua. Se você já está se aborrecendo com isso, perceba que nem mencionei marcas de geladeira, roupas, cosméticos, sapatos, escova de dente, celular, agenda, torradeira, ar-condicionado, do condomínio onde você mora e muitas outras.

Você tem contato direto com uma imensa quantidade de marcas só na primeira hora do dia, mesmo antes de ter saído de casa. Calcule, além disso, as centenas de publicidades e de marcas com que você se depara enquanto folheia o jornal ou assiste ao telejornal das 7 horas e multiplique isso pelas dezesseis horas em que se mantém acordado. Evidentemente, nenhum cérebro tem capacidade para absorver, armazenar, processar e comparar todas as informações importantes contidas nas milhares de marcas com as quais entramos em contato todo dia.

Vimos que nossa cognição tem grandes limitações e que ela funciona a partir de um conjunto de regras ou heurísticas que nos permite organizar toda essa massa de informação do modo mais eficiente possível. Nossa mente possui basicamente um rápido mecanismo de generalização e categorização que é auxiliado por um conjunto de emoções que resume parte da informação disponível e pré-configura nossas decisões.

Quem talvez tenha compreendido melhor como aplicar esses conhecimentos à publicidade foi Al Ries, que escreveu o que, a meu ver, é a bíblia da publicidade: *Posicionamento: a batalha por sua mente*. Nesse livro, Ries imagina a mente humana de um modo que me lembra aquelas mulheres de Dalí que tinham por todo o corpo várias gavetas que representavam seus segredos. Só que, segundo Ries, cada gaveta de nossa mente está reservada para uma categoria de produtos que, por sua vez, se organiza em várias prateleiras nas quais as marcas se posicionam.

Qualquer pessoa pode fazer um simples exercício de evocação de marcas para determinar como estão organizadas as prateleiras de sua mente. Pense, por exemplo, nos refrigerantes. A maioria das pessoas vai citar Coca-Cola, Pepsi, Sprite, Fanta, 7 Up e outros. Pense em políticos, automóveis, tênis. Em todos os casos, uns poucos nomes ou marcas vão aparecer nas primeiras estantes, e vai ficando cada vez mais trabalhoso continuar acrescentando nomes pertencentes a cada categoria.

Assim, a ideia de Ries é que organizamos nossa realidade em "compartimentos", ou "gavetas", nos quais enviamos a informação nova depois de classificá-la. A informação nova acaba indo parar nos compartimentos inferiores de cada gaveta, ficando cada vez mais difícil encontrá-la ou recuperá-la de imediato quando nossa mente tentar evocar membros de determinada categoria, posto que haverá outras marcas que antes já se posicionaram nos primeiros lugares.

Pode-se dizer que as novas marcas deverão "pagar direito a pavimento" até que eventualmente consigam se colocar em posições de expectativa, que são as que usualmente consideramos na hora de tomar uma decisão.

Se Ries está certo e nossa mente funciona como um desses arquivos com classificadores encontrados em alguns escritórios, então as marcas devem descobrir que atributos as pessoas usam para classificar os produtos a fim de se posicionarem em determinado segmento do mercado.

Naturalmente, quanto menos desenvolvido estiver determinado ramo de atividade, mais fácil será se colocar nos primeiros lugares de acessibilidade mental. Assim, será muito mais difícil instalar na mente do consumidor uma nova marca de refrigerante (como sabe bem o pessoal da fábrica de bebidas argentina Manaos) do que uma marca que ofereça refrescos de banana engarrafados, uma vez que as pessoas já têm várias marcas em mente com relação ao primeiro produto, mas não há sequer uma categoria (uma gaveta mental) que corresponda ao segundo. Quem inaugurar uma categoria vai disparar na frente em termos de vantagens.

Sendo assim, antes de classificar um produto numa categoria (o que normalmente se faz de modo quase automático), devemos dirigir nossa atenção para ele. Gosto de fazer uma analogia com um bibliotecário que deve organizar um arquivo enorme. No conto *A biblioteca de Babel*, de Borges, existia um catálogo completo que continha todas as obras, mas na realidade essa era uma tarefa titânica, impossível.

O homúnculo que vive em nosso cérebro e é encarregado de nossa organização mental (valha a metáfora) forçosamente deve sistematizar a máxima quantidade de informação possível segundo suas próprias restrições de capacidade de trabalho, incluindo determinada informação e descartando outra sobre a base de algum critério de importância que normalmente vai estar determinado pelos interesses de cada um.

Em outras palavras, dirigimos nossa atenção a uma pequena parte da informação que nos rodeia; e também não dispomos de tempo para analisar detidamente cada dado da realidade antes de decidir se o armazenaremos em algum lugar ou o ignoraremos por completo. Nosso sistema de atenção é um porteiro extremamente zeloso, que deve funcionar de acordo com regras muito simples, gerais e consequentemente imperfeitas.

Assim sendo, a comunicação de qualquer produto deve ser ao mesmo tempo suficientemente simples e original, a fim de chamar a atenção. Portanto, deve conter a justa quantidade de informação para produzir uma rápida classificação em alguma categoria mental e, finalmente, deve ter o poder necessário para galgar posições dentro do segmento, na categoria correspondente.

Essa é a razão pela qual nenhum candidato político bem-sucedido fala de sua plataforma na propaganda eleitoral. Fazer isso não só demandaria muito tempo como também nos forçaria ao uso de informação com uma alta complexidade cognitiva de processamento. A atenção de 90% do eleitorado simplesmente se dispersaria para poder lidar com tantos outros dados de igual ou maior relevância para o cidadão.

Do mesmo modo, ainda no caso de que a campanha passe pela barreira de atenção do indivíduo, o sistema executivo central deve classificar o produto e posicioná-lo em ordem na estante. Se a mensagem for muito geral, por exemplo, "Juan Pérez 2015", provavelmente irá se somar à categoria "políticos", na posição 328. Se, ao contrário, o registro for "Juan Pérez mete bala", a categoria será mais específica: por exemplo, "político-segurança", em cujo caso presumivelmente Juan Pérez possa aspirar a ocupar um dos primeiros lugares (isto é, os primeiros compartimentos) da categoria correspondente.

Às vezes a aposta publicitária pode ser mais forte. Pode-se propor uma mensagem com tom de novidade que, caso passe pela barreira da atenção, obrigará o executivo central a criar uma categoria nova, mesmo que para conseguir isso tenha que atravessar os filtros de atenção dos potenciais votantes, correndo o risco de eles acabarem ignorando diretamente a mensagem. Ocorre-me, por exemplo, a seguinte mensagem: "Um costureiro para o Congresso: Juan Pérez 2015". Nesse caso, não se trata de um político em geral, sendo preciso criar a categoria específica "político do setor têxtil", na qual Juan Pérez certamente ocupará a primeira posição.

Apesar disso, o problema é que o sistema cognitivo não pode criar infinitas categorias, já que isso ameaçaria contrariar as vantagens do próprio processo de categorização e resultaria em enormes esforços na hora de buscar a informação desejada. Por essa razão, na hora de lançar uma novidade ou de dar um aviso, os publicitários devem estudar o mapa mental dos potenciais consumidores para determinar qual é a melhor estratégia de posicionamento. É claro que a informação deve ser sutil. O processo de categorização e de posicionamento é elaborado pelas pessoas e torna-se dificilmente assimilável se vier "empacotado". Essa é a razão pela qual não aprovo mensagens como "Juan Pérez é honesto" ou "Juan Pérez é oposição".

É verdade que provavelmente há as categorias "político honesto" ou "político da oposição", mas não são grupos nos quais um candidato possa ingressar simplesmente por declarar que pertence a eles. Talvez seja mais efetivo transmitir uma mensagem como: "Prisão perpétua para os responsáveis por atos de corrupção. Juan Pérez 2015" ou "Se você está de acordo com o atual governo, não vote em Juan Pérez". São ambas mensagens suficientemente fortes para ultrapassar a barreira da atenção, e, nos dois casos, tornam-se amigáveis na hora de ser categorizadas.

Já dei inúmeros exemplos na área de marketing político, mas as ideias que desejo transmitir são facilmente generalizáveis e podem ser aplicadas a qualquer produto, cada um com suas particularidades, que vão por sua vez depender do grau em que um conjunto de pessoas compartilhe o mesmo mapa, ou seja, o mercado do produto. Isso se dá porque uma coisa é criar uma campanha destinada a um produto de consumo de massa que, presumivelmente, é representado da mesma maneira na mente de centenas de milhares de consumidores que possuem mapas mentais semelhantes, e outra coisa bem diferente é dar a um produto um perfil cuja representação na mente dos consumidores não é necessariamente nem homogênea nem coincidente, como ocorre, por exemplo, quando se quer vender uma obra de arte.

Assim, uma nova marca de fraldas vai direcionar uma mensagem bastante homogênea para um público representado por uma mãe ou um pai jovem com filhos recém-nascidos, enquanto uma marca de tênis esportivos também vai se dirigir a um segmento com representações mentais homogêneas, composto por pessoas que praticam atividades físicas. Por sua vez, uma produtora de conteúdos multimídia, por exemplo, deverá pensar numa comunicação mais diversificada, já que é bem provável que os vários clientes tenham modelos mentais bem diferentes.

Logicamente, os mapas mentais diferem de um grupo de consumidores para outro, uma vez que tanto o organizador de categorias quanto o filtro de atenção têm objetivos distintos em cada caso. Assim, quanto mais de massa for o produto e quanto menos importância tenha sua compra no orçamento (ou na saúde da pessoa), muito mais geral e homogênea será a categoria mental de armazenamento da maioria desses consumidores.

Em casos desse tipo, a arquitetura da mensagem é decisiva para garantir que ela consiga atravessar o filtro de atenção da maior quantidade possível de potenciais compradores. Superada essa barreira, a categorização dos produtos de consumo de massa é tão superficial que, de modo geral, seu posicionamento é quase sempre feito com base em pistas emocionais que são mais ou menos automáticas e não requerem maiores esforços de raciocínio.

Ao contrário, quanto mais específico for o grupo de pessoas que compartilham determinado mapa mental, maior probabilidade haverá de que ele seja mais sofisticado e heterogêneo. Se, além disso, se tratar de um produto caro ou associado à área da saúde, muito mais fácil se tornará atravessar o filtro da atenção (pelo interesse do sujeito), mas a informação deverá ser mais precisa, visto que a categorização e o posicionamento serão mais rigorosos. Naturalmente, neste último caso a mensagem terá de ser direcionada ao mercado que faz parte do mapa mental, e também deverá estar segmentada para aproveitar o alto grau de heterogeneidade no interior do grupo.

Porém, ainda há mais. Vimos que uma das principais limitações apresentadas pela microeconomia tradicional é que em geral ela só funciona mais ou menos bem quando se trata de prever pautas de consumo de bens homogêneos e de caráter muito geral, que costumam satisfazer necessidades de primeiro e segundo graus na escala de Maslow (fisiológicas e de segurança). São os bens que os economistas chamam de *commodities*.

Esses tipos de bens podem ter sido muito representativos na cesta básica de consumo de uma família típica de duzentos anos atrás, mas hoje o montante de dinheiro que as pessoas destinam a esses gêneros de compra é cada vez menor, enquanto cresce consideravelmente e sem cessar a parte do orçamento que dedicam à satisfação das necessidades de níveis superiores na escala de Maslow, como a afiliação a grupos, o reconhecimento, a estima e a autorrealização.

É difícil reconhecer isso porque atualmente ninguém vai ao supermercado para comprar uma lata de autorrealização ou uma caixa de reconhecimento, mas esses "produtos" estão "escondidos" ou "camuflados" em outros bens. Dois exemplos ilustram devidamente a ideia: o dos celulares e o dos tênis de marca.

Os tênis Nike têm um custo de 5 a 10 dólares na China, mas as pessoas pagam por eles mais de 105 dólares dólares em qualquer centro comercial. Ou seja, mais de 90% do valor do produto corresponde à marca, pois é perfeitamente possível conseguir um tênis de qualidade semelhante por um preço muito menor, o que vale como uma anedota, já que uma mesma fábrica na China produz tênis de várias marcas com o mesmo material, a mesma mão de obra, as mesmas máquinas. A diferença está apenas no modelo e na etiqueta que acompanha cada par, o que consequentemente faz variar o preço.

O mundo dos celulares é outro caso que merece análise. Atualmente os telefones portáteis possuem câmera fotográfica, mp3, agenda, filmadora, lanterna, wi-fi, jogos, GPS, rádio... Ah!, e quase me esqueço de mencionar que também servem para se falar por meio deles, mas isso não importa muito, pois os compradores costumam pagar cerca de mil dólares por um aparelho (alguns gastam 4 mil ou mais) quando é possível conseguir outro com as funções básicas (ou seja, um telefone para se falar e enviar/receber mensagens de texto) por menos de 528 dólares. E mais, os aparelhos móveis básicos inclusive costumam ter um sinal melhor e mais autonomia em termos de bateria do que os mais sofisticados. Assim, entre 70% e 80% do valor do produto não está na sua funcionalidade de fazer e receber chamadas.

A única explicação possível para esse fenômeno é que os consumidores compram tênis e celulares para satisfazer às suas necessidades de autorrealização, reconhecimento e pertencimento social.

E tem ainda mais. Quando as razões psicológicas que motivam a compra são tão poderosas a ponto de obedecer a impulsos que têm a ver com necessidades inatas difíceis de suprimir, muitas vezes o papel do vendedor não é convencer o cliente das qualidades de um produto, mas lhe oferecer as desculpas racionais de que ele precisa para realizar uma compra que emocionalmente já decidiu fazer.

Um conhecido consultor há alguns dias me contou que, quando termina uma palestra a empresários, muitos se aproximam para lhe perguntar se aquele é realmente o momento de comprar um carro como investimento. Não fazem isso para conhecer as vantagens e desvantagens da escolha, mas para obter da boca de uma reconhecida autoridade em economia uma justificativa para aquilo que já decidiram fazer (trocar de carro).

Desse modo, é lógico que os especialistas em *branding* (construção, posicionamento e manutenção de marcas) não tentam ressaltar as qualidades subjacentes de seus produtos, e sim que construam, sobre a base de um tênis ou celular, um símbolo de pertencimento e posição social.

Alguns podem acreditar – a meu ver, equivocadamente – que o mundo moderno criou novas necessidades para poder manter o sistema capitalista com sangue circulando nas veias. Afinal, há poucos anos não havia celulares, e nem por isso as pessoas eram menos felizes que agora. Minha opinião é que os novos produtos oferecidos pelo avanço tecnológico são em grande parte meros instrumentos nos quais se apoiam vários serviços que de um modo ou de outro sempre existiram, e que tendem a satisfazer às necessidades humanas preexistentes, de ordem superior.

Se observarmos a evolução da economia mundial nos últimos anos por meio da globalização, vamos compreender que o consumo desse tipo de bens e serviços a cada dia cresce mais no orçamento dos consumidores, e como consequência está elevando sua participação no produto interno bruto de cada país.

A microeconomia tradicional, no entanto, não consegue explicar corretamente esse fenômeno porque o nível de utilidade que se obtém a partir do consumo de determinado bem não é estável, podendo inclusive ocorrer uma alteração em seu nível de satisfação de necessidades sem que se modifique a composição da cesta que se consome, como acontece quando no grupo social aparece outro indivíduo com um celular melhor ou com um par de tênis recém-lançado no mercado.

A utilidade também se modifica de acordo com o sucesso da estratégia publicitária da marca, pois os bens a que estou me referindo são verdadeiros pacotes, compostos principalmente de ativos intangíveis simbólicos: marcas e atributos implícitos como prestígio, pertencimento ou sensação de vanguarda, por exemplo, cujo valor muda todo dia ao compasso da conjuntura da comunicação.

Do ponto de vista das marcas, a novidade é que as categorias a partir das quais os indivíduos classificam seus produtos são inteiramente simbólicas, e por isso o processo de posicionamento depende em especial da habilidade das empresas para descobrir e interpretar o mapa mental dos sujeitos e a linguagem em que suas coordenadas se inscrevem.

As marcas vendem então ilusões e representações mentais. Fazem isso mesmo quando oferecem promoções, porque sabem que, além da utilidade que vamos extrair com o consumo do bem que nos é oferecido, há uma utilidade adicional de transação, conseguida toda vez que acabamos pagando um preço mais baixo do que aquele que consideramos "justo".

Richard Thaler descobriu isso em várias experiências feitas na Universidade de Chicago, mas eu tive meu próprio exemplo em casa, quando minha mulher chegou carregada de quinquilharias compradas num desses locais do tipo "tudo por 0,23 dólares". Perguntei-lhe, então, por que ela havia comprado tantas coisas desnecessárias, e sua resposta foi que simplesmente estava tudo muito barato para não aproveitar.

Com isso não quero dizer que as mulheres são mais suscetíveis à utilidade na transação, porém, acho importante trazer esse exemplo porque muitas vezes o processo de decisão sobre a compra de um produto é complexo e pode incluir a participação de vários membros da casa.

Assim, muitas vezes a decisão acaba sendo influenciada por uma pessoa da família que considera um produto muito barato (sempre de acordo com o preço justo estimado) ou por alguém que não havia sido levado em conta pelos publicitários como o destinatário da mensagem.

Acabo de comprovar isso pessoalmente esta manhã, quando estava alugando a casa de meus pais no litoral argentino. Chegou um casal com duas meninas para ver o local. Enquanto os pais faziam as perguntas sobre o imóvel (o que envolvia o uso da razão), uma das meninas descobriu entre as árvores do jardim um balanço e saiu correndo para experimentá-lo. Quando vi sua expressão de felicidade, soube que a casa já estava alugada.

A ARTE DE ESCOLHER REPRESENTANTES

O sujeito deve ter uns 45 anos, já exibindo uns quilos a mais, alguns cabelos brancos e óculos com pretensão de convencer a todos que passou por duas faculdades da Universidade de Buenos Aires. São exatamente 7 horas da manhã, e, enquanto lê à mesa as últimas notícias sobre política, olha a evolução do PIB e aproveita um novo aplicativo que lhe permite identificar exatamente que parte da economia tem estritamente a ver com as decisões que o presidente acabou de tomar sem mais nem menos no dia anterior e que porcentagem tem a ver com os caprichos que, considerados localmente, parecem ser obra do acaso, mas que, a rigor, refletem a evolução da taxa de juros internacional e o preço das *commodities*. Às 7h45 toma o *metrobala* (uma original mistura de vagão de metrô com trem-bala) e chega pontualmente ao seu escritório no centro da metrópole.

Pode parecer exagero da ficção, mas detalhe a mais, detalhe a menos, era algo assim que Anthony Downs tinha em mente quando formulou sua *teoria econômica da democracia*. Nas longínquas terras dos livros de economia política, os candidatos elaboram propostas (plataformas) que alteram (ou não) o *status quo* de modo tal que beneficia ou prejudica os eleitores, que decidirão seu voto em favor daqueles que os deixam mais perto do estado da natureza que desejam. O sistema tem, apesar disso, suas falhas. Winston Churchill, embora tenha defendido a democracia a *capa y espada* (em português o equivalente a defender com unhas e dentes), costumava dizer que o melhor argumento contra esse sistema era uma conversa de cinco minutos com o eleitor mediano. Porém, mesmo que os eleitores não conhecessem todas as propostas, o certo é que poderiam ter noção delas a partir da ideologia dos candidatos, ou simplesmente da imagem, caso nem sequer tivessem uma ideia clara dos vários cenários aos quais um político ou outro poderia levá-los.

O que talvez algum dia se possa fazer no futuro, embora atualmente os eleitores não o consigam, é resolver o que em econometria é chamado de "o problema de identificação". Ou seja, determinar que parte dos resultados econômicos observados e percebidos é consequência das políticas adotadas pelos funcionários públicos em exercício e de quais resultados (bons ou ruins) eles não são culpados. O risco que essa incapacidade acarreta e que põe em xeque a efetividade do sistema democrático é, portanto, que os cidadãos cometam o que em estatística é chamado de "erro tipo 1", isto é, ver uma correlação quando ela na realidade não existe. Daniela Campello, de Princeton, e César Zucco, da Universidade Rutgers, publicaram justamente um artigo revelador a esse respeito, intitulado *Merit or luck? International determinants of presidential performance in Latin America* [Mérito ou sorte? Determinantes internacionais da performance presidencial na América Latina]. Em resumo, os autores elaboram um índice de "bons tempos econômicos" que leva em conta a taxa de juros internacional e os preços das *commodities* cobrindo um período de 31 anos, de 1980 a 2011. Na verdade, o índice compara o ciclo econômico de 10 dos 18 países latino-americanos analisados, no qual a economia argentina é a que mostra uma dependência mais forte em relação às condições internacionais.

E há mais: naqueles países nos quais a economia local depende mais do índice de bons tempos econômicos, a probabilidade de reeleição do presidente é até 50% maior quando as condições externas são favoráveis, enquanto nas outras economias (não dependentes do clima externo) não existe relação alguma entre o contexto e a sorte política do governante da vez. Parece que, assim como prediz a economia do comportamento, as pessoas "pulam para as conclusões" e tendem a premiar (ou castigar) os governos pelos resultados econômicos, mesmo que estes não sejam produto de suas políticas, como ocorre quando são o resultado de variações da taxa de juros internacional e dos preços das *commodities*.

Simplesmente não temos capacidade de identificar até que ponto determinado resultado econômico é produto de decisões de um governo ou consequência de fatores externos alheios à vontade dos governantes que estão no poder.

E pela necessidade que temos de buscar padrões e normas, indo direto para as conclusões, também não temos capacidade para reconhecer que não conseguimos inferir a causalidade entre as políticas e os resultados. Saímos em busca de culpados.

Economia do comportamento e melhores políticas públicas

A preponderância que a memória episódica adquire na hora em que se tomam decisões tem a ver basicamente com o fato de que, em última instância, o que se processa na memória de trabalho são representações mentais. Apesar disso, é verdade que essas representações mentais podem ser icônicas (apoiadas na memória episódica), mas também semânticas, baseadas, sobretudo, na linguagem, e que são essas últimas as representações ativadas quando temos que tomar decisões a respeito de circunstâncias em que temos pouca experiência.

Por exemplo, sabemos que gostamos mais do sorvete de chocolate do que do de menta porque provamos os dois várias vezes e podemos recuperar de nossa memória episódica o prazer ou o desgosto de cada uma dessas experiências, mas, por outro lado, a maior parte de nós sabe que sentimos que estamos doentes do pulmão porque fumamos, ou que nos acidentamos porque dirigimos depois de ter ingerido álcool, do mesmo modo que a vida nos oferece poucas oportunidades de fazer experiências com maus hábitos alimentares que nos fazem engordar e nos dar a chance de fazer a balança voltar ao peso anterior.

Simplesmente, para muitas escolhas importantes de nossa vida não temos experiência o bastante, e não há como termos acumulado imagens icônicas suficientes em nossa memória episódica, de modo que devemos nos ajudar com o que aprendemos e armazenamos em nossa memória semântica (como Giambattista Bodoni) sobre o que está bem e o que está mal, e as consequências futuras de nossos comportamentos atuais.

Assim sendo, as representações que se alojam na memória semântica são muito dependentes da linguagem. Lev Vygotsky, psicólogo bielorrusso, começa seu livro *Pensamento e linguagem* citando um trecho do poema de Osip Mandelstam: "Esqueceu uma palavra, e seu pensamento incorpóreo penetrou no reino das sombras". No entanto, a prova empírica do peso da linguagem nas representações mentais teve que esperar vários anos mais, até que Keith Chen, da Universidade de Yale, pôs em prática um engenhoso quase experimento. Esse economista, especialista no estudo dos determinantes da poupança, pesquisou várias comunidades geograficamente próximas, e também demográfica e economicamente semelhantes, cuja única diferença era que algumas falavam dialetos – como o mandarim (principal dialeto e língua oficial da China) ou mesmo o alemão – que aproximavam gramaticalmente o futuro e o presente, enquanto outros grupos, como os falantes de inglês ou de espanhol, reforçam a separação do passado e do presente na linguagem, levando a representações mentais em que o futuro aparece artificialmente mais distante do presente.

Por exemplo, em castelhano dizemos "mañana lloverá" (amanhã choverá), destacando duas vezes a divisão temporal, primeiro com "amanhã" e depois com "choverá", enquanto em alemão a expressão seria *"Morgen regnet es"*, que traduzida literalmente seria algo como "amanhã chove".

Partindo da hipótese de que essas divisões temporais teriam um impacto nas decisões que envolveram custos presentes *versus* benefícios futuros, como no caso da poupança ou da escolha entre fumar ou consumir alguma substância, Chen usou uma base de dados da World Value Survey, com pesquisas em 76 países, em alguns dos quais se falavam línguas com fortes referências temporais na linguagem, enquanto outros tinham idiomas "carentes de futuro", com poucas separações gramaticais dos tempos. E mais: em vários dos países da amostra coexistiam culturas com diferente intensidade de referências temporais na linguagem, o que tornou ainda mais rica a comparação.

De modo notável, o pesquisador observou que os falantes de língua com forte separação temporal (como o castelhano) poupavam em torno de 54% menos que os habitantes de regiões mais neutras em matéria de temporalidade de sua língua. Mas, além disso, essas pessoas chegavam à idade de se aposentar com 39% menos ativos que os falantes de línguas que não forçavam a separação temporal, tinham aproximadamente 24% mais chances de ter fumado alguma vez, 29% menos probabilidade de estar fisicamente ativas e 13% mais risco de apresentar obesidade.

Assim, é decisivo o uso da construção gramatical para regular ou prevenir ações que tenham consequências futuras, porque disso vai depender o tipo de representação mental a ser construída pelos cidadãos e que eles realmente vejam o futuro com preocupação. Sabemos, além disso, que quando adotamos uma política pública devemos levar em conta a ativação que se espera ocorrer na memória episódica das pessoas que são objeto das medidas, uma vez que elas, reforçadas por marcadores somáticos, serão fundamentais na hora de gerar um primeiro impulso emocional de aprovação ou rejeição, de gosto ou desgosto, de propensão a adotar ou a evitar um comportamento desejado por quem faz a política.

Analisemos, por exemplo, as restrições de compra de dólares instituídas na Argentina. É evidente que as grandes crises econômicas dos últimos sessenta anos foram armazenadas na memória episódica por muitos argentinos que aprenderam que, quando a taxa do dólar sobe, é porque geralmente se aproxima uma tempestade econômica, de modo que gerar um mercado ilegal no qual a moeda chegou a ser cotada acima do dobro do câmbio oficial é uma péssima ideia, porque só pode levar a comportamentos de evitação (da moeda local) por parte dos agentes que buscarão segurança na moeda estadunidense.

Pensemos, para citar outro exemplo de forte influência da memória episódica, nas medidas destinadas a resolver o problema do transporte. A verdade é que as pessoas formam uma representação mental das alternativas para se fazer um traslado em que se confrontam as experiências de viagem em transporte público (trem ou micro-ônibus) e as de transporte particular (automóvel). Como essas representações habitualmente não têm uma temporalidade associada (lembremos a experiência do colonoscópio), não há sentido em o governo investir dinheiro para aumentar a velocidade do transporte público, mas sim em destiná-lo a melhorar a qualidade da experiência enquanto ela dura, ou a reforçar a memória episódica dessas experiências fazendo que as pessoas melhorem a crença de como foi essa experiência (a sensação térmica da viagem).

Compreender a carência da sensação de tempo nas representações mentais tem um efeito muito importante em políticas como as que se destinam a combater a criminalidade. Gary Becker ganhou o Nobel de Economia por demonstrar, entre outras coisas, que os criminosos também fazem uma equação custo/benefício na hora de decidir se praticam um roubo ou não. Particularmente avaliam a representação mental dos benefícios do butim (é fácil imaginar-se comprando coisas, desfrutando de um jantar fora ou tomando sol numa prainha no fim de semana próximo), inclusive associando os custos de tudo. Mas o problema é que a representação mental de estar preso (que pode vir da memória episódica de qualquer um que tenha visto filmes suficientes sobre o tema) é calculada pela probabilidade de ser aprisionado, que pode provir da memória semântica (o sujeito "sabe" que ninguém é preso na Argentina) ou, caso o indivíduo já tenha delinquido e obtido sucesso, da própria memória episódica.

Quando se compreende a natureza dessas representações mentais, entende-se que não há sentido em aumentar a pena de quem comete um crime, pela simples razão de que dez anos mais de prisão, multiplicados por uma probabilidade de apreensão e condenação de 5%, representam em todo caso seis meses a mais de encarceramento. Mas sobretudo porque a representação mental de cinco anos na prisão é exatamente a mesma que a de cinco anos e seis meses... Simplesmente, um pode ser representado mentalmente livre ou preso, mas não há como representar mentalmente X quantidade de dias presos.

Mudando de exemplo: para evitar que os jovens fumem, valeria muito mais uma visita a um setor de terapia intensiva de um centro oncológico especializado em pulmão, experiência da qual dificilmente se esquecerá e ficará gravada na memória episódica, que muitos milhões gastos em mensagens que se perdem na memória semântica do sujeito. Por outro lado, no caso de políticas públicas que não podem ser monitoradas ou sustentadas a partir de lembranças episódicas, será crucial a representação mental "imaginada" pelo sujeito, que necessariamente será mediada pela linguagem.

Assim, não importa tanto o acúmulo de informações que se transmitam, por exemplo, sobre os benefícios de cuidar do meio ambiente separando o lixo, reciclando e evitando os descartáveis como pilhas e produtos em embalagens aerossol; a chave é o modo como se transmite a informação. O ideal nesse caso é, mais do que dizer isso semanticamente, mostrar filmes ou curtas que reflitam o mundo de um futuro que será consequência de nossos atos imprudentes.

Nesse sentido, uma recente pesquisa de Melissa Kearney e Phillip Levine, do National Bureau of Economic Research (NBER), comprovou que a exposição ao *reality show 16 and Pregnant* [16 e grávida] causava uma queda de 5,7% na gravidez adolescente nos dezoito meses seguintes ao programa, mostrando que, quando a informação é processada pela memória episódica, os resultados são claramente palpáveis.

Então, a alternativa para as atuais campanhas públicas poderia ser criar histórias de fácil lembrança e amigáveis na hora de serem representadas mentalmente. Por exemplo, suponhamos que o governo procure fazer que as pessoas sejam responsáveis financeiramente e não façam dívidas além de suas possibilidades. Ele pode optar por uma campanha de educação financeira que explique o significado do custo financeiro total (CFT), que será armazenada na memória semântica desprovida de qualquer marcador emotivo, ou, ao contrário, pode escolher transformar o custo financeiro total em dinheiro e dizer às pessoas que para cada 116 dólares que pedirem ao banco vão receber só 47, porque o resto do dinheiro vai evaporar em juros e comissões.

Posto dessa maneira, o custo financeiro é facilmente representável de maneira cognitiva, porque as pessoas compreendem perfeitamente o que poderiam fazer com esses 69 dólares que estão lhes cobrando (é fácil imaginar e inclusive "ver" mentalmente as atividades às quais seria necessário renunciar no futuro), mas elas não têm ideia de como representar mentalmente um custo financeiro total de 60%.

O formulador da política deve, então, traçar primeiramente seus objetivos e depois pensar no modo como o cidadão representará mentalmente a situação de juros, levando em conta as representações mentais icônicas (apoiadas na memória episódica) e as semânticas (baseadas na linguagem).

Um famoso ministro da economia argentino aprendeu, ele mesmo, a lição há quase 25 anos. Fez o melhor discurso de sua vida explicando os benefícios de seu plano econômico e apelando, com palavras escolhidas, aos valores da cidadania. Não sabia, então, que esses valores se armazenavam na memória semântica e se surpreendeu quando terminou o discurso e as pessoas saíram correndo para comprar dólares. "Falei-lhes com o coração e me responderam com o bolso", disse Juan Carlos Pugliese.

O ministro falou para a memória semântica, e as pessoas responderam baseando-se em representações episódicas do benefício que podiam obter mexendo-se primeiro, ou, o que é pior, o prejuízo que poderiam ter se não o fizessem.

Psicoeconomia de um sonegador impositivo

No paradigma clássico das finanças públicas, os governos decidem que impostos cobrar e a que valor os tributos devem chegar para respeitar critérios de equidade e produzir ao mesmo tempo os menores custos de eficiência, isto é, provocar as menores mudanças possíveis nas decisões das pessoas a fim de que tais decisões sejam minimamente diferentes das que os cidadãos tomariam no caso da ausência de tributos.

Assim, espera-se que o sistema impositivo tenha um efeito "neutro" na economia.

Por outro lado, no paradigma da corrente positiva representada por economistas como Torsten Persson e Guido Tabellini, essa preocupação é colocada em segundo plano e emerge como o principal objetivo do governo a maximização de alguma função eleitoral, de modo que os impostos resultantes não são necessariamente os mais eficientes, mas os que causam o menor custo político.

Então, em um ou outro paradigma a psicologia cognitiva exerce um papel fundamental. Sob o enfoque normativo clássico, a mudança nos preços relativos ocasionada pelo imposto era imediatamente incorporada como um dado para os consumidores, que mudavam de maneira automática suas cestas de consumo ótimas.

Mas na realidade sabemos que isso não ocorrerá necessariamente, devido à incapacidade dos indivíduos de processar tanta informação e observar as mudanças nos preços relevantes. O problema é ainda maior em situações de alta inflação, em que as mudanças de preços nominais não correspondem às mudanças reais, e leva mais tempo para que os compradores procurem saber quais são efetivamente os preços relativos.

Inclusive no caso em que os consumidores pudessem processar com sucesso todas as mudanças de preços, o certo é que pelo "efeito adaptação" poderiam não sofrer perdas de bem-estar consideráveis por se verem forçados a consumir uma combinação distinta de bens por culpa dos impostos.

Quanto ao paradigma positivo, já vimos que as considerações de equidade são influenciadas pelo viés de representatividade; os pobres superestimam sua situação socioeconômica enquanto os ricos, por outro lado, subestimam a própria.

Essa tendência a se pôr no centro da distribuição de renda vai alterar as percepções de equidade dos eleitores, fazendo que eles não votem em plataformas que promovam a equidade. Mas, voltando às considerações sobre a eficiência do sistema tributário, para a maioria dos economistas a neutralidade do sistema se consegue se for factível taxar todos os bens e se proporcionalmente se aplicar a eles o mesmo imposto, de maneira a não se alterar a relação de preços dos bens com referência à que existia antes da imposição.

O problema é que não é factível taxar todos os bens. Em primeiro lugar, há muitas atividades econômicas de produção ou de consumo que não passam pelos mercados. Em segundo lugar, e ainda mais importante, a maioria dos bens passa apenas parcialmente pelo mercado, porque o tempo que é necessário para consumi-los não pode ser taxado impositivamente.

O que ocorre então é que, quando um bem é taxado por impostos, pode haver migração dos consumidores para outros bens com menos impostos, ou diretamente para bens mais difíceis de taxar com tributos, como é o caso do tempo.

Assim, as pessoas que realizavam atividades que consumiam poucas unidades de tempo por dólar gasto poderiam reorientar seus gastos para atividades que demandassem maior consumo de tempo (atividades mais intensivas no que se refere ao tempo investido).

Peço aqui a assistência de Borges, que em seu conto "Juan Muraña" afirmava que "[...] não se pode medir o tempo em dias, como o dinheiro por centavos ou dólares, porque os dólares são iguais e cada dia é diferente, e talvez cada hora".

Obviamente, nós, os economistas, supusemos durante muito tempo que se podia fazer a conversão de horas em pesos, considerando o valor do salário (ou do salário-desemprego, caso a pessoa não trabalhe ou esteja desempregada).

Essa suposição ficou gravada em nossa mente como uma coisa óbvia após todos os trabalhos do professor Gary Becker, que culminaram com a outorga a ele do Prêmio Nobel. No entanto, parece que estávamos enganados, pois a utilidade de uma hora de tempo muda drasticamente de hora em hora.

Mais ainda, a utilidade que esse tempo proporciona varia inclusive se se desenvolve a mesma atividade, já que, por exemplo, o prazer que sentirei se jogar futebol hoje não será, necessariamente, idêntico ao que sentirei se praticar o mesmo esporte amanhã.

Com o dinheiro, não há problema, porque uma pessoa pode guardá-lo pelo tempo que quiser até encontrar um bem cuja utilidade justifique seu gasto (salvo, claro, num contexto inflacionário).

Contudo, já que não existe maneira de armazenar as horas, a utilidade que se terá ao adquirir bens que consumam muito tempo (que são os que ficariam mais "baratos" depois dos impostos) não será a mesma a todo momento, gerando o que em microeconomia se conhece por *ineficiência na alocação de recursos*.

Com respeito à questão do custo político dos impostos, já mostramos que as pessoas costumam sofrer uma ilusão monetária e, portanto, não lidam do mesmo modo com um imposto que reduz seu salário em 10% e com seu equivalente inflacionário, que eleva o preço dos bens causando uma perda idêntica de capacidade aquisitiva.

A mesma situação é registrada diante da decisão alternativa de financiar o gasto público por meio do endividamento. Há 150 anos, David Ricardo apontou que não devia haver diferenças entre o financiamento com dívida e o financiamento com impostos.

Afinal, uma dívida pública maior implica impostos mais altos amanhã (embora seja verdade que esses impostos vão se pagando ao longo de muitos anos), de modo que, se os cidadãos fossem consumidores racionais, eles deveriam reduzir seus níveis de consumo toda vez que o governo contraísse uma dívida, pois saberiam que deveriam pagar impostos mais elevados no futuro.

No entanto, já sabemos que os consumidores não são tão racionais, e, portanto, a "equivalência ricardiana" necessariamente não se cumpre.

Agora podemos fazer uma tentativa de explicar por que isso é assim, uma vez mais com a ajuda da psicologia evolucionista. Afinal, já vimos que as pessoas preferem ter certezas no terreno dos ganhos (são avessas ao risco) e correr riscos no que diz respeito às perdas (são amantes do risco).

Assim, os impostos de hoje ocasionam uma perda certa, enquanto assumir uma dívida constitui um empreendimento arriscado. A pessoa nunca sabe o que pode acontecer: talvez os filhos e netos não aguentem a carga de pagar os impostos futuros, ou talvez se descubra um novo poço de petróleo, ou talvez a inflação mundial liquide a dívida, ou pode ocorrer que o governo simplesmente se declare em suspensão de pagamentos.

Por essa razão as pessoas talvez sempre prefiram o financiamento com dívida e não reduzam seus atuais níveis de consumo se houver aumento do gasto público, como sugeria a equivalência ricardiana, porque é perfeitamente possível que, na representação mental de muitos cidadãos, "mais gastos hoje" não signifiquem necessariamente "mais impostos amanhã".

De todo modo, os problemas não acabam com a decisão a respeito de que bens taxar e quanto cobrar em termos de impostos, já que as pessoas também costumam fazer trambiques.

Em um congresso da Associação Argentina de Economia Política, Victoria Giarrizzo, do Centro de Economia Regional e Experimental (CERX), apresentou um trabalho muito interessante com dados da Argentina que mostrava a figura do que ela chamou de "moralistas sonegadores".

Nas pesquisas que fiz na equipe do CERX, as perguntas mostraram diferentes níveis de moralidade tributária, que foram calculados de acordo com o quanto as pessoas acreditavam ser correto pagar impostos e quanto julgavam reprovável ficar devendo.

Quase 60% dos entrevistados manifestaram forte compromisso com o pagamento de seus tributos. No entanto, ao realizar experimentos diferentes, os pesquisadores descobriram que cerca de 42% das pessoas que incialmente expressaram alta moral tributária aproveitavam a primeira oportunidade possível para não exigir nota se, em troca, pudessem conseguir um desconto. Foi assim que apareceram os moralistas sonegadores.

O trabalho deu início a um intenso debate entre os economistas presentes. Alguns entendiam que os resultados da pesquisa mostravam que, por exemplo, não fazia sentido investir em campanhas publicitárias que enfatizassem a importância de estar em dia com a receita federal ou que destacassem o caráter ilícito da evasão imposta, uma vez que os sonegadores sabiam muito bem que suas atitudes estavam erradas e ainda assim insistiam em continuar errando.

Apesar disso, os resultados parecem extremamente lógicos se pensarmos no modo com que o sistema de memória de nossa espécie funciona, de fato.

Giambattista Bodoni, o personagem principal de *A misteriosa chama da rainha Loana*, de Umberto Eco, sofria de amnésia retrógrada; em outras palavras, tinha perdido a chave de acesso ao arquivo da memória episódica (também chamada "memória autobiográfica", a lembrança das experiências vividas).

Devemos nos atentar que todas as vezes em que nos lembramos de alguma coisa que fizemos ou de uma experiência pela qual passamos, estamos evocando a memória episódica. A memória semântica, por sua vez, se refere a coisas que nos ensinaram ou que aprendemos sem que necessariamente a tenhamos vivido: fatos, conceitos, valores e ideias, como a data da declaração da independência, os nomes das pessoas e suas datas de aniversário, o teorema de Pitágoras, os dez mandamentos, o que é certo e o que é errado, o significado da palavra "sonegar" etc.

Então, o personagem do romance de Umberto Eco, que se dedicava a comprar e vender livros antigos, fica surpreso quando Sibilla, sua funcionária, conta ter acabado de fechar uma operação muito vantajosa e que será vantajoso enganar a receita federal a respeito do total real e sonegar, assim, parte dos impostos que teria que pagar. Giambattista, que em muitas ocasiões anteriores já tinha sonegado impostos, responde, atônito: "Li em algum lugar que um cidadão deve pagar os impostos até o último centavo".

A memória semântica do personagem estava intacta, e com ela continuava de pé a ideia sobre o que era certo e o que era errado; ou seja, o personagem conservava sua moral tributária. No entanto, havia perdido a memória episódica e não conseguia imaginar a vantagem associada ao benefício de sonegar, porque Giambattista precisava da lembrança dos benefícios trazidos com esse comportamento em outras ocasiões. Também não conseguia acessar em sua mente a história de alguém que tivesse se beneficiado graças à sonegação.

A maioria das campanhas de publicidade das agências fiscais estaduais e nacionais tende a construir e a indicar o conceito moral: é preciso pagar os impostos e sonegá-los é errado.

Tais campanhas são muito bem-sucedidas para a construção da moral tributária dos cidadãos, mas como tudo o que é dito vai parar na memória semântica, poucas vezes são bem-sucedidas no que diz respeito a diminuir a sonegação. A menos que os cidadãos sofram de amnésia retrógrada em massa, o resultado mais provável será um aumento na quantidade de "moralistas sonegadores".

Esse não é um assunto menor. No livro da Fundación de Investigaciones Económicas Latinoamericanas (Fiel) [Fundação de Pesquisas Econômicas Latino-Americanas], intitulado *La economía oculta en la Argentina* [A economia paralela na Argentina], os autores estimam que a economia informal represente 24% do PIB.

A evasão do imposto sobre valor agregado (IVA), um dos nossos principais tributos, ficaria entre 26% e 30%, enquanto o não pagamento do imposto dos rendimentos das pessoas físicas oscilaria entre 45% e 49%. No que diz respeito aos impostos internos, como os que se aplicam aos combustíveis e aos cigarros, a sonegação chegaria a 7,5%.

E mais, um dos principais focos de evasão que mais diretamente castigam os setores de menores rendas é a informalidade. De acordo com dados do Instituto Nacional de Estatística e Censos (Indec), 34% dos trabalhadores argentinos estão na informalidade.

Em termos financeiros, o cálculo da Fiel é que a sonegação fiscal no país chegava, em 2010, a 8,14 bilhões de dólares por ano.

Para analisar em perspectiva, leve em consideração que de acordo com o orçamento desse ano, o gasto público nacional em educação e cultura, saúde, ciência e técnica, moradia e urbanismo, defesa e segurança nacional subiu apenas 6,39 bilhões. Ou seja, o montante de evasão superava a somatória do gasto público nacional anual em todas essas áreas vitais.

A sonegação gera uma distorção no funcionamento normal do sistema econômico; quem evita pagar os impostos enfrenta um preço menor do que quem os paga, gerando assim uma falsa ilusão a respeito da abundância desse bem artificialmente barato (porque lembremos que os preços indicam o nível de escassez dos bens).

A boa notícia é que a economia pode apender com a psicologia cognitiva.

"Não é suficiente que os contribuintes saibam ou se convençam de que é errado não pagar os impostos. É preciso que possam representar mentalmente as consequências da evasão impositiva, e que essa representação constitua um filme do qual eles prefiram não ser protagonistas."

Aprendemos que, para representar os diferentes cenários e conduzir suas decisões, as pessoas procuram situações parecidas em sua memória episódica, em sua história de vida, e as projetam no futuro.

Se a publicidade tivesse o formato de histórias protagonizadas por personagens nos quais os cidadãos pudessem se ver refletidos, e se as campanhas contra a sonegação em locais e pontos fixos fossem suficientemente divulgadas a fim de causar uma impressão que ficasse marcada na memória episódica daqueles que são atingidos por elas ou as testemunham, provavelmente os moralistas sonegadores aprenderiam pouco a pouco que devem começar a pagar seus impostos.

Pequenos empurrões (*nudges*) que causam grandes mudanças

Um dos livros mais influentes da curta história da economia do comportamento é o de Richard Thaler, *Nudge: o empurrão para a escolha certa*. A proposta do professor da Universidade de Chicago é trabalhar na arquitetura da escolha das pessoas para "empurrá-las ligeiramente" a escolher de alguma maneira particular, restringindo o mínimo em suas liberdades e em suas possibilidades de escolher, outras alternativas. A esse tipo de intervenção damos o nome de *paternalismo libertário*, porque, ainda que não force as pessoas a escolherem de um ou de outro modo, aproveitam os vieses comportamentais que discutimos em seções anteriores para induzi-las a agir do modo desejado.

O maior exemplo para compreender a ideia dos empurrõezinhos (*nudges*) é a doação de órgãos. Colocar como padrão que o indivíduo é doador no momento em que ele tira ou renova o documento de identidade ou a carteira de motorista, e só depois disso lhe oferecer a possibilidade de mudar sua condição para a de não doador, gera muito mais doadores do que como é feito hoje, quando o padrão é o indivíduo não ser doador e, para sê-lo, é necessário que manifeste explicitamente tal intenção.

Outros exemplos comuns são os planos de pensões nos quais, como padrão, se propõe um desconto voluntário no salário para constituir um fundo de investimento/fiduciário de pensão – a menos que o indivíduo opte explicitamente por manter o *status quo* antigo –, em vez de supor como padrão que o indivíduo não deseje economizar.

Na Argentina, por exemplo, a norma pela qual se tira o saleiro das mesas a menos que o comensal peça por ele explicitamente é um dos melhores exemplos de *nudge* que combate o perigoso costume de exagerar no sal e colocar em risco o sistema cardiovascular. Obviamente, o tipo de *nudge* que uma pessoa pode pensar para as políticas públicas da Argentina deve estar relacionado ao tipo de problemas que os governantes normalmente enfrentam, uma vez que o conceito de *nudge* tem a ver com a ideia de facilitar determinadas escolhas que são socialmente desejáveis ou objeto das políticas públicas.

Assim, o criador das políticas que utiliza *nudges* torna-se, na realidade, um arquiteto da escolha, alguém que projeta um menu de opções de modo a conseguir que as pessoas escolham de determinada maneira, mas garantindo a elas que não seja reduzido o conjunto de alternativas, que não lhes seja cortada a liberdade nem que se decida por elas. Por exemplo, se existe a busca de se fazer políticas preventivas de saúde e de que as pessoas façam exames com regularidade, pode-se colocar como padrão que os indivíduos devam fazer um raio X do tórax para renovar a carteira de motorista, ainda que o candidato possa negar-se a isso desde que preencha um formulário.

Se procuramos gerar um fundo voluntário para obras públicas (a fim de evitar inundações, por exemplo,), podemos incluir um aumento de preço nas próximas taxas, que pode ser evitado se o contribuinte apresentar uma declaração dizendo que não quer contribuir com as obras. Se queremos que as pessoas consumam carne, podemos entregar cupons de carne nos programas sociais, mas estabelecendo que os cupons possam ser trocados por dinheiro em espécie se aquele que receber o pagamento assim quiser. Muito mais gente acabará, desse modo, comendo carne.

Se queremos evitar acidentes de trânsito e tornar as ruas mais seguras, podemos estabelecer que as luzes dos veículos devam se acender automaticamente quando ligarmos o motor e o motorista poderá apagá-las se desejar viajar sem elas. Certamente, os *nudges* não se restringem a estabelecer regras de padrão convenientes, mas também podem suscitar escolhas que estejam mais de acordo com os objetivos das políticas públicas, modificando o contexto de escolha, com efeitos de enquadramento (*framing*) ou de redação de formulários e promoções (*wording*).

Por exemplo, um comércio que quiser aumentar o faturamento pode oferecer alternativas mais sofisticadas (e caras) no catálogo aproveitando-se do fato de que, muitas vezes, as pessoas usam os preços com fins informativos quando desconhecem a qualidade de algum produto. Assim, se é dito a quem vai comprar queijo: "Tenho um de 4, um de 5 e um de 6 dólares", o mais provável é que se venda muito mais o de 5 dólares, mas se for acrescentado um queijo de 9 dólares ao cardápio se verá que muito mais pessoas escolhem o de 6. E o mesmo acontece com vinhos ou com determinados planos de seguro.

O modo como é oferecido o menu de alternativas simplesmente acaba impactando a escolha do usuário sem que tenha sido necessário tirar a liberdade dele. Dan Ariely, no livro *Previsivelmente irracional*, comenta uma promoção do *The Economist* na qual foi criado um *nudge* na escolha dos consumidores para determinado tipo de assinatura, agregando alternativas irrelevantes mais caras, que faziam com que o interesse se voltasse à assinatura padrão que a revista, na verdade, queria vender.

Mas veremos a seguir várias políticas nas quais é possível melhorar a realização de objetivos simplesmente modificando de modo sutil a arquitetura da escolha.

O governo argentino pode usar *nudge* para baixar o preço do dólar paralelo? Sim, pode.

Uma parte importante da escalada do dólar se dá por razões sazonais cada vez que o governo se vê obrigado a injetar liquidez extra nos mercados (pagamento de décimo terceiro ou liquidação de divisas da soja). Nesses casos, o que o governo pode fazer é depositar o décimo terceiro em um prazo fixo de sete dias criado *ad hoc* para cada trabalhador, com renovação automática se o indivíduo não decidir sacar o dinheiro da conta. Assim, evita-se que ao ter um excedente de pesos na mão as pessoas procurem o paralelo por não saberem o que fazer com o dinheiro.

Outro *nudge* ligado ao dólar poderia ser pagar em pesos os títulos públicos dolarizados, de acordo com a cotação oficial, dando chance de o investidor trocá-los por dólares. Uma grande quantidade dos investidores que tenham bônus obviamente escolherá transformar os fundos em dólares de novo, mas sem dúvida não serão todos. Uma estratégia parecida pode ser aplicada para os depósitos em dólares no momento do vencimento, trocando-os automaticamente por pesos, com uma opção de mantê-los em dólares que deve ser exercitada especificamente pelo investidor.

O governo pode usar *nudge* para baixar o consumo de energia? Sim, pode.

Ele pode exigir que os fabricantes de ar-condicionado programem por padrão os controles automáticos dos aparelhos, de modo que ao serem ligados funcionem a uma temperatura fresca, mas de baixo consumo (22°C, por exemplo), e as pessoas precisem diminuir manualmente a temperatura se desejarem um ambiente mais frio. Por outro lado, pode-se reduzir o consumo médio informando aos consumidores quanto gastam seus vizinhos, como descobriu o professor de psicologia da Universidade do Arizona, Robert Cialdini.

E como se os resultados desses experimentos não fossem suficientemente convincentes, o empreendedor Alex Laskey fundou a empresa Opower, que em parceria com várias empresas distribuidoras de energia envia resumos personalizados aos clientes informando quanto seus vizinhos estão economizando. Alex está conseguindo progressos notáveis nas comunidades nas quais está trabalhando e atualmente está fazendo um novo experimento que poderia ser muito interessante para nosso país. A ideia é enviar mensagens de texto em dias particularmente difíceis para o sistema elétrico a fim de informar que, por razões climáticas ou sazonais, há muita demanda.

O SMS seria algo como: "Amanhã será um dia de alto consumo de energia; você pode ganhar até 12 dólares se economizar energia entre 18h e meia-noite". No outro dia, a distribuidora computa quanto cada casa economizou e envia uma mensagem que diz: "Parabéns, você economizou cerca de 5% de energia, a economia média em seu bairro foi de 6%, e quem mais economizou deixou de gastar por volta de 22% de energia... ganhou 6 dólares".

Os resultados desses experimentos ainda não foram publicados, mas a economia do comportamento nos ensinou que o simples lembrete, somado à pressão social de saber que os vizinhos estão se saindo melhor do que nós, provoca grandes mudanças no comportamento.

O governo pode usar *nudges* para que as pessoas fumem menos? Sim, pode.

Se for determinado que os maços virão com 18 cigarros em vez de 20 (e com 9 em vez de 10), o governo fará que as pessoas escolham fumar menos, ainda que sempre possam comprar quantos cigarros quiserem.

O governo pode usar *nudges* para baixar a inflação? Sim, pode.

O segredo nesse caso está na questão da expectativa. Se o governo pedir às empresas que mandem faturas quinzenais em vez de mensais, a sensação dos consumidores será a de que pagam menos pela luz e pelo gás e de que esses serviços estão ficando mais baratos, uma vez que quem recebia uma conta de 23 dólares por bimestre agora passará a receber uma de 12 dólares por mês. O governo também pode negociar com os supermercados para maximizar o pagamento com cartões de débito que geram devolução de IVA[2], e usar essa devolução para manter os acordos de preços com as grandes redes. Essa parece ser a medida que o secretário do Comércio Guillermo Moreno havia tentado com o cartão Supercard (que nunca deu certo); mas aqui o *nudge* seria estabelecer que todas as contas-salário da Argentina possam debitar de um Supercard, exceto se o trabalhador expressamente escolher outra opção de banco/cartão.

O governo pode usar *nudges* para melhorar o rendimento financeiro dos consumidores? Sim, pode.

Nesse caso, deverá estabelecer por decreto que toda vez que houver a possibilidade de vários pagamentos sem juros, o sistema que processa o pagamento assuma essa opção como padrão, oferecendo ao cliente a chance de cancelar as tarifas pagando em dinheiro, se assim quiser. Além disso, será preciso estabelecer que os bancos convertam as diferentes formas de financiamento que um cliente estiver utilizando, agrupando-as na opção mais barata por padrão, exceto se o consumidor não desejar isso. Por exemplo, mui-

2. IVA significa Imposto de Valor Agregado, porém não é o equivalente ao ICMS no Brasil.

tas pessoas têm saldo negativo na conta corrente ou na poupança e pagam mais do que pagariam se esse saldo fosse financiado pelo cartão de crédito que têm no mesmo banco (ou vice-versa). Uma situação parecida acontece com os clientes que têm dinheiro em poupança e ao mesmo tempo utilizam o limite do banco ou têm saldo devedor no cartão de crédito. As pessoas não conseguem fazer render suas opções financeiras por falta de conhecimento ou por não se darem ao trabalho de ir ao banco ou de ligar para o gerente, de modo que se as mesmas opções de antes lhes são oferecidas, mas o banco escolhe a combinação de financiamento mais conveniente como padrão, os consumidores estarão muito melhor.

O governo pode usar *nudges* para arrecadar mais impostos? Sim, pode.

A área de Desenvolvimento Econômico do Centro de Implementación de Políticas Públicas para la Equidad y el Crecimiento (Cippec), antes coordenada por Paula Szenkman, mostrou isso. Esses especialistas criaram mensagens diferentes para serem incluídas nos boletos de serviços municipais (como iluminação e limpeza); algumas explicando que 6 a cada 10 contribuintes pagavam seus impostos, outras recordando as diferentes consequências de não os pagar, e finalmente um terceiro grupo de mensagens com exemplos do que se fazia com o dinheiro arrecadado. A iniciativa, ao reativar as representações mentais dos contribuintes, conseguiu aumentos nos pagamentos entre 4% e 7% em vários municípios da província de Buenos Aires.

Por último, o governo pode baixar os subsídios sem perder capital político? Sim, pode.

O segredo, mais uma vez, tem a ver com aproveitar o viés do *status quo*, dado que as pessoas priorizam a situação que se apresenta como padrão. Em novembro de 2011, um funcionário público que não leu o livro *Nudge* decidiu fazer um registro voluntário de renúncia aos subsídios, que, como era de se esperar, só conseguiu fazer que 35 mil pessoas renunciassem ao benefício sobre as faturas de luz e gás. O erro é que o registro parte de um ponto de partida equivocado (padrão): todo mundo conserva o subsídio a menos que renuncie a ele expressamente. Mas na verdade deveria ser o contrário, ou seja, todo mundo perde o subsídio, exceto quem manifestar expressamente sua necessidade de mantê-lo. Se a iniciativa tivesse sido colocada dessa última maneira, muito mais gente teria escolhido permanecer sem o subsídio.

Além disso, como no exemplo do consumo de energia, seria possível reforçar a escolha incluindo, na página do pedido de manutenção do subsídio, um quadro que chame atenção do usuário quando ele iniciar a transação, informando quantos dos seus vizinhos solicitaram o mesmo que ele, ou imagens que ativem sua memória episódica e façam que se lembre do destino do dinheiro para melhorar a saúde, a educação ou a vida dos menos favorecidos.

Psicoeconomia para evitar as crises econômicas

Por saberem que sou um economista com pós-graduação em psicologia, durante os dias de pânico provocados pela crise iniciada com a queda do Lehman Brothers, em 2008, muitas pessoas me perguntaram (e continuam me perguntando nestes dias de crise do euro) se meus conhecimentos me permitiam prever o comportamento dos consumidores e antever o rumo da crise.

Tenho boas e más notícias. As boas são que o comportamento dos agentes econômicos que ocasionou ambas as crises é perfeitamente compreensível se recorrermos às ferramentas da economia do comportamento. As más notícias são que não tenho a menor ideia de como nem de quando acabará a incerteza internacional. E suspeitaria de qualquer pessoa que fizesse prognósticos publicamente, pois, do ponto de vista estritamente racional, ao visionário em questão seria muito mais rentável não dividir seus conhecimentos e ganhar dinheiro com eles.

Para entender o que aconteceu: recordemos que vimos que as pessoas interagem em centenas de mercados por dia, e que a assombrosa quantidade de informação que seria necessária processar para tomar as decisões "racionais" dos agentes que escrevem os manuais de microeconomia está totalmente fora do alcance e da capacidade de processamento de informação que temos. Assim, para nos desenvolvermos com êxito no mundo atual, temos elaborado heurísticas, ou seja, regras de decisão mais ou menos automáticas que, *de modo geral*, costumam funcionar muito bem. Naturalmente, essas regras não são perfeitas e causam uma série de vieses a respeito do comportamento que adotaríamos se tivéssemos a capacidade de processar toda a informação que nos cerca.

Vamos repassar algumas dessas regras, que nos ajudarão a compreender um pouco melhor as causas das crises econômicas. Generalizamos rapidamente a partir de poucas experiências (algumas das quais não foram nem sequer vividas por nós, mas talvez transmitidas por um amigo, parente ou por algum meio de informação); nós nos precipitamos e tiramos conclusões com base em informação escassa (prejulgamos), e assim as escolhemos de modo distorcido, considerando muito mais aquela que confirma nossas ideias anteriores; exageramos a categorização de todos os objetos e experiências que vemos e vivemos; e procuramos correlações, regularidades e causalidades entre as categorias que formamos e os fatos que vivemos ou conhecemos.

Aqui estão alguns exemplos típicos desses comportamentos. Dizemos: "Viu? Eu disse que era melhor ir pela avenida 9 de Julho", quando quem está dirigindo encontra congestionamento, mas não reconhecemos que nos enganamos em dez oportunidades anteriores quando fizemos a mesma recomendação. Sentimos medo quando estamos caminhando à noite por uma rua escura e percebemos um homem atrás de nós. Somos todos meteorologistas. Quando estamos num cassino, temos certeza de que é muito mais provável que saia o vermelho na roleta se o preto tiver saído nas últimas quatro rodadas.

As empresas que vendem seus produtos nos mercados conhecem essas tendências perfeitamente, e por isso criam suas estratégias de marketing com o objetivo de *posicionar* os produtos na mente dos consumidores, mas sempre levando em conta essas "falhas" no funcionamento de nossa cognição.

Por sua vez, devido à limitação na capacidade mental de processar informação, as categorias são muito gerais e se formam mais com base em símbolos dos produtos do que a partir de descrições detalhadas de suas características técnicas. As simbolizações permitem aproveitar o conhecimento prévio do indivíduo, que elabora rapidamente conclusões e classifica cada produto novo sem pestanejar.

Os mercados de produtos financeiros não são exceção. Os clientes dificilmente são usuários sofisticados com conhecimento de finanças e de probabilidades. Para posicionar um produto financeiro na mente dos consumidores, as empresas devem recorrer basicamente à mesma estratégia que usam para posicionar uma televisão, um político ou um sabão em pó.

Assim, se o discurso do político não diz nada sobre seu partido, se a publicidade da televisão não menciona o tipo de chip que há nela e a promoção de sabão em pó não fala da composição química do produto, por que os bancos haveriam de explicar a seus clientes em que investem o dinheiro, a quem concedem empréstimos, como calculam os juros ou com base em quais critérios escolhem as ações dos fundos que gerenciam?

Por acaso alguém já viu algum comercial do mundo financeiro que passe dados ou informação minimamente útil sobre os efeitos de se planejar um investimento seguro? Não. A verdade é que o conhecimento que o cliente de um banco tem sobre a situação financeira da instituição é o mesmo que tem o eleitor a respeito do partido de um candidato, ou que um consumidor de produtos alimentícios tem a respeito dos ingredientes com que prepara seu jantar.

Ora, se os bancos constroem suas marcas em torno de símbolos que apoiam conceitos como "solidez", "respaldo", "solvência" e "trajetória", e um dia os clientes leem no jornal uma notícia sobre a quebra de uma instituição que era símbolo desses valores, é fácil entender que a queda da estrutura em que se apoia esse posicionamento das marcas financeiras traga incerteza enorme que se traduza em pânico.

De acordo com o modelo cognitivo desenvolvido pelos doutores Aaron Beck e Albert Ellis, um ataque de pânico é a consequência de um pensamento automático que se ativa ou dispara a partir de um conjunto de crenças centrais que os indivíduos construíram ao longo de sua infância e adolescência para poder explicar o funcionamento do mundo que os cerca.

Ainda que as crenças das pessoas não necessariamente concordem com a realidade em relação ao modo como as coisas são, a verdade é que foram construídas como resultado de suas experiências porque em algum momento ofereceram uma explicação satisfatória a respeito do que ocorria.

Assim, a economia mundial (a economia argentina não é uma exceção) tem sido tão volátil e suas crises tão recorrentes que não é difícil pensar que muitos investidores tenham formado a crença de que "a cada xis anos, há uma crise", por exemplo. Uma vez que a ideia tenha se tornado forte como uma crença, de nada servem os ministros da Economia que falam ao coração, tampouco os que invocam a razão, e muito menos aqueles que propõem resolver a questão "apostando" em enfatizar que a percepção está errada.

Coincidentemente, um dos quadros clínicos que acontecem com o ataque de pânico é a chamada claustrofobia ou ansiedade extrema por estar em situações ou em lugares nos quais a fuga ou a saída podem ser difíceis. Como acontece a um investidor que tem uma ação ou uma apólice que não para de cair, ou, pior ainda, que deixou seu dinheiro em um banco do qual não pode sacá-lo. O gatilho da crença pode ser qualquer evento que questione a solidez bancária ou do sistema econômico em seu conjunto.

O cliente descobre que não tem a menor informação a respeito da possível solidez da instituição na qual tem seus investimentos, e a incerteza lhe gera tanta ansiedade que acaba entrando em pânico, repensa todas as decisões anteriores, se apressa para retirar seus investimentos e procura um lugar seguro para seu dinheiro. O funcionamento dos mercados de valores se baseia em uma lógica parecida com a descrita.

Entretanto, isso não deveria ocorrer. Afinal, o economista Eugene Fama recebeu um Nobel em 2013 por demonstrar, em sua tese de doutorado do ano de 1965, apresentada na Universidade de Chicago, que os preços das ações seguem um caminho totalmente aleatório e imprevisível.

No mundo das finanças, essa tese é conhecida como a hipótese dos "mercados eficientes", porque a cada momento os mercados incorporam aos preços todas as informações existentes, de modo que qualquer pessoa que tenha uma nova informação sobre um evento que terá impacto na rentabilidade de uma empresa simplesmente atua no mercado (comprando ou vendendo essas ações) e faz os preços se ajustarem de modo automático para refletir a nova informação.

É esse o principal motivo pelo qual sempre digo aos alunos, amigos e conhecidos que me consultam que não faço a menor ideia se convém comprar dólares ou euros, por exemplo, e sugiro que desconfiem de qualquer um que recomende alguma dessas opções.

No entanto, a maioria das pessoas, que não conhecem o modo como funcionam os mercados financeiros nem têm conhecimento de economia, costuma acreditar que pode prever a tendência do dólar, do euro ou da bolsa, ou o preço do petróleo. Paradoxalmente, muitas vezes elas acabam tendo razão.

Voltemos ao exemplo do cassino e ao nosso jogador que sofria da "ilusão do apostador", acreditando que depois de quatro bolas com número preto, um vermelho tinha muito mais chances de sair. Esse apostador acreditava muito no acaso, e como conhecia a lei dos grandes números sabia que, de fato, a roleta era aleatória, que mais cedo ou mais tarde a quantidade de vezes que o preto ou o vermelho apareciam deveria necessariamente se equilibrar.

Seu maior problema era não saber que a lei dos grandes números só é válida – repare a redundância – para uma grande quantidade de tentativas. Portanto, a próxima bola tinha tantas probabilidades de vir com a mesma cor da bola anterior como de mudar. A roleta, por sua vez, não tem memória e simplesmente "não está nem aí" para aquilo em que o apostador acredita.

Agora pensemos no que acontece quando o apostador não acredita no acaso e, em vez de apostar na roleta, investe na bolsa. Muitas pessoas acreditam que se a bolsa se comporta de modo aleatório deveria alternar-se sempre entre dias de baixa e dias de alta; acham que os vários dias de alta ou os vários dias de baixa não correspondem a um comportamento aleatório. Para ser mais específico, a maioria das pessoas acredita que a sequência A B A B A B A B A B – no qual A indica que a bolsa está em alta e B mostra que a bolsa está em baixa – observada ao longo de dez dias de operações corresponde a um comportamento aleatório, mas consideram que a série A A A A A B B B B B não é o resultado lógico ou provável de um comportamento aleatório.

Na verdade, as duas sequências de altas e baixas da bolsa apresentadas no exemplo poderiam perfeitamente ser o resultado de um fenômeno totalmente aleatório, e de fato ambas têm exatamente a mesma probabilidade de ocorrer.

Se a esse erro comum de raciocínio somarmos o fato de que sempre tendemos a procurar regularidades (ainda que muitas vezes façamos isso de modo inconsciente), a elaborar conclusões com facilidade e a prejulgar a partir de pouca informação, teremos inúmeros investidores convencidos de que uma semana de cotação em alta do tipo A A A A A necessariamente significa que se está em uma fase positiva, que o mercado está aquecido e que é preciso investir porque a alta se manterá.

Não é uma hipótese minha. Tive uma experiência parecida com meus alunos do curso de economia do comportamento da Universidade de Buenos Aires. Construí uma série de números aleatórios em uma planilha de Excel e quando o número (entre 0 e 1) era maior do que 0,5 eu o substituía pela palavra "alta", mas quando era menor que 0,5 eu colocava "baixa". Depois, pedi que me dissessem se comprariam ou venderiam ações ao final de cada semana (obviamente, sem dizer que a série não refletia a evolução real do mercado de ações, mas que havia sido gerada aleatoriamente pelo Excel). O resultado é que a maioria deles acreditou observar tendências de alta ou de baixa, tendo ficado propensos a comprar ou vender suas ações hipotéticas nesse jogo.

Na aula, isso não passa de um interessante resultado acadêmico. Mas o problema é que, na realidade, se muitos investidores pensarem do mesmo modo, haverá um excesso de demanda de ações na bolsa e o valor delas tenderá a subir, reforçando a crença de nossos investidores, que confirmarão que realmente estavam certos ao inferir que o mercado apresentava uma tendência de alta.

Qualquer semelhança com o exemplo do motorista que em pleno congestionamento reclamava por não ter pegado a avenida 9 de Julho não é mera coincidência, obviamente.

Tanto em economia como em psicologia essa situação é conhecida como "a profecia autorrealizada": a própria crença dos investidores de que se está vivendo uma fase de alta é a que produz a próxima alta do valor das ações, e, como a alta confirma as expectativas prévias, essa "suposta capacidade" para prever se reforça. Acontece, então, o que tecnicamente chamamos de "bolha" especulativa.

Claro, o raciocínio é igualmente válido para os períodos de queda. Assim, uma bolha pode estourar simplesmente a partir de um processo aleatório de movimento da bolsa do tipo B B B B B A A A A A, em que uma semana completa de baixas pode fazer que o investidor pense estar vivendo um ciclo de queda e, assim, se convença de que convém vender logo.

Desse modo, o comportamento de manada dos investidores que vendem fará baixar novamente os preços, e eles se encontrarão novamente diante da profecia autorrealizada, com dados que reforçarão suas hipóteses anteriores.

É verdade que é mais fácil observar bolhas de alta que de baixa, mas isso se deve ao fato de os investidores que compram ações acreditarem que estas subirão e, assim, quando ocorre uma série de baixas, não aceitam facilmente que estavam enganados. Nesse caso, devido ao viés de confirmação de hipótese, é mais provável que os indivíduos acreditem que uma série de cinco dias seguidos de baixa só seja um fenômeno aleatório e que, como na roleta, ao sexto dia "as ações subirão", porque assim se salva a hipótese que acionou a compra de ações, segundo a qual os valores subiriam.

O motivo pelo qual é mais provável que uma bolha de baixa venha depois de uma de alta é que os investidores estão muito mais dispostos a vender depois de o mercado se manter em alta durante um tempo, pois já obtiveram um lucro, e nessas circunstâncias retirar-se não causa nenhuma dissonância cognitiva com as expectativas prévias.

Outro viés que afeta sistematicamente as decisões dos agentes que atuam nos mercados financeiros rendeu a Robert Shiller o Nobel de Economia de 2012, pois ele descobriu que os operadores normalmente reagem de modo exagerado diante das notícias (boas ou ruins) acerca das empresas que negociam na bolsa, ou em relação à saúde da economia de modo geral.

Essa reação exagerada pode gerar bolhas tanto de alta quanto de baixa, fazendo que os mercados financeiros sejam muito mais voláteis e exijam algum tipo de regulação.

O que podemos aprender, então, com a psicoanatomia das últimas crises econômicas internacionais? Em primeiro lugar, que os mercados estão longe de funcionar de modo eficiente e que os consumidores e investidores usam atalhos, os quais chamamos de *heurísticas*, para processar a informação e tomar decisões; eles não maximizam funções de utilidade construídas a partir de referências estáveis, já que as preferências se formam na base de símbolos que funcionam como vetores informativos que resumem (muitas vezes de modo distorcido) a informação disponível.

Em segundo lugar, aprendemos que, se de fato existem esses tipos de vieses no processamento das marcas de produtos financeiros que resumem de modo simbólico a informação relevante, talvez seja conveniente repensar os esquemas de regulação da publicidade para esses tipos de produtos.

Talvez seja conveniente promover medidas que protejam os consumidores dos comportamentos imprudentes dos bancos e financeiras, que são áreas nas quais os mercados não funcionam selecionando de modo eficiente os melhores fabricantes, como ocorre em outros setores da economia nos quais as empresas que não sabem fazer as coisas direito ou que são ineficientes acabam quebrando.

Se a quitanda da esquina vende frutas de má qualidade, os vizinhos optarão por comprar em outro lugar, e o comerciante tenderá a fechar as portas. Se uma expressa têxtil vende roupa muito cara, os consumidores comprarão produtos da concorrência, e o careiro deverá adaptar seus preços ou fechar. Mas se um banco não administrar bem os investimentos de seus clientes e falir, como os clientes dos outros bancos saberão se essa entidade quebrou por ter sido ineficiente ou porque há um problema sistêmico que coloca em risco os investimentos de todas as instituições financeiras?

Em terceiro lugar, o único modo de evitar que ocorram bolhas causadas em comportamentos de manada seria conseguir fazer que as cotações evoluíssem sem quebras autogeradas, mas como um fenômeno realmente aleatório no qual nenhum investidor pudesse prever qual será a evolução de uma ação ou de uma apólice nos dias seguintes.

Nesse sentido, é plausível pensar em intervenções aleatórias da autoridade monetária nos mercados (mediante a compra e venda de ações); que aumentando a imprevisibilidade da evolução dos índices da bolsa seria transmitida aos investidores a sensação de aleatoriedade de que precisam.

Desse modo, reduz-se notavelmente a possibilidade de que os operadores gerem hipóteses sobre fases ou tendências de mercado, que são as que dão lugar aos comportamentos de manada que causam as profecias autorrealizadas e criam as bolhas financeiras.

Jogos on-line e aprendizagem auto-organizada: o futuro da escola?

É segunda-feira e são 14h30 na cidade de Frías, Catamarca. A temperatura se mantém em 35 °C, e há vários dias não consigo me conectar à internet para verificar meus e-mails. Finalmente, consigo encontrar um cybercafé onde alguns meninos entre 6 e 13 anos estão jogando um jogo popular na rede, conhecido como "Counter Strike".

Espero minha vez e me sento à frente do computador que um deles acaba de deixar por falta de crédito, e quando me disponho a abrir meus e-mails aparece uma janela do jogo em rede com o perfil do menino que acabou de sair do computador, ainda ativo.

"Está vivo, está vivo", exclamavam os meninos. Provocação suficiente para que meu ego me levasse a encarar um jogo sobre o qual nada sabia.

Comecei a apertar os botões mais ou menos ao acaso, mas para minha surpresa os rivais, conscientes da minha falta de conhecimento, passaram a me ensinar.

Recebi uma enxurrada de instruções espontâneas que me permitiram, em poucos minutos, ganhar domínio básico do jogo. Alguns minutos depois, perdi e me dediquei a responder a alguns e-mails, mas a lição ficou: as crianças sabem aprender um jogo completo sem professor que as ensine. Simplesmente se auto-organizam e geram um processo de aprendizagem incrível, que dificilmente alcança a educação tradicional em nossas aulas.

Então me lembrei de uma conferência incrível de TED (Tecnologia, Entretenimento e Design), na qual Ali Carr-Chellman sustentou a tese de que existe uma enorme separação entre a cultura das crianças e a cultura da escola, especialmente no caso dos homens.

O tipo de vida que a escola propõe aos jovens pode concordar mais com a cultura das meninas, mas não tem nada a ver com a dos meninos, que ficam mais à vontade jogando Counter Strike ou disputando o controle do PlayStation.

Essa especialista em *design* de materiais instrutivos para o ambiente escolar destaca a falta de homens à frente dos cursos como outra das causas do desinteresse dos meninos pela escola: os meninos precisam de um modelo masculino na aula. Nos Estados Unidos, por exemplo, 93% dos professores são mulheres, e suspeito que na Argentina os números sejam parecidos.

Como são proporções, a proposta de Ali Carr-Chellman consiste em destinar recursos ao desenvolvimento de jogos de videogame que tenham conteúdo educativo e que se pareçam o máximo possível com aqueles que prendem a atenção das crianças durante as horas que passam fora da escola.

Curiosamente, uma das *designers* de jogos on-line mais prestigiadas, Jane McGonigal, também fez uma palestra TED em 2010 na qual explicou por que os jogos eletrônicos são tão atraentes, e até mesmo viciantes, para os jovens.

O segredo parece estar na organização e na dificuldade das tarefas que os jogos propõem, assim como no esquema de prêmios, que gera incentivos para que os participantes realizem o máximo esforço possível para vencer as provas.

Perceba que o sistema educativo tradicional tem um enorme problema com os incentivos. Os alunos (e os pais) recebem um *feedback* tardio e inútil, porque nossa escola não tem tradição de avaliar, medir e controlar frequentemente o que acontece na aula. Os jogos em rede funcionam por duas características fundamentais das funções de recompensa que trazem associadas: o *feedback* é automático e sempre é possível começar de novo de maneira instantânea.

A escola, por sua vez, não funciona porque não faz sentido que o boletim chegue depois de dois meses do início das aulas ou que ele termine por decidir, no fim do ano, que o aluno reprovou em uma matéria e deve recuperá-la. É tarde.

Nesse sentido, um dos grandes êxitos do sistema educacional da Finlândia (um dos melhores do mundo nas provas padronizadas Pisa) é que a avaliação é contínua, e cada vez que um aluno não entende um assunto ele deve assistir às aulas adicionais à tarde, nas quais um tutor cuida para que o estudante alcance os demais colegas.

Por outro lado, o aprendizado cooperativo e auto-organizado não é algo que ocorre sozinho no âmbito dos jogos em rede.

O professor Sugata Mitra realizou dezenas de estudos em diferentes aldeias pobres da Ásia que não contavam com conexão à internet e provou que com poucos recursos pode-se conseguir que as crianças aprendam.

Os experimentos desse maravilhoso pedagogo indiano consistiam em selecionar uma comunidade, instalar um computador com acesso à internet, que ficava preso a uma parede, e deixá-lo ali sem nenhuma instrução. Seis meses mais tarde, o pesquisador voltava para avaliar os resultados.

Com isso ele observou que sistematicamente os meninos aprendiam, de modo coletivo e cooperativo, a navegar na internet, a buscar conteúdo no Google, a usar o correio eletrônico e a participar de *chats*, e inclusive melhoravam de modo notável seu nível de inglês, pois a primeira coisa que tinham que descobrir para poder dominar o computador e navegar era como traduzir para seu idioma o que aparecia na tela.

A segunda grande diferença entre nossas escolas e o mundo virtual em que as crianças vencem tem a ver com os prêmios.

Além de sua capacidade de gerar contextos de autoaprendizagem, o mundo dos jogos on-line é apaixonante para os jovens porque, como afirma McGonigal, permite que eles tenham triunfos épicos com muita frequência, cumprindo objetivos que exigem realizar o máximo esforço e alcançar altos níveis de concentração.

Como se fosse pouco, alcançam coisas que nem sequer pensariam poder conseguir, o que mostra a eles que nesse mundo suas capacidades são premiadas e que há um lugar onde são úteis não só individualmente, mas sobretudo coletivamente.

Decerto os jogos representam a cultura dos jovens a que se referia Ali Carr-Chellman, e são totalmente opostos ao sistema de premiação e punição que domina as escolas.

O outro tema é o das motivações e dos esforços. O professor William Glasser não é especialista em jogos on-line, mas curiosamente suas pesquisas parecem confirmar as descobertas de Ali Carr-Chellman.

No início dos anos 1990, o professor Glasser, um teórico da qualidade da educação, que também é diretor de um colégio, foi convidado para ir a Pittsburg dar uma palestra sobre o ensino médio.

Era costume de Glasser chegar com antecedência às escolas nas quais realizaria sua exposição para conversar com os alunos. Nessa oportunidade, estava interessado em saber qual era a porcentagem de estudantes que verdadeiramente se esforçavam em sala de aula, por isso fez essa pergunta aos jovens com os quais se reuniu. A resposta foi surpreendente: a maioria dos alunos considerava que apenas entre 20% e 45% de seus companheiros se esforçavam ao máximo para conseguir um bom desempenho.

Quando Glasser quis saber se os que mais se esforçavam eram os mais capazes, teve uma segunda surpresa: muitos dos alunos mais capazes afirmaram que tinham perdido havia muito tempo o interesse e que estavam no grupo dos que não se esforçavam muito.

Porém, ainda há mais: à tarde, durante sua palestra, o professor perguntou aos alunos o que era qualidade, na opinião deles. A resposta dos jovens foi que qualidade "era o melhor que podiam fazer", "que exigia tempo e esforço" etc. Por fim, Glasser perguntou: "Vocês fazem trabalho de qualidade em sua escola?". O silêncio tomou a aula por muitos segundos até que um aluno de ótima reputação parou e disse: "Estudo aqui desde a pré-escola e tenho sido um bom aluno; quase todas as minhas notas foram A, recebi poucos Bs e nenhum C. Meus pais e meus professores sempre ficaram muito satisfeitos com meu desempenho, mas quero dizer uma coisa: nunca em uma aula eu fiz tudo o que posso fazer".

Desse modo, o trabalho de Glasser vem a ser uma comprovação empírica da dissociação entre a cultura dos alunos e a cultura da escola. No entanto, há mais em relação a isso. Quase todos os economistas e pedagogos prestam pouca atenção ao fator relacional, que é muito importante na hora de explicar como é construída a cultura da aula.

Digo "quase todos" porque o Nobel de Economia George Akerlof e sua colega Rachel Kranton desenvolveram uma linha interessante de trabalhos sobre o forte efeito da construção da identidade na escola.

Como antecedentes, podemos citar o famoso Relatório Coleman – em *Igualdade de oportunidades na educação*, James Coleman destacava, entre outras coisas, a importância que tinha para os alunos pertencer a um grupo – e, claro, os experimentos do pai da psicologia social, Muzafer Sherif, nas décadas de 1940 e 1950, que consistiam em formar grupos de alunos que não se conheciam previamente para analisar a evolução do grupo e o desempenho de seus integrantes.

Esses experimentos mostravam que ao fim de uma semana já acontecia um profundo efeito de pertencimento entre os membros de cada grupo, por um lado, e um efeito de competitividade entre grupos, por outro. E eu denomino esse fenômeno, recorrendo a uma metáfora esportiva, de *efeito camiseta*.

A novidade dos trabalhos do professor Akerlof é que indicam que os alunos escolhem seu pertencimento a determinado grupo (nerds, outsiders, líderes etc.), e como cada grupo tem uma identidade e uma imagem ideal de comportamento, seus membros acabam escolhendo o nível de esforço que estão dispostos a dedicar de acordo com essa imagem; isso poderia explicar, em parte, o pouco compromisso com o trabalho em aula que o professor William Glasser encontrou.

Esse fenômeno social provavelmente tem raízes na evolução de nossa espécie. O biólogo Richard Alexander defendia o fato de que, como o predador natural do homem tinha sido o próprio ser humano, acabava sendo essencial a capacidade de formar grupos e elaborar estratégias a fim de garantir a sobrevivência da espécie.

Nesse sentido, a vontade de ocupar determinado lugar na matriz social da aula acaba sendo essencial para garantir o acesso a uma posição hierárquica, mas não basta para alcançar essa posição.

Em muitos casos é preciso, além disso, defender o lugar gerando situações de agressão e de violência dentro da aula.

Já no grande livro do etólogo e vencedor do Prêmio Nobel de Medicina Konrad Lorenz, *A agressão: uma história natural do mal*, é apresentada a hipótese de que a agressão tem uma função na conservação da espécie, na medida em que permite administrar e determinar com eficiência o espaço no meio ambiente ao separar e distribuir os indivíduos diminuindo a necessidade de enfrentamentos letais resultantes da rivalidade pelo acesso a determinado recurso de sobrevivência ou de reprodução.

Curiosamente, pesquisas do professor Robert Faris, da Universidade da Califórnia, coincidem com essa perspectiva ao indicar que existe uma forte correlação entre batalha pelo posicionamento social e agressão dentro da aula. Essas descobertas representam uma quebra na crença tradicional segundo a qual os processos de intimidação escolar (*bullying*) estavam direcionados a assustar os indivíduos mais marginalizados dentro do grupo.

Recapitulando: minha hipótese é que o resultado do processo educativo em termos de formação acadêmica, mas principalmente em relação à formação das principais características dos jovens – que tanto impacto têm nos níveis de sucesso alcançados no lado econômico e no terreno das relações familiares e sociais –, depende essencialmente de como se origina e constitui o processo de criação de grupos na escola, do posicionamento dos indivíduos no mapa social resultante e da distância que existe entre o paradigma cultural do grupo de pertencimento e a cultura da própria escola.

Os economistas deveriam aprender com William Glasser e perguntar aos alunos e aos professores que níveis de esforço eles de fato obtêm, por que não o incrementam e que incentivos promoveriam o aumento do esforço realizado.

Os pedagogos deveriam perder o medo de fazer experimentos científicos e de incorporar os desenvolvimentos e as linhas de trabalho que a psicologia cognitiva propõe. Entre eles podemos analisar o *boom* dos jogos on-line e averiguar por que conseguem prender a atenção de tantas crianças durante tanto tempo, que causas explicam o fato de elas se esforçarem ao máximo com eles e como os jovens aprendem as regras de tais jogos.

Em seu livro *Fora de série*, Malcolm Gladwell defende serem necessárias dez mil horas de dedicação absoluta para conseguir que um jovem seja um fora de série em qualquer campo da ciência, do esporte ou das artes. Ainda que exista uma assistência perfeita na escola durante os doze anos que duram o ensino de fundamental a médio, um aluno não chegaria a cursar dez mil horas (se considerarmos 180 dias por ano e quatro horas por dia, sem levar em conta os feriados, as eventuais greves, as ausências por motivos de saúde e os recreios, teríamos um total de 8.640 horas). Se agregarmos a isso o fato de que o nível de esforço dos alunos está muito distante de ser o máximo possível, compreenderemos como a escola está longe de produzir jovens talentosos.

Por outro lado, como afirma Jane McGonigal, muitos jovens chegam aos 18 anos tendo acumulado dez mil horas de diversão e de competição intensiva, se somarmos o tempo que dedicam ao PlayStation, ao Wii e aos jogos on-line.

Parafraseando Terezinha Carraher, assim como o título de seu livro *Na vida dez, na escola zero*, poderíamos dizer que há vinte anos muitos alunos resolviam com êxito os problemas aritméticos em contextos não escolares, mas reprovavam na escola porque a pedagogia escolar os discriminava socialmente; porém, hoje a separação se dá em nível cultural e atravessa transversalmente o sistema educacional, portanto o título atual deveria ser *No computador dez, na escola zero*, uma vez que o sistema educacional discrimina todos os jovens com cultura tecnológica moderna.

Como indica o especialista em educação Ken Robinson, provavelmente isso se deva ao fato de que o modelo de escola que temos hoje foi pensado no século XVIII como elemento funcional da Revolução Industrial, porque permitia formar de modo sistemático e padronizado a mão de obra exigida pelos novos processos de produção. O problema é que a criação de valor nas sociedades atuais mudou radicalmente, e hoje é preciso desenvolver um modelo flexível e personalizado que permita que todos os jovens explorem ao máximo o seu potencial.

Nesse sentido, uma experiência muito interessante é a que está vivendo Salman Khan, que, com uma organização não governamental sem fins lucrativos, desenvolve vídeos explicativos sobre os diferentes temas do currículo escolar que os estudantes podem ver no YouTube.

Quando os alunos acreditam que compreenderem um tema, submetem-se a uma série de avaliações on-line, organizadas de tal modo a fazer com que não consigam passar ao assunto seguinte se antes não tiverem conseguido resolver dez exercícios consecutivos de forma correta. Tudo isso acontece em sala de aula, onde o professor pode monitorar em tempo real, e a partir de seu computador, o grau de desenvolvimento de cada um dos alunos e detectar quando algum deles tem dificuldade para avançar em determinado assunto. Assim, o professor pode se dedicar a ajudar de modo personalizado os estudantes que apresentam dúvidas ou dificuldades, enquanto o restante continua trabalhando.

Bill Gates já sugeriu, inclusive, que essa metodologia poderia ser aplicada fora da sala de aula, e assim os alunos poderiam pedir a cooperação de outros que tivessem recebido pontos por bom desempenho por terem avançado com sucesso nas diferentes etapas do programa. Dessa forma, os alunos que apresentaram dúvidas em casa poderiam recorrer aos tutores de "bom desempenho certificado", e os encarregados de oferecer ajuda poderiam receber mais pontos por sua colaboração e conseguir também o reconhecimento social de seus companheiros.

O desafio da escola do futuro provavelmente será tentar abandonar as regras do modelo presencial de lousa e apagador e procurar construir uma nova cultura, segundo a qual a escola se pareça cada vez mais com um jogo on-line, em que os conteúdos comuns de geografia, história, matemática e ciências sejam necessários para completar problemas e tarefas – cuja resolução proporcione pontos – disponíveis em formatos digitais de fácil acesso on-line, para que os alunos possam recorrer a eles tanto dentro quanto fora da sala de aula.

Estou certo de que, quando esse dia chegar, nossos jovens aprenderão em contextos que serão altamente significativos para eles, com base no trabalho em grupo e cooperativo.

DINHEIRO NÃO TRAZ FELICIDADE

Numa manhã de maio de 1974, o professor Richard Easterlin, especialista em estudos demográficos e populacionais, recebeu uma base de dados com resultados de pesquisas de dezenove países nos quais tinha sido feita a seguinte pergunta: "Levando tudo em conta em termos gerais, qual seria o nível de satisfação que você sente com sua vida, em uma escala de 1 a 7, em que 1 significa que não está satisfeito com nada e 7 que está totalmente satisfeito?".

Para esse pesquisador da Universidade da Pensilvânia, as pesquisas pareceram fantásticas porque finalmente poderia saber quanto dinheiro era preciso para ser feliz; que diferenças de satisfação com a vida haveria entre os países mais ricos (com maior PIB *per capita*) e os mais pobres.

Era uma época em que não havia a capacidade computacional de hoje, e muitos dos cálculos econométricos eram feitos à mão. Easterlin chamou seus ajudantes, deu a eles a base de dados e pediu que calculassem o impacto da renda na felicidade.

Ao fim de algumas horas, os assistentes voltaram, cabisbaixos. Tinham repetido os cálculos várias vezes e não conseguiram encontrar nenhuma diferença estatisticamente significativa entre a felicidade que relatavam os habitantes de países pobres e os de países ricos. Os cubanos, por exemplo, se sentiam tão satisfeitos com a vida quanto os estadunidenses, e os egípcios eram mais felizes do que os japoneses e os alemães.

Easterlin tentou então com uma pergunta alternativa que aparecia nas mesmas pesquisas: "Considerando todos os aspectos de sua vida, você diria que é muito feliz, feliz o bastante ou não muito feliz?". O resultado foi o mesmo, as duas perguntas apresentavam alta correlação.

Sem se dar por vencido, o pesquisador mudou então a metodologia de análise. Se não era certo que os estadunidenses fossem mais felizes que os cubanos, talvez isso se devesse a alguma característica idiossincrática dos diferentes países. Talvez os cubanos fossem intrinsecamente mais felizes, devido ao clima, às praias ou a qualquer outro motivo.

Para resolver a questão, o economista recorreu a outra base de dados em que havia registros de felicidade dos estadunidenses de 1946 a 1970. Afinal, nesses 24 anos o PIB *per capita* dos Estados Unidos havia aumentado cerca de 63%, de modo que era de se esperar que as novas gerações relatassem níveis mais altos de felicidade do que seus pais. No entanto, Easterlin voltou a se sentir frustrado; a porcentagem de pessoas que se declararam muito felizes se mantinha estável, em torno de 43%, e não crescia com a renda.

Felizmente, os resultados de todo modo foram publicados e sacudiram a comunidade científica internacional, dando a Easterlin grande fama e o privilégio de que desde então seja conhecida como "paradoxo de Easterlin" a falta de relação entre a renda e a felicidade.

Desde a publicação daquele famoso trabalho tem surgido uma série de pesquisas científicas que procuram criticar suas descobertas ou explicá-las.

A discussão não é simples, uma vez que há muito em jogo. Se Easterlin estiver correto e o acesso a um consumo maior não aumenta a satisfação das pessoas, então a microeconomia tradicional se encontra com grandes problemas, já que não seria certa a afirmação de que uma cesta de bens maior tem mais utilidade do que outra menor que esteja incluída na primeira. O resultado, certamente, parece desafiar até os princípios básicos da racionalidade.

Para exemplificar a contradição, imaginemos o seguinte exemplo: é oferecido aos consumidores um serviço de tevê a cabo que tem 50 canais e outro com os mesmos canais que o anterior e mais 20 canais adicionais. Se os clientes optam pelo serviço de 70 canais, a lógica indica que é porque preferem esse em relação ao de 50 e porque tal pacote lhes garante uma utilidade maior (maior prazer).

No entanto, quando os pesquisadores perguntam às pessoas se elas gostam mais de ver tevê agora que adquiriram a DirecTV e comparam as respostas com as que elas davam antes, quando tinham que se contentar com o serviço básico de canais locais, observam que a resposta é negativa. Os telespectadores veem a mesma quantidade de tevê que antes e aproveitam tanto ou então até menos porque, como mostrou o professor Barry Schwartz, o fato de enfrentar um conjunto exagerado de oportunidades de escolha gera angústia.

Por que isso acontece? Em primeiro lugar, porque as limitações de nossa cognição tornam impossível analisar todas as possibilidades de consumo, e uma pessoa se vê forçada a escolher sem ter explorado as alternativas de modo total. Em segundo lugar, porque agora escolher implica sacrificar muito mais opções que antes. Quando a tevê tinha quatro canais, se uma pessoa escolhia assistir ao futebol, perdia o noticiário, a novela ou determinado filme, mas agora a sensação é de que, se escolho assistir à partida de futebol local, perco a possibilidade de assistir a um jogo do Barcelona na Copa do Rei, de ver uma partida da NBA e de conferir um torneio de tênis, além de deixar de ver o programa de pôquer que passa no canal Fox, 32 novelas, 45 filmes, 5 noticiários locais e 22 internacionais, entre muitas outras opções.

Mais ainda, como já vimos neste livro, a memória não é um dispositivo que grava toda a informação de modo inalterado, mas um estoque muito imperfeito, em que – e isso já foi enfatizado pelo próprio Kahneman – uma coisa é a utilidade ou o prazer que determinado consumo proporciona em determinado momento, e outra muito diferente é a utilidade recordada quando se evoca esse consumo um tempo depois.

Por esse motivo, a felicidade provavelmente não dependa apenas do montante de dinheiro gasto em consumo em cada domicílio, mas da estrutura qualitativa dele. Isto é, quando o consumo é repetitivo e comum não existe novidade, e, portanto, é possível pensar que não será armazenado na memória da mesma maneira que o consumo variado e novo.

Você saiu de férias recentemente? Busque na memória e anote em um caderno tudo de que se lembre delas. Se sua memória for muito boa ou se suas férias tiverem sido minimamente importantes, você deve ser capaz de encher vários cadernos com relatos de histórias e de situações vividas nesses dias de descanso. No entanto, a maioria das pessoas não consegue escrever mais de duas ou três páginas com lembranças das férias.

Cerca de 90% da utilidade experimentada não é lembrada, a menos que se tenham vivido experiências novas. Também existe uma tendência, baseada nos princípios psicológicos de tempo (o último, ou mais recente) e de ordem (o primeiro, ou mais antigo), a lembrar-se mais dos primeiros dias e dos últimos e a basear a avaliação de como foi feliz em suas férias segundo a lembrança do que viveu nesses dias.

Quer ser feliz de verdade nas férias? Organize-as em pequenos blocos de experiências significativas, de modo que todos os dias sejam diferentes, e reserve as emoções fortes para os últimos cinco dias.

A microeconomia que nos ensinam na universidade não é a única que tem problemas a partir dessas descobertas. Os governos que historicamente se gabaram de ter aumentado seu PIB agora estão em dificuldade. Ou seja, pode ser que uma família de classe média contemporânea tenha acesso a bens maiores do que aqueles de que um rei ou um imperador podia usufruir há mil e quinhentos anos, mas isso não parece determinar que os indivíduos sejam mais felizes atualmente.

Mas alguns autores, como Ruth Veenhoven, da Universidade de Rotterdam, têm criticado o trabalho de Easterlin, afirmando que quando se considera um conjunto mais extenso de países e se possui dados correspondentes a períodos mais longos de tempo, na verdade observa-se, sim, uma tendência cada vez maior nos registros sobre a felicidade à medida que as rendas aumentam.

Betsy Stevenson e Justin Wolfers, pesquisadores do National Bureau of Economic Research [Agência Nacional de Pesquisa Econômica], confirmam esse resultado no principal estudo publicado até agora sobre essa questão; mas, apesar de serem encontrados efeitos positivos das rendas sobre os níveis de felicidade, os impactos são pequenos. Em linguagem coloquial, seria como dizer que "o dinheiro não traz felicidade, mas ajuda um pouco".

Veenhoven tem uma página na internet na qual reuniu bases de dados sobre felicidade compilados entre 1945 e 2009 para 225 países, 148 dos quais responderam a perguntas semelhantes e comparáveis.

Segundo o *ranking* obtido com esses estudos, a Argentina está na 22ª colocação entre as nações mais felizes do mundo, pouco abaixo dos Estados Unidos (20ª) e do Brasil (18ª). Costa Rica e Dinamarca são os paraísos da alegria. Burundi, Tanzânia e Togo, os piores lugares para se procurar a felicidade.

Na Argentina, havia poucas pesquisas empíricas a respeito desse assunto, até que no ano passado publicamos o primeiro estudo extenso de Economia da Felicidade, juntamente com Pablo Schiaffino, tomando dados de pesquisas dos últimos 28 anos.

Como antecedente, em um trabalho com base em dados do Cerx, a economista da Universidade de Buenos Aires Victoria

Giarrizzo observou que 84% da população argentina avaliava sua situação econômica como ruim, muito ruim ou regular, e que, no entanto, 73% dos entrevistados se consideravam felizes ou muito felizes, o que pareceria indicar uma contradição. Prova disso é que quando as pessoas tiveram que responder quais fatores as fariam mais felizes, novamente 81% das respostas incluíram variáveis relacionadas à situação econômica.

Além disso, os resultados de duas pesquisas que fizemos em 2008 e 2009 com Guillermo Cruces e Andres Ham, do Cedlas, parecem concordar que existe um impacto positivo da renda na satisfação com a vida, ainda que isso explique apenas 9% das mudanças na felicidade e o impacto das rendas seja pequeno. Uma pessoa com renda familiar média precisa de cerca de 163% de incremento para que sua satisfação com a vida passe de 7 a 8 pontos. Ademais, o efeito da renda se torna menor quando se sobe na escala de remunerações, de modo que uma família que já tem o dobro de renda que a média da população precisa de um aumento de 236% para subir um ponto na escala da felicidade.

Curiosamente, observa-se que as mulheres são ligeiramente mais felizes do que os homens e que as pessoas mais jovens registram maiores níveis de felicidade do que o restante da população, uma relação que coincide com as descobertas dessas pesquisas na maior parte dos países.

Um resultado notável da pesquisa do Cedlas, que já havia sido sugerido por autores como Carol Graham, indica que, apesar de a renda ter um papel relativamente pequeno na felicidade, as pessoas que consideravam sua família pobre (pobreza subjetiva) relataram valores muito menores de felicidade, inclusive depois de considerar a própria renda na equação.

Em outras palavras, os resultados das pesquisas do Cedlas mostram que, além da queda da felicidade que a baixa renda oferece, existe um agravante para aquelas pessoas que se autoclassificam pobres.

O argumento de Graham indicava que a renda impactava a felicidade na medida em que permitia às famílias satisfazerem suas necessidades básicas; assim, uma vez superado esse problema, a renda perdia boa parte de seu efeito. O resultado do Cedlas confirma esse argumento. Esse efeito explicaria, assim, uma parte do paradoxo de Easterlin, segundo o qual, nos países desenvolvidos, o aumento da renda não tem impacto na felicidade, pois a maioria da população já garantiu suas necessidades básicas.

Voltando então ao estudo que publicamos com Pablo Schiaffino, descobrimos que na Argentina a felicidade subiu claramente em 1991, caiu em 1995, voltou a subir em 1999 e outra vez em 2006. Subiu mais até o início de 2011, mas como houve uma queda depois não foi possível concluir que tenha mudado entre 2006 e 2012. A hipótese mais forte (coincidindo com as mudanças na felicidade em nível regional) é que a variável relevante não é a renda, mas, sim, o emprego, um resultado que já tinha sido descoberto pelos economistas Rafael Di Tella e Robert MacCulloch, em um dos trabalhos mais famosos sobre a relação entre felicidade e macroeconomia. Esses autores demonstraram, com base em pesquisas em doze países europeus e os Estados Unidos, que as pessoas valorizam cerca de 70% mais uma redução no desemprego do que uma queda na inflação. Em outras palavras, um governo que conseguisse diminuir o desemprego em 10% aumentaria a felicidade de seu povo, inclusive se os preços aumentassem, como consequência do aquecimento da economia, até cerca de 17%.

No caso específico da Argentina, essa relação se confirma. Há um forte aumento do desemprego na "crise Tequila", em 1995 (desemprego que, segundo o Indec, foi de 16,6%), uma melhora em 1999 (desemprego de 13,8%), uma queda acentuada até 2006 (8,7% de desemprego) e depois fica estagnada a melhora no desemprego (o desemprego diminui só até 7,6% em relação à última medição). Coincidindo com a hipótese de Graham, podemos concluir que a renda não traz felicidade (não insistamos no PIB *per capita*), mas a falta de sua fonte (o desemprego) nos deixa totalmente arrasados.

Existem ainda outras duas explicações para o baixo impacto da renda na felicidade, formuladas inicialmente por Clark, Frijters e Shields em 2006, e por Frey e Stutzer em 2002, respectivamente.

A primeira explicação tem a ver com um processo já mencionado em outros textos. Esses autores defendem (ainda que a hipótese tenha sido levantada originalmente por Duesenberry em 1949) que em boa parte a felicidade não depende da renda absoluta, mas da renda relativa; isto é, de quanto ganha cada pessoa em comparação com as rendas obtidas por seu grupo de referência.

A ideia é que cada um de nós estima quanto deveria ganhar em função da renda recebida por seus semelhantes (colegas de escola e faculdade, vizinhos de bairro etc.). Desse modo, as pessoas são mais felizes quando sua renda supera a de seu grupo de referência, e vice-versa.

O resultado, corroborado empiricamente em várias oportunidades – num trabalho de Chaparro e Lora de 2008, por exemplo –, pode parecer chocante para muitos leitores, mas para mim parece muito lógico analisado à luz dos princípios básicos da psicologia evolucionista.

Como discutimos antes, praticamente em todas as espécies animais que vivem em grupos ou em sociedades existe uma forma de hierarquia que organiza o acesso aos recursos de sobrevivência e de reprodução. Por meio da civilização, o ser humano também se organiza com base em hierarquias sociais, algumas vezes baseadas na linhagem e, em outras, na posição econômica.

Portanto, não é um absurdo que o dinheiro cumpra dois papéis: primeiro, que atue como meio que permite a aquisição de bens e serviços; segundo, que atue como elemento que organiza uma hierarquia social.

Inclusive, é possível pensar que se a posição na hierarquia social permitisse "comprar" o acesso a recursos reprodutivos e de sobrevivência (um parceiro e a isenção de alistamento no exército, por exemplo), muitas pessoas estariam dispostas a sacrificar rendas absolutas para melhorar sua posição relativa.

Isso explicaria por que a felicidade pode diminuir em um cenário no qual a renda de uma pessoa aumenta, mas em uma medida menor do que a do seu grupo de referência.

Então, tendo em vista que as pessoas não andam com o extrato da conta corrente na testa, não chama atenção que paguem 99 dólares por um par de tênis ou 465 dólares por um celular, pois esses produtos são usados como "indícios" da renda e funcionam como organizadores sociais, algo que qualquer criança de 10 anos sabe perfeitamente, uma vez que o dia mais feliz para ela na escola é aquele em que chega com tênis novos ou um celular recém-comprado.

Podemos ver, então, como as diferentes descobertas da psicologia e da economia, que pareciam compartimentos separados, finalmente estão se relacionando. O ímpeto por satisfazer necessidades de terceira, quarta e quinta ordens na escala de Maslow faz que as pessoas experimentem níveis baixos de felicidade quando não podem conseguir bens que estão disponíveis para outros indivíduos de seu grupo de referência, até mesmo se elas estão em uma posição econômica melhor do que a que tinham alguns anos atrás.

No entanto, ainda falta um componente para explicar por que não nos sentimos mais felizes do que há vinte anos se agora podemos ter um conjunto de bens muito mais amplo.

No discurso que o professor Kahneman fez ao receber o Prêmio Nobel, ele explicou à plateia o que é o princípio de adaptação, um fenômeno psicológico fundamental que procura explicar por que um mesmo estímulo (como o acesso a um conjunto de bens) pode provocar sensações muito diferentes em momentos diferentes.

O famoso estudo de Brickam e seus colegas, o qual comentamos no início deste livro, confirma o princípio de adaptação a partir dos resultados de pesquisas realizadas com ganhadores da loteria e vítimas de acidentes nos quais se tornaram paraplégicas. Depois de um tempo, os dois grupos mostraram uma tendência de retorno aos níveis de felicidade que tinham antes do fato crucial que havia mudado sua vida de modo tão drástico.

Desse modo, o princípio de adaptação permitiria explicar por que os países que tiveram melhoras em sua situação econômica não necessariamente apresentam níveis maiores de felicidade. Simplesmente os indivíduos se acomodam, se adaptam à nova situação.

Esse princípio também explica por que as novas gerações declaram sistematicamente ter menos oportunidades que seus pais quando, na verdade, consomem o dobro de bens que seus progenitores.

O leitor pode duvidar de minha afirmação, é claro. Nesse caso, faço uma sugestão: consulte os resultados da pesquisa nacional de gasto dos domicílios realizada entre os anos 1985 e 1986 pelo Indec. Os resultados dessa pesquisa mostram claramente a estrutura da cesta de consumo médio de 28 anos atrás. O leitor pode tentar viver um mês com essa cesta de bens, ou seja, como vivia uma família média há 28 anos na Argentina, e comprovará que sobrará metade de seu dinheiro.

Levando tudo isso em consideração, cabe perguntar se os governos deveriam orientar suas políticas econômicas a melhorar a renda das pessoas ou se, em vez disso, deveriam procurar maximizar a felicidade. Essa é justamente a pergunta que faz Sebastián Campanario em seu livro *Economía de lo insólito*, no qual comenta o caso do Butão, um país onde há tempos os funcionários públicos deixaram de lado as contas nacionais tradicionais e baseiam suas políticas nos níveis de felicidade da população.

Uma vez que os indivíduos se adaptam à sua nova situação, e levando em conta que há muito a ganhar em matéria de felicidade quando uma população é retirada da pobreza, seria possível até propor uma medida que estabelecesse, por exemplo, um imposto de 30% sobre a renda da população que tenha melhor situação econômica com o objetivo de destinar os fundos para acabar com a pobreza. O imposto deveria ter uma característica distinta: envolver valores muito baixos no começo (apenas cerca de 1% da renda, por exemplo) e ir aumentando ano a ano, paulatinamente, de modo a não alterar de maneira significativa o nível de felicidade dos indivíduos mais ricos e dar a eles tempo necessário para que o princípio de adaptação funcione.

O imposto teria que subir a que velocidade para não alterar de forma significativa a felicidade da população que deveria pagá-lo? Os psicólogos cognitivos que trabalham para as empresas de consumo em massa têm a resposta: a diferença apenas perceptível (DAP).

O diferencial DAP, um antigo conceito de psicologia da percepção descoberto por Ernst Henrich Weber e Theodore Gustav Fechner no século XIX, é a maior variação de tamanho, consistência, qualidade, preço etc. que pode ser aplicada a um estímulo (produto) sem que o consumidor note a diferença.

Você se lembra da crise de 2001-2002? Notou que depois da crise os rolos de papel higiênico passaram a ter 10 metros a menos, que os sabonetes diminuíram de tamanho e que os pacotes de bolacha vinham com três ou quatro unidades a menos? Nenhuma dessas variações se deu de forma impulsiva. Pelo contrário, as empresas estudaram em laboratório cada uma das mudanças e as realizaram paulatinamente, de modo que os consumidores não notaram a diferença entre a apresentação anterior do produto e a nova.

O mesmo princípio poderia ser aplicado ao implementar o imposto sugerido para acabar com a pobreza, com a vantagem de trazer a ilusão monetária gerada pelo processo inflacionário e que faz, por exemplo, com que um aumento de salário de 15% em um contexto de inflação de 25% pareça muito melhor do que uma redução de 10% em um contexto sem inflação.

Então, se o governo impusesse um imposto de 1% à renda em um contexto de inflação anual de 20%, os contribuintes praticamente não notariam a mudança. Logo, poderia estudar qual é a DAP em matéria impositiva para ir aumentando ano a ano o imposto sem causar modificações importantes no nível de satisfação dos contribuintes e resolver, ao mesmo tempo, o problema da pobreza.

Mas, então, o que é preciso fazer para ser feliz?

Daniel Todd Gilbert tem parte dessa resposta. Esse carismático professor de psicologia da Universidade de Harvard está maravilhado com a capacidade única que nós, seres humanos, temos de projetar o futuro em nossa imaginação.

Não precisamos tocar a areia nem molhar os pés na água do mar, podemos construir uma representação mental tão real desses fenômenos que até as áreas de prazer do cérebro serão ativadas antecipadamente.

O mesmo acontece conosco quando planejamos pequenas coisas e grandes projetos.

Não há aluno que se matricule na faculdade que não esteja sonhando com seu futuro profissional, e devo confessar que um dos momentos mais fantasiosos de minha vida é quando saio de uma casa lotérica após fazer um jogo da loteria.

O delírio costuma durar menos de cinco minutos, mas me proporciona um prazer que justifica o dinheiro gasto na aposta, a ponto de muitas vezes me esquecer de conferir os números sorteados, o que deixa claro que mais do que jogar pelo prêmio aposto para ter o direito de sonhar que ganho.

O problema é que, como demonstrou Gilbert em várias pesquisas, temos um viés de impacto que nos faz superestimar tanto a intensidade do prazer associado a uma nova experiência como a duração dele.

Essa situação faz que muitas vezes não consigamos alcançar estados de felicidade natural, mas o "sistema imunológico de nossa cognição" nos ajuda a produzir um estado de felicidade sintética.

Essa ideia foi levantada por Gilbert em um livro que se tornou um best-seller, algo pouco comum para as publicações científicas. Em *Stumbling on happiness*, cuja tradução seria algo como "tropeçando na felicidade", o autor levanta a ideia central de que nosso sistema cognitivo tem uma espécie de termostato que sintetiza felicidade quando precisamos dela para manter um nível de bem-estar mais ou menos estável.

O notável é que esse sistema parece funcionar de modo mais ou menos automático e sem muito controle consciente, como prova uma série de experimentos que Gilbert realizou em pacientes com amnésia anterógrada, que, como no caso de Clive Wearing, não podem consolidar novas lembranças.

Os pesquisadores que trabalharam com o professor Gilbert pediam aos participantes do experimento que colocassem em ordem, da favorita à que menos gostavam, seis réplicas de quadros famosos de Monet.

Então, eles lhes deram as réplicas que cada um tinha classificado em terceiro e quarto lugares e pediu a eles que escolhessem uma para guardar e que devolvessem o restante.

Meia hora depois, tempo suficiente para que esses pacientes se esquecessem completamente de que tinham participado de um experimento com quadros de Monet, os assistentes de Gilbert voltavam a visitá-los e pediam que eles colocassem as seis réplicas em ordem de novo.

O resultado era idêntico ao obtido com participantes sãos: agora o quadro com o qual os pacientes haviam ficado ganhava uma melhor posição, subindo ao segundo posto, ao mesmo tempo que aquele que havia sido escolhido para quarto lugar perdia uma posição e acabava em quinto.

O sistema cognitivo havia mudado as preferências dos indivíduos, acomodando-as para que eles ficassem mais felizes com a escolha que tinham feito, melhorando as perspectivas do quadro com o qual haviam ficado e desvalorizando o atrativo do que tiveram de devolver.

No caso dos participantes sãos, poderíamos dizer que conscientemente supervalorizaram o que tinham escolhido (um viés parecido ao que já vimos que Kahneman tinha descoberto), mas os pacientes com amnésia nem sequer se lembravam que tinham escolhido uma das réplicas e que tinham devolvido a outra, de modo que em todos esses casos o mecanismo havia atuado de modo inconsciente.

Como o dinheiro não traz felicidade e temos um sistema imunológico em nossa cognição que preserva nosso bem-estar criando felicidade sintética para compensar todas as vezes em que nos damos mal em nossas escolhas, parece que temos pouco a fazer para sermos mais felizes.

Sobretudo se levarmos em consideração uma pesquisa feita com gêmeos homozigotos idênticos (que compartilham 100% do pacote genético) pelo geneticista comportamental David Lykken e sua colega Auke Tellegen, da Universidade de Minnesota.

Os autores descobriram que entre 44% e 53% das diferenças na felicidade dos indivíduos podem ser explicadas por causas hereditárias. Assim, podemos culpar nossos pais, sim, e com evidência científica.

O estudo não deixa de ser controverso, mas, se estiver certo, pode explicar o paradoxo de Easterlin, porque implicaria que boa parte da felicidade está fora de nosso controle.

Como quer que seja a ciência da felicidade, ela não se dá por vencida e ainda tem muito mais balas de prata. Três balas de prata, escreveram Nattavudh Powdthavee, professor da Nanyang Technological University de Cingapura e autor de *La educación de la felicidade*, e Carl Wilkinson em um artigo muito interessante do *Financial Times*.

Analisando dados estatísticos, esses economistas calcularam o "valor da amizade" e chegaram a um número assustador: ver amigos com frequência vale 230 vezes mais que conseguir um aumento de salário de mil dólares, ou seja, quase um quarto de milhão. Em matéria de família, os pesquisadores descobriram que o pior momento da vida de um homem, sempre em termos de felicidade, é durante o ano anterior ao fim de seu casamento, enquanto no caso das mulheres o calvário começa dois anos antes da separação. Além disso, descobriu-se que os homens demoram dois anos para recuperar seus níveis de felicidade depois do fim do relacionamento, e as mulheres, três.

Isso explica por que, nas bases de dados com que trabalhamos em nosso estudo na Argentina, vimos o curioso resultado de que os divorciados costumam ser mais felizes do que os casados. A terceira bomba que Powdthavee e Wilkinson lançaram é que a felicidade é contagiosa. Se uma amiga nossa está mais feliz (talvez por ter conseguido um emprego, ter ficado noiva ou ter sido mãe), nossa própria felicidade aumenta em cerca de 25%. Por outro lado, se aquele que estiver mais satisfeito com a vida for um irmão nosso, o efeito de contágio sobre nós é de 14%. Por último, se for nosso companheiro, seu ânimo nos torna 8% mais felizes.

Michael Northon, da Universidade de Harvard, tem outra bala de prata. Esse professor fez vários experimentos nos quais dava a seus voluntários (estudantes da Universidade de Vancouver) um envelope com quantias de dinheiro que variavam de 5 a 20 dólares, juntamente com as instruções do que podiam fazer com esse presente. O segredo é que à metade dos alunos, de modo aleatório, pediu que gastasse em algo para si, enquanto à outra metade indicou que deveria gastar o dinheiro com outra pessoa (dando um presente). Os assistentes de Northon depois telefonaram para os alunos e perguntaram a eles quão felizes se sentiam. Resultado: os que tinham comprado algo para si não relatavam maior felicidade do que sentiam pela manhã, quando o experimento tinha sido iniciado. Por outro lado, os que tinham recebido dinheiro para gastar com os outros sistematicamente se sentiam mais felizes à noite, e o mais interessante é que a quantidade de dinheiro não fazia diferença: era a mesma coisa poder dar um presente de 5 ou de 20 dólares.

Movido por esses resultados e para ver se esse efeito de felicidade tinha impacto no mercado de trabalho, a equipe de Northon interveio em vários grupos de vendedores na Bélgica dando à metade deles (sempre escolhidos de modo aleatório) 15 dólares para que gastasse consigo mesma, enquanto à outra metade foi concedida a mesma quantia, mas pedindo que a gastasse na equipe de vendas. Resultado: no primeiro grupo não houve diferenças, mas quando o dinheiro foi gasto dentro da equipe de vendas cada membro vendeu, em média, 82 dólares a mais, praticamente multiplicando por 5 o dinheiro que havia recebido. Alejandro Dolina disse uma vez que tudo o que fazemos "fazemos por uma mina", e a evidência científica parece indicar que o humorista estava parcialmente certo. Somos felizes quando fazemos o que fazemos pelos outros (presumidamente outros de quem gostamos), e isso parece estar muito de acordo com as nossas pesquisas na Argentina.

Em nosso país, por exemplo, não existe uma relação linear entre satisfação com a vida e classe social, ainda que aqueles que pertencem ao segmento mais exclusivo ABC1 tenham pouca chance de cair na categoria dos que não se sentem felizes para nada, e os que fazem parte da classe baixa D1 têm um pouco mais de chance de pertencer a esse grupo. Mas além desses casos não existe relação entre classe social e felicidade.

Se aparecem os clássicos resultados das pesquisas em todo o mundo, no que tem a ver com o sorriso da idade, porque a felicidade desenha essa forma geométrica ao longo do tempo, caindo sistematicamente à medida que envelhecemos, e até uma idade que oscila entre 45 e 55 anos, e dependendo da base de dados utilizada (nós usamos as cinco ondas do World Value Survey da Gallup, e três pesquisas *ad hoc* feitas em conjunto com a Universidade de Palermo e a Gallup) é o momento menos feliz de nossas vidas, que se recupera depois e cresce novamente à medida que envelhecemos.

As descobertas mais interessantes surgem, no entanto, de uma das últimas pesquisas que fizemos com a Gallup, na qual primeiro perguntamos aos entrevistados, como sempre, qual era seu grau de satisfação com a vida e quão felizes eram, mas em seguida perguntamos quão ativos eram em domínios diferentes, a saber: na vida familiar, no trabalho, na atividade religiosa, em tarefas de voluntariado, praticando esportes, em sua vida social, estudando, saindo, em atividades políticas, em sua vida conjugal e sexual. A variável que tem mais peso na felicidade é a atividade na vida familiar, seguida pela atividade na vida social, confirmando a ideia de que compartilhar com os outros (sejam familiares ou amigos) é o que nos faz feliz. Nem o trabalho, nem os esportes, nem a atividade política nos fazem mais felizes.

A atividade religiosa apresenta um resultado interessante porque, ainda que não exista uma relação linear com a satisfação com a vida, funciona como um antídoto diminuindo a probabilidade de cair no grupo dos que não estão felizes com nada. O mesmo resultado, inclusive com mais força estatística, aparece no grupo dos que estudam. Parece que pegar os livros não nos torna necessariamente mais felizes, mas faz que evitemos cair no poço da infelicidade. Ambas as variáveis funcionam como um antídoto contra a depressão.

A cereja do bolo, por último, é que ser mais ativo em nossa vida a dois definitivamente nos torna mais felizes, mesmo quando não temos uma vida sexual muito ativa. Por outro lado, ter uma vida sexual muito ativa no contexto dos que não têm uma vida conjugal ativa, contra todos os prognósticos, não aumenta a felicidade. Os mais felizes são aqueles que combinam as duas coisas: uma vida sexual muito ativa no contexto de uma vida conjugal também ativa.

A felicidade, afinal, pode ser comprada, mas não com dinheiro. A ciência indica que convém trabalhar menos e usar esse tempo a mais para passar na companhia da família e dos amigos, em atividades sociais e, se possível, saindo.

Há alguns meses, quando terminei uma palestra, um senhor muito simpático se aproximou de mim, pediu para conversarmos a sós e me contou uma história. Ele me disse que havia sofrido um acidente e que ficara em coma à beira da morte, e que, tanto antes de entrar nesse quadro tão delicado como no momento em que recuperou a consciência, seu primeiro pensamento foi a família e os amigos. Tomara que ninguém tenha que passar por uma situação tão dramática para perceber que é isso o que nos torna felizes. A Economia da Felicidade nos ajuda nesse caminho.

Conclusão

Uma viagem ao futuro da economia

Em 4 de novembro de 2008, uma terça-feira, a rainha Elizabeth da Inglaterra foi convidada para uma reunião com um grupo de renomados economistas do Reino Unido na London School of Economics.

Depois de ouvir vários relatos a respeito das duras consequências da crise financeira internacional de 2008, Sua Majestade interrompeu um dos interlocutores e fez uma pergunta simples: "Como é possível que ninguém tenha previsto a crise?".

Um tempo depois, os acadêmicos responderam à pergunta por escrito:

"Em resumo, Majestade, a falha em prever o momento, o alcance e a gravidade da crise e sua solução, ao mesmo tempo que foi causada por muitos motivos foi principalmente uma falha de imaginação coletiva de muita gente brilhante, tanto neste país como internacionalmente, para entender os riscos que o sistema em seu conjunto corria".

Minha impressão é que não faltou uma análise sistêmica, mas que os modelos econômicos que as instituições encarregadas de regular o sistema financeiro usam não compreendem como os agentes econômicos realmente formam uma ideia a respeito dos preços dos ativos (ações, apólices, casas etc.), porque partem da base de que o mundo está povoado por *Homos economicus* mais ou menos racionais.

Nesse sentido há uma piada famosa que circula entre os economistas que é mais ou menos assim: O que faz um economista a quem se pede que estude o comportamento dos elefantes? Resposta: ele se tranca em seu escritório e pensa: "Vamos ver... O que eu faria se fosse um elefante?".

Pode parecer exagero, mas com honrosas exceções isso é mais ou menos o que tem feito a ciência econômica durante os últimos cinquenta anos: supor que existe um indivíduo "representativo" que de maneira "racional" "maximiza" uma função de "utilidade" sujeita a um conjunto de restrições.

Realmente acredito que estamos percorrendo o começo de uma nova teoria geral da escolha econômica, a qual substituirá os consumidores representativos que maximizam funções de utilidade dadas com antecedência por um conjunto heterogêneo de "consumidores prototípicos", que produzirão modelos de funcionamento do mundo a partir dos quais estimarão o impacto de suas decisões sobre a base de objetivos que mudarão com o contexto da escolha.

Da mesma maneira acredito que o novo modelo se apoiará na psicologia cognitiva da memória e da inteligência, assim como na neuroanatomia.

A heterogeneidade dos depósitos da memória de longo prazo, que permite armazenar de modo diferente as lembranças vividas (memória episódica) e os conteúdos aprendidos (memória semântica), será fundamental para explicar os problemas de decisão intertemporal em que geralmente se contrapõem benefícios de curto prazo fáceis de experimentar – o prazer de comer, a satisfação de fumar ou o prazer de acelerar quando dirigimos, por exemplo – e custos de longo prazo sobre os quais temos conhecimento não porque os experimentamos, mas pelo que nos transmitem os relatos de terceiros – não ter um bom estado de saúde, ou morrer cedo demais devido a um câncer de pulmão ou a um acidente de carro, por exemplo.

O novo modelo canônico terá como ponto de partida o funcionamento de um sistema executivo central que processará na memória de trabalho (com uma determinada inteligência) a informação proveniente dos arquivos da memória de longo prazo, produzindo um modelo explicativo que permitirá às pessoas estimarem as consequências de seus atos e escolhas em relação a seus objetivos.

A neuroanatomia será necessária para calibrar o modelo, pois, ao reunir informação proveniente da memória episódica (carregada de conteúdo somático e emocional) com dados que vêm da memória semântica (desprovidos de experiência), alguns indivíduos prototípicos darão mais peso aos ensinamentos do que foi vivido (o que normalmente se conhece como "vida na rua"), enquanto outros darão mais importância à informação adquirida por meio da leitura ou do conhecimento transmitido por outras pessoas.

Se a análise que desenvolvi ao longo deste livro for coerente, devo ter convencido o leitor de que a totalidade dos vieses ou heurísticas sobre os quais discutimos, e que se baseiam na economia do comportamento, surge como consequência natural do processo de construção dos modelos explicativos do mundo que os indivíduos geram em cada circunstância, pela qual essa nova teoria geral da escolha que estou propondo considerará os comportamentos heurísticos e os vieses não como uma raridade, mas como a consequência lógica do processo de escolha.

No que diz respeito ao modelo da microeconomia tradicional, considero que ele não desaparecerá, mas passará a ser um caso particular desse novo modelo geral.

É perfeitamente possível dizer que um dos protótipos de consumidor seja justamente o do consumidor racional, que tem muita experiência ligada à escolha que está realizando, que já experimentou diferentes atitudes várias vezes em condições e contextos parecidos e que conhece perfeitamente quais serão as consequências de seus atos.

Mais ainda, é possível pensar que, em dada situação, uma pessoa possa realizar escolhas que respondam a determinado protótipo de agente econômico, enquanto em uma situação diferente essa mesma pessoa poderá apresentar outro comportamento e basear suas escolhas em critérios diferentes dos primeiros.

É claro que todos nós, em certas circunstâncias, podemos pertencer ao protótipo do consumidor racional que maximiza a utilidade, como quando escolhemos o sabor de um sorvete ou a bebida que serviremos no jantar. Mas em outros casos, por exemplo, no momento em que devemos escolher uma carreira universitária ou um companheiro com quem nos casar e ter filhos, podemos colocar em prática um comportamento diferente.

Naturalmente, a nova forma de modelar o comportamento microeconômico dos consumidores implicará uma nova macroeconomia, que em sua justificativa psicológica renovada dos comportamentos individuais provavelmente poderá produzir estimativas mais certas a respeito da evolução das principais variáveis econômicas.

Não imagino um modelo macroeconômico que descreva cada uma das interações dos diferentes protótipos de consumidores e suas consequências agregadas, mas, sim, um que permita a simulação de uma economia virtual, com agentes gerados por meio de inteligência artificial que repitam as ações de indivíduos reais diversos e que aprendam, a partir de seus próprios modelos de funcionamento do mundo, quais são as relações relevantes e qual é o impacto esperado de cada uma das medidas implementadas pelos fazedores de políticas públicas.

Assim, os funcionários públicos e os técnicos poderão controlar não apenas o efeito esperado de uma nova medida econômica, mas também a diferença nos resultados que é factível esperar em função do modo como sejam anunciadas essas políticas, uma vez que a comunicação que um governo faça de suas ações deve passar pelo filtro dos cidadãos e ser processada na memória de trabalho deles, e para isso cada um retira de suas memórias episódica e semântica informações distintas, segundo a lembrança que evoque a retórica escolhida para transmitir a mensagem.

Os departamentos de economia das principais universidades do mundo competirão para conseguir o *design* dos melhores laboratórios virtuais, da mesma maneira feita hoje pelas empresas de tecnologia da informação para entrar na mente dos diferentes consumidores e replicar seus temas de consumo com algoritmos capazes de prever a satisfação que cada consumidor terá com um consumo que nem sequer sabe que está prestes a realizar nas próximas horas ou dias.

Hoje em dia, paradoxalmente, as empresas e os grupos que ganham dinheiro averiguando e estimando as preferências dos consumidores e as tendências dos diferentes mercados poucas vezes contratam os serviços de economistas. No entanto, existem duas exceções. A primeira delas são as empresas que assessoram os investidores a respeito da melhor maneira de investir seus fundos nos mercados financeiros. A segunda exceção são os governos.

Em relação à primeira, não existe nenhuma investigação científica relevante que possa provar que a assessoria dada pelos "especialistas" seja mais recomendável do que jogar uma moeda para cima e decidir o destino dos investimentos com cara ou coroa.

De fato, existem várias pesquisas que mostram uma correlação muito baixa entre os resultados dos *rankings* dos fundos de investimento para anos diferentes, o que mostra que a posição de cada um na "tabela de rendimentos" de cada ano é um resultado praticamente aleatório.

Em relação à segunda exceção, também não há provas que demonstrem que o conselho dos economistas realmente permita alcançar os melhores resultados possíveis.

Minha suspeita é que esses setores continuam contratando economistas não pelos resultados gerados a partir de decisões baseadas na informação que a ciência econômica pode produzir, mas por mera questão de marketing.

Simplesmente, as pessoas, de modo geral, sucumbem à falácia *ad hominem* discutida anteriormente neste livro, pela qual se tende a dar valor de verdade a uma afirmação ou opinião não em função da lógica que ela traz nem pela evidência empírica que sustenta, mas pela autoridade no assunto que se confere a quem a emite.

É lógico: para quem não sabe nada de ativos financeiros, de políticas regulatórias ou de medidas anticrise, é natural pensar que um economista mais ou menos prestigioso terá as respostas para todas as perguntas.

Ninguém vai depositar seu dinheiro em um banco cuja política de rendimentos tenha sido estabelecida por um médico ou por um professor de educação física (ainda que provavelmente obteria um maior rendimento em investimentos, uma vez que terminaria pagando menos em comissões).

Poucas pessoas apoiariam um governo que nomeasse um advogado para decidir a política monetária, ou um quitandeiro para determinar a política fiscal (embora a realidade seja que os economistas não necessariamente pareçam cumprir muito melhor essas funções).

Quando nós, economistas, nos animarmos a sair do armário das suposições e começarmos a criar modelos positivos que descrevam o modo como realmente se comportam os agentes econômicos, poderemos gerar ferramentas capazes de estimar melhor as decisões econômicas dos seres humanos. A economia deixará então de ser um brinquedo acadêmico com pouco poder de prognóstico para se tornar um insumo fundamental dos gestores e políticos.

O verdadeiro triunfo da nova ciência não se medirá pelos prêmios Nobel que a economia consiga obter, nem pela profusão de citações bibliográficas de economistas proeminentes em publicações acadêmicas de prestígio, mas estará vinculado aos usos efetivos que essa nova disciplina gere nos departamentos de marketing, de administração de clientes e de inteligência comercial das grandes empresas.

Enquanto isso, outros livros como este, somados a muitos economistas que estão escrevendo em revistas e meios de difusão de massa informando as pessoas sobre os vieses e as consequências de nossas decisões econômicas, nos ajudarão a aprender a sermos mais racionais, a escolhermos melhor e, acima de tudo, a sermos mais felizes, esperando que talvez um dia esse seja o maior objetivo da economia.

Agradecimentos

Eu me formei em Economia no dia 21 de dezembro de 2001 e, apesar de saber que queria continuar estudando, não teria encontrado meu norte se, em 2002, a Academia Sueca não tivesse entregado o Prêmio Nobel de Economia a um psicólogo, Daniel Kahneman, por sua contribuição para entender o modo como as pessoas tomam decisões em situações de incerteza. Meu primeiro agradecimento é para eles.

A segunda pessoa que influenciou de modo decisivo em minha inclinação à economia do comportamento é Sebastián Campanario, que me encantou com a publicação de *La economía de lo insólito* e me ensinou que existia um mundo superinteressante além dos modelos da microeconomia e da macroeconomia convencionais. Além disso, Sebastián é uma pessoa extremamente generosa, que abriu muitas portas para mim e a quem devo boa parte de meu desenvolvimento profissional.

Guillermo Cruces tem sido meu companheiro de debates, um tipo de *sparring* que abriu meus olhos a respeito de muitos temas que aparecem no livro. Ele sempre me incentivou com este projeto e me ajudou a moldar várias ideias.

Também agradeço muito a Tomás Bulat, que para mim sempre foi uma referência desde minha época de estudante, mas que também demonstrou, no último ano, que atrás de um grande economista, jornalista e comunicador existe um homem de primeira, que sempre abriu portas para mim e me deu a oportunidade de mostrar meu trabalho.

Várias pessoas colaboraram lendo as provas deste livro, e obviamente sou muito grato a todas elas, mas quero mencionar Diego Golombek em especial, pois sua crítica foi muito útil para mim.

Finalmente, tenho um agradecimento especial a fazer a um desconhecido que no verão de 2004 deixou um livro difícil de ser encontrado, na mesa de promoções de uma livraria em Pinamar. Comprei *Como a mente funciona* porque o título me deixou curioso, sem saber que Steven Pinker era um dos expoentes máximos da psicologia cognitiva, e desde então sou grato ao livreiro anônimo.

Para se aprofundar nesses assuntos

INTRODUÇÃO

Para entender melhor os princípios de habituação e adaptação:

- Thompson, R.F., e Spencer, W.A. "Habituation: a model phenomenon for the study of neuronal substrates of behavior". *Psychology Review* 73, 1966, pp. 16-43.

Sobre a felicidade de quem ganha na loteria e de quem sofre algum acidente:

- Brickman, P.; Coates, D., e Janoff-Bulman, R. "Lottery winners and accident victims: is happiness relative?" *Journal of Personality and Social Psychology* 36/8, 1978, pp. 917-927.

O paradoxo de Easterlin surgiu deste trabalho:

- Easterlin, R.A. "Does economic growth improve the human lot? Some empirical evidence". In: David, P.A., e Reder, M.W. (eds.). *Nations and households in economic growth: essays in honour of Moses Abramowitz*. Nova York e Londres: Academic Press, 1974.

Sobre vieses e anomalias, recomendamos este trabalho de Kahneman:

- Kahneman, D.; Knetsch, J., e Thaler, R. "Anomalies: the endowment effect, loss aversion, and status quo bias". *The Journal of Economic Perspectives* 5 (1), inverno de 1991, pp. 193-206.

A pesquisa sobre percepções distributivas é esta:

- Cruces, G.; Perez Truglia, R., e Tetaz, M. "Biased perceptions of income distribution and preferences for redistribution: evidence from a survey experiment". *Journal of Public Economics,* 2012.

O sistema de memória descoberto por Tulving se desenvolve deste artigo:

- Tulving, E. "Episodic and semantic memory". In: Tulving, E., e Donaldson W., eds. *Organization of memory.* Nova York: Academic Press, 1972, pp. 381-403.

Para aprender mais sobre *nudges*:

- Thaler, R., e Sunstein, C. *Nudge: o empurrão para a escolha certa.* Campus, 2008.
- Packard, V. *The hidden persuaders.* Londres: Longmans, Green, 1957.

Sobre a percepção de retornos da educação:

- Jensen, R. "The (perceived) returns to education and the demand for schooling". *Quarterly Journal of Economics* 125 (2), 2010, pp. 515-548.

O experimento de postergar a entrega de doces às crianças está aqui:

- Mischel, W., et al. "Delay of gratification in children". *Science* 244 (4.907), 1989, pp. 933-938.

PRIMEIRA PARTE

De Pinker e Fodor a Damasio, Kahneman e Rangel

Para entender melhor a postura de Fodor na discussão com Pinker e sua noção de modularidade, recomendo estes dois livros:

- Fodor, J.A. *The modularity of mind.* MIT Press, 1983.
- Fodor, J.A. *The mind doesn't work that way: the scope & limits of computational psychology.* MIT Press, 2001.

Sobre as ilusões óticas de Marr:

- Marr, D. *Vision: a computational investigation into the human representation and processing of visual information.* MIT Press, 2010.

Os bastidores da memória

Para aprender mais sobre Clive Wearing e a memória de curto prazo, recomendo este documentário:

- Disponível em: http://www.youtube.com/watch?v= CCJcb FxF45A

A capacidade da memória de curto prazo foi descoberta neste texto:

- Miller, G.A. "The magical number seven, plus or minus two: Some limits on our capacity for processing information". *Psychological Review* 63 (2), 1956, pp. 81-97.

Os sistemas de memória são explicados detalhadamente em:

- Tulving, E. "Episodic and semantic memory". In: Tulving E., e Donaldson, W., eds. *Organization of memory*. Academic Press, 1972, pp. 381-403.

E em:

- Baddeley, A. *Human memory: theory and practice*. Nedham Heigts Allyn and Bacon, 1990.

Além da memória

Para entender mais a respeito dos problemas da memória e de sua manipulação, recomendo estes quatro textos:

- Schechter, D. *The seven sins of memory*, Houghton Mifflin, 2001.
- Loftus, E.F. "Reconstructing memory: the incredible eyewitness". *Psychology Today* 8, 1974, pp. 116-119.
- Loftus, E.F., e Pickrell, J.E. "The formation of false memories". *Psychiatric Annals* 25, 1995, pp. 720-725.

- Loftus, E.F., e Palmer, J.C. "Reconstruction of automobile destruction: an example of the interaction between language and memory". *Journal of Verbal Learning and Verbal Behavior* 13, 1974, pp. 585-589.

Você pode aprofundar as ideias de Pinker sobre como a mente funciona neste livro que recomendo fortemente:

- Pinker, S. *Como a mente funciona*. Companhia das Letras, 1999.

Para se aprofundar na discussão sobre a evolução de nossos comportamentos:

- Kandel, E.; Schwartz, J.H., e Jessell, T.M. *Neurociencia y conducta*. Pearson Prentice Hall, 1996.

A emoção ao poder

Neste livro, Paul Ekman descobriu a universalidade das emoções básicas:

- Ekman, P., e Davidson, R. *The nature of emotion: fundamental questions*. Oxford University Press, 1994.

E neste explica como detectar as verdadeiras intenções de nossos interlocutores observando seus gestos:

- Ekman, P. *A linguagem das emoções*. Leya, 2011.

O estudo das expressões herdadas nas crianças cegas pode ser encontrado aqui:

- Peleg, G.; Katzir, G.; Peleg, O.; Kamara, M.l; Brodsky, L.; Hel-Or, H.; Keren, D., e Nevo, E. "Hereditary family signature of facial expression". *Proceedings of the National Academy of Sciences* 103 (43), 24 de outubro de 2006, pp. 15.921-15.926.

Para quem quiser conhecer um pouco mais sobre os estudos de Elizabeth Spelke com bebês:

- Spelke, E.S. "Infant cognition". In: Wilson, R.A., Keil, F. *The MIT encyclopedia of the cognitive sciences*. MIT Press, 1999.

O conto "Funes, o Memorioso" está em:

- Borges, J.L. *Ficções*. Companhia das Letras, 2007.

Mais sobre o problema de indeterminação de Goodman em:

- Goodman, N. *Fact, fiction, and forecast*. Bobbs-Merrill, 1973.

Sobre as preferências de estímulos inatas e o desenvolvimento da modularização:

- Karmiloff Smith, A. *Beyond modularity: a developmental perspective on cognitive science*. MIT Press, 1996.

Recomendo este livro de Kahneman para aprender mais sobre os dois sistemas de tomada de decisão:

- Kahneman, D. *Rápido e devagar: duas formas de pensar*. Objetiva, 2012.

Se me lembro bem

Volto a recomendar estes quatro textos sobre as imperfeições de nossa memória:

- Schechter, D. *The seven sins of memory*, Houghton Mifflin, 2001.
- Loftus, E.F. "Reconstructing memory: the incredible eyewitness". *Psychology Today* 8, 1974, pp. 116-119.
- Loftus, E.F., e Pickrell, J.E. "The formation of false memories". *Psychiatric Annals* 25, 1995, pp. 720-725.
- Loftus, E.F., e Palmer, J.C. "Reconstruction of automobile destruction: an example of the interaction between language and memory". *Journal of Verbal Learning and Verbal Behavior* 13, 1974, pp. 585-589.

Para quem quiser conhecer um pouco mais sobre a hipertimesia e a vida de Rick Baron, sugiro este vídeo:

- Disponível em: http://www.dailymotion.com/video/xfhqyx_hipermnesia-autobiografica-rick-baron_school

Há também uma entrevista com Brad Williams, o "Google Humano", no link a seguir:

- Disponível em: http://www.youtube.com/watch?v=E7ZR83t7xp4

Um dos melhores livros sobre vieses de atenção é este:

- Chabris, C., e Simons, D. *O gorila invisível e outros equívocos da intuição*. Rocco, 2011.

O famoso artigo de Kahneman no qual consta a diferença entre a experiência e a memória da experiência, com pesquisas envolvendo colonoscopias, é este:

- Redelmeier, D.A., e Kahneman, D. "Patients memories of painful medical treatments: realtime and retrospective evaluations of two minimally invasive procedures". *Pain* 66 (1), julho de 1996, pp. 3-8.

Mais pedras no caminho

Para saber mais sobre *priming*, leia este texto:

- Tulving, E., e Schacter, D.L. "Priming and human memory systems". *Science* 247, 1990, pp. 301-305.

Por que nos comportamos assim?

O artigo sobre os sete *chunks* de memória de curto prazo é este:

- Miller, G.A. "The magical number seven, plus or minus two: some limits on our capacity for processing information". *Psychological Review* 63 (2), 1956, pp. 81-97.

Para quem tem interesse em saber mais sobre a modularização do conhecimento:

- Karmiloff Smith, A. *Beyond modularity: a developmental perspective on cognitive science*. MIT Press, 1996.

Sobre efeito de "enquadramento" ou *framing*, este é o texto-chave:

- Tversky, A., e Kahneman, D. "The framing of decisions and the psychology of choice". *Science* 211, 1981, pp. 453-458.

As pesquisas dos pedagogos brasileiros sobre o contexto e o sentido estão neste livro:

- Nunes, T., Carraher, D., e Schliemann, A.L. *Na vida dez, na escola zero*. Cortez, 2011.

Uma viagem ao mundo das irregularidades no comportamento

Aqui está a explicação de Adrián Paenza sobre o paradoxo de Allais:

- Disponível em: https://www.pagina12.com.ar/diario/contratapa/13-84020-2007-04-25.html

Sobre heurísticas e túneis da mente:

- Piattelli Palmarini, M. *Los túneles de la mente: qué se esconde detrás de nuestros errores*. Crítica, 2005.

Mais sobre Skinner e a relação entre a frequência com que experimentamos um fenômeno e as escolhas que fazemos:

- Skinner, B.F. "Selection by consequences". *Science* 213 (4.507), 31 de julho de 1981, pp. 501-504.

Este é o texto em que explicam como tomamos decisões com base em memórias de situações parecidas às quais enfrentamos:

- Caramuta, D.M., Contiggiani, F., e Tohmé, F. "Memory and similarity: a graph-theoretic model for case based decision theory". Anales AAEP, 2006.

Mais problemas com as probabilidades

Os experimentos de Kahneman sobre negação da taxa base estão desenvolvidos neste artigo:

- Tversky, A., e Kahneman, D. "Evidential impact of base rates". In: Kahneman, D., Slovic, P., e Tversky, A. (eds.). *Judgment under uncertainty: heuristics and biases*. Cambridge, UK: Cambridge University Press, 1982.

O livro em que Piaget explica como se desenvolve a inteligência das crianças é este:

- Piaget, J. *O nascimento da inteligência na criança*. Guanabara, 1991.

Vivemos em uma bolha

Para conhecer mais sobre nossa pesquisa sobre percepções distributivas subjetivas e atitudes em relação à redistribuição, aqui está o artigo:

- Cruces, G., Perez-Truglia, R. e Tetaz, M. "Biased perceptions of income distribution and preferences for redistribution: evidence from a survey experiment". *Journal of Public Economics* 98, 2013, pp. 100-112.

Sobre o consumo presunçoso como um modo de indicar nossa posição social:

- Perez Truglia, R.N. "Conspicuous consumption and the income distribution". Working paper, Harvard University, 2010.

Diga o que você ouve e eu direi o que pensa

Este é o texto que prova que as pessoas escolhem candidatos pela aparência:

- Spezio, M.; Rangel, A.; Alvarez, R.; O'Doherty, J.; Mattes, K., et al. "A neural basis for the effect of candidate appearance on election outcomes". *Soc. Cogn. Affect. Neurosci.* 3, 2008, pp. 344-352.

Aqui aprendemos um pouco mais sobre como computamos neuralmente os benefícios e custos de cada plano de ação:

- Sokol-Hessner, P.; Hutcherson, C.; Hare, T.; Rangel, A. "Decision value computations in DLPFC and VMPFC adjust to the available decision time". *European Journal of Neuroscience*, 2013.

Este é o livro clássico em que Antonio Damasio explica como funcionam os marcadores somáticos ou as emoções:

- Damasio, A. *O erro de Descartes*. Companhia das Letras, 2012.

Quem está no comando?

A teoria das necessidades e motivações de Maslow está neste artigo fundamental:

- Maslow, A. "A theory of human motivation". *Psychological Review*, 1943.

Aqui está a palestra do vencedor do Prêmio Nobel Daniel Kahneman:

- Disponível em: http://www.nobelprize.org/mediaplayer/?id=531

O viés de *status quo* está desenvolvido neste trabalho:

- Kahneman, D.; Knetsch, J., e Thaler, R.: "Anomalies: the endowment effect, loss aversion, and status quo bias". *The Journal of Economic Perspectives* 5 (1), inverno de 1991, pp. 193-206.

Os experimentos sobre *status quo* e doadores de órgãos estão resumidos neste artigo:

- Johnson, E.J., e Goldstein, D.G. "Do defaults save lives?". Working paper, *Center for Decision Sciences*, Columbia University, 2003.

Sobre o viés de dotações:

- Kahneman, D.; Knetsch, J., e Thaler, R.: "Anomalies: the endowment effect, loss aversion, and status quo bias". *The Journal of Economic Perspectives* 5 (1), inverno de 1991, pp. 193-206.

A respeito do consumo cíclico e as consequências da escassez de recursos no funcionamento cognitivo:

- Mani, A.; Mullainathan, S.; Shafir, E., e Zhao, J. "Poverty impedes cognitive function". *Science* 341 (6.149), 2013, pp. 976-980.

Para entender por que o consumo cíclico não é, na realidade, um problema de impaciência:

- Spears, D. *Bounded intertemporal rationality: apparent impatience among South African pension recipients*. Princeton, 2010.

Uma explicação da aversão ao risco no terreno dos lucros e da busca pelo risco nas perdas está neste texto clássico de Kahneman e Tversky:

- Kahneman, D., e Tversky, A. "Prospect theory: an analysis of decision under risk". *Econometrica* 47 (2), 1979, pp. 263-292.

Para aprofundar ainda mais sobre a evolução de nossa espécie e a seleção de grupos, recomendo este artigo:

- Wilson, D.S., Sober, E. "Re-introducing group selection to the human behavior sciences". *Behavioral and Brain Sciences* 17, 1994, pp. 585-608.

Este é o livro sobre como a agricultura mudou drasticamente nosso comportamento social:

- Ryan, C., e Jethå, C. *Sex at dawn: the prehistoric origins of modern sexuality*. HarperCollins, 2010.

Mas, então, como funciona a mente?

Para ler sobre neuroanatomia e as escolhas dos consumidores:

- Fehr, E., e Rangel, A. "Neuroeconomic foundations of economic choice: recent advances". *Journal of Economic Perspectives* 25 (4), 2011, pp. 3-30.

SEGUNDA PARTE
Lendo a mente dos outros

Neste *link* há a cena da cafeteria de Nash em *Uma mente brilhante*:

- Disponível em: http://www.youtube.com/watch?v=wS84q1SQwSU

E este é o trailer da série *Lie to me*:

- Disponível em: http://www.youtube.com/watch?v=pbOgHa34Ec8

Sobre a mentira em macacos:

- Amici, F.; Aureli, F., e Call, J. "Monkeys and apes: are their cognitive skills really so different?". *American Journal of Physical Anthropology* 143 (2), 201, pp. 188-197.

E sobre a mentira em crianças:

- Talwar, V., e Lee, K. "Development of lying to conceal a transgression: children's control of expressive behaviour during verbal deception". *International Journal of Behavioral Development*, 26 (5), 2002, pp. 436-444.

Para saber sobre a teoria da mente, nada melhor do que o livro de Pinker:

- Pinker, S. *Como a mente funciona*. Companhia das Letras, 1998.

Este é o livro de Von Neumann e Morgenstern:

- Von Neumann, J., Morgenstern, O. *Theory of games and economic behavior*. Princeton University Press, 1944.

Os experimentos de Camerer estão em:

- Camerer, C.F.; Loewenstein, G., e Rabin, M. (eds.). *Advances in behavioral economics*. Princeton University Press, 2004.

Aqui há vários experimentos que procuram ver se nos mercados de ações os participantes se comportam como previa Keynes em seu concurso de beleza:

- Allen, F.; Morris, S., e Shin, H.S. "Beauty contests and iterated expectations in asset markets". *Review of Financial Studies* 19 (3), 2006, pp. 719-752.

Jogos psicológicos?

Este é um dos textos mais influentes em jogos psicológicos:

- Geanakoplos, J.; Pearce, D., e Stacchetti, E. "Psychological games and sequential rationality". *Games and Economic Behavior* 1 (1), 1989, pp. 60-79.

Como as crenças e os valores afetam as estratégias:

- Battigalli, P., e Dufwenberg, M. "Dynamic psychological games". *Journal of Economic Theory*, 144 (1), 2009, pp. 1-35.

Aqui estão os experimentos de Camerer no jogo do ultimato:

- Camerer, C., e Thaler, R.H. "Anomalies: ultimatums, dictators and manners". *The Journal of Economic Perspectives* 9 (2), 1995, pp. 209-219.

O jogo do ultimato contra um computador pode ter resultados diferentes:

- Blount, S. "When social outcomes aren't fair: the effect of causal attributions on preferences". *Organizational Behavior and Human Decision Processes* 63 (2), 1995, pp. 131-144.

Para saber mais sobre os estudos de neuroimagem no jogo do ultimato:

- Sanfey, A.G.; Rilling, J.K.; Aronson, J.A.; Nystrom, L.E., e Cohen, J.D. "The neural basis of economic decision-making in the ultimatum game". *Science* 300 (5.626), 2003, pp. 1.755-1.758.

As lesões do córtex pré-frontal mudam nosso modo de jogar o jogo do ultimato:

- Koenigs, M.; Young, L.; *et all*, A. "Damage to the prefrontal cortex increases utilitarian moral judgements". *Nature* 446 (7.138), 2007, pp. 908-911.

Para quem tem interesse em saber o que acontece no jogo do ultimato com pessoas com autismo (falhas na teoria da mente):

- Sally, D., e Hill, E. "The development of interpersonal strategy: autism, theory-of-mind, cooperation and fairness". *Journal of Economic Psychology* 27 (1), 2006, pp. 73-97.

Os macacos não gostam de injustiça:

- Brosnan, S. F., e De Waal, F. B. "Monkeys reject unequal pay". *Nature* 425 (6.955), 2003, pp. 297-299.

Quando muito dinheiro está em jogo, as estratégias podem ser diferentes:

- Slonim, R., e Roth, A. E. "Learning in high stakes ultimatum games: an experiment in the Slovak Republic". *Econometrica*, 1998, pp. 569-596.

Jogos de estratégia aplicados ao mercado de trabalho:

- Charness, G. "Responsibility and effort in an experimental labor market". *Journal of Economic Behavior & Organization* 42 (3), 2000, pp. 375-384.

Somos racionais em nosso comportamento estratégico?

O pênalti de Loco Abreu contra Gana:

- Disponível em: http://www.youtube.com/watch?v=wWff hygtroE

Como chutar um pênalti:

- Chiappori, P. A.; Levitt, S., e Groseclose, T. "Testing mixed-strategy equilibria when players are heterogeneous: the case of penalty kicks in soccer". *American Economic Review*, 2002, pp. 1.138-1.151.

Usando pênaltis para mostrar o viés de ação:

- Bar-Eli, M.; Azar, O.H.; Ritov, I.; Keidar-Levin, Y., e Schein, G. "Action bias among elite soccer goalkeepers: the case of penalty kicks". *Journal of Economic Psychology* 28 (5), 2007, pp. 606-621.

Somos bons gerando números aleatórios?:

- Rapoport, A., e Budescu, D.V. "Generation of random series in two-person strictly competitive games". *Journal of Experimental Psychology: General* 121 (3), 1992, p. 352.

Os efeitos do *framing* (enquadramento) nos jogos estão desenvolvidos neste artigo de Camerer:

- Camerer, C.F. "Progress in behavioral game theory". *The Journal of Economic Perspectives* 11 (4), 1997, pp. 167-188.

Aqui, Dan Ariely nos mostra vários experimentos que demonstram como somos desonestos e em quais circunstâncias:

- Mazar, N.; Amir, O., e Ariely, D. "The dishonesty of honest people: a theory of self-concept maintenance". *Journal of Marketing Research* 45 (6), 2008, pp. 633-644.

Este é um grande capítulo do programa *Divided* que nos mostra a essência humana ao jogar o jogo da galinha:

- Disponível em: http://www.youtube.com/watch?v=8k8ETko16tQ

O dilema do prisioneiro

Recomendo que você assista a esse espetacular desenlace do jogo Golden Balls, no qual se joga um dilema do prisioneiro:

- Disponível em: http://www.youtube.com/watch?v=p3Uos2fzIJ0

Aqui é possível ler mais sobre a pesquisa do jogo Golden Balls:

- Darai, D., e Grätz, S. "Golden Balls: A prisoner's dilemma experiment". Working paper n. 1.006, *Socioeconomic Institute*, University of Zurich, 2010.

Sobre a relação entre beleza e inteligência:

- Tetaz, M. "Wages, intelligence and physical appearance". *Anales AAEP*, 2006.

E mais experimentos naturais sobre o dilema do prisioneiro:

- List, J.A. "Friend or foe? A natural experiment of the prisoner's dilemma". *The Review of Economics and Statistics*, 88 (3), 2006, pp. 463-471.

Há coisas que o dinheiro não pode comprar... ainda

Este livro clássico de Becker aplica modelos econômicos a quase tudo; desde o casamento ao crime:

- Becker, G.S. *The economic approach to human behavior*. University of Chicago Press, 1976.

Sobre nossas decisões irracionais no âmbito do social:

- Ariely, D. *Previsivelmente irracional: como as situações do dia a dia influenciam as nossas decisões*. Elsevier, 2008.

Neste artigo está o experimento no qual um valor extra é cobrado dos pais por buscarem os filhos tarde na escola:

- Gneezy, U., e Rustichini, A. "A fine is a price". *Journal of Legal Studies*, 2012.

O que o amor tem a ver com a economia do comportamento?

As pesquisas de Reuben Hill sobre as preferências de cada sexo na hora de escolher um par aparecem neste texto:

- Powers, E. A. "Thirty years of research on ideal mate characteristics: what do we know?". *International Journal of Sociology of the Family* 1, 1971, pp. 207-215.

Aqui o texto que mostra que, se a utilidade marginal da renda é decrescente, os ricos priorizarão atributos físicos do outro sexo.

- Bjerk, D., Han, S. "Assortative marriage and the effects of government homecare subsidy programs on gender wage and participation inequality". *Journal of Public Economics* 91 (5), 2007, pp. 1.135-1.150.

Este texto mostra as diferenças entre o que as pessoas dizem que gostam e o que realmente acabam escolhendo:

- De Camp Wilson, T., e Nisbett, R.E. "The accuracy of verbal reports about the effects of stimuli on evaluations and behavior". *Social Psychology*, 1978, pp. 118-131.

Para saber mais sobre o estudo de preferências de pares e *speed dating*:

- Eastwick, P. W., e Finkel, E.J. "Sex differences in mate preferences revisited: do people know what they initially desire in a romantic partner?". *Journal of Personality and Social Psychology* 94 (2), 2008, p. 245.

Sobre encontros on-line e preferências de par:

- Hitsch, G.J.; Hortaçsu, A., e Ariely, D. "Matching and sorting in online dating". *The American Economic Review*, 2010, pp. 130-163.

Este é um dos livros mais recomendados para entender nossas tendências evolutivas em matéria de pares:

- Fisher, H. E. *Anatomia do amor: a história natural da monogamia, do adultério e do divórcio.* Eureka, 1995.

Aqui, o estudo que fizemos com Kruger na Argentina:

- Kruger, D.; Kardum, I.; Tetaz, M.; Tifferet, S., e Fisher, M. "Cross-cultural recognition of alternative male mating strategies". XIX Biennial Conference of the International Society for Human Ethology, Bolonha, Itália, julho de 2008.

Este é um bom resumo da literatura sobre infidelidade e renda:

- Munsch, C.L. "The science of two timing: the state of infidelity research". *Sociology Compass* 6 (1), 2012, pp. 46-59.

Psicoeconomia das finanças familiares

Sobre contas mentais, o texto-chave é:

- Thaler, R. "Mental accounting and consumer choice". *Marketing Science* 4, 1995, pp. 199-214.

Atenção para a publicidade e as promoções

Para saber mais sobre a pesquisa sobre os vinhos e as etiquetas de preços trocadas:

- Plassmann, H.; O'Doherty, J.; Shiv, B., Rangel, A. "Marketing actions can modulate neural representations of experienced pleasantness". *Proc. Natl Acad. Sci.*, 105, 2008, pp. 1.050-1.054.

O estudo do efeito da publicidade preventiva para fumantes está em:

- Lindstrom, M. *Neuromarketing: attività cerebrale e comportamenti d'acquisto*. Apogeo, 2009.

A bíblia do marketing:

- Ries, A., e Trout, J. *Posicionamento: a batalha por sua mente*. M. Books, 2009.

Sobre a utilidade transacional:

- Thaler, R. "Transaction utility theory". *Advances in Consumer Research* 10 (1), 1983.

Políticas públicas: a arte de escolher representantes

Como os candidatos deveriam ser escolhidos?

- Downs, A. *Uma teoria econômica da democracia*. Edusp, 1999.

Como os candidatos realmente são escolhidos?

- Campello, D., e Zucco, C. "Merit or luck? International determinants of presidential performance in Latin America". (No prelo.)

Economia do comportamento e as melhores políticas públicas

Esta é a pesquisa de Chen sobre os idiomas e a tendência de representar o futuro:

- Chen, M.K. "The effect of language on economic behaviors, and retirement assets". *The American Economic Review* 103 (2), 2013, pp. 690-731.

O trabalho de Becker sobre a economia do delito é este:

- Becker, G.S. "Crime and punishment: an economic approach". In: Becker, G.S. (ed.). *Essays in the Economics of Crime and Punishment*. Columbia University Press, 1974, pp. 1-54.

Gravidez e influência dos meios:

- Kearney, M.S., e Levine, P.B. "Media influences on social outcomes: the impact of MTV's *16 and Pregnant* on teen childbearing". Working paper n. 19.795, *National Bureau of Economic Research*, 2014.

Psicoeconomia de um sonegador impositivo

Sobre os sonegadores moralistas:

- Giarrizzo, V., e Sivori, J. S. *La inconsistencia de la moral tributaria: El caso de los moralistas evasores*. Mimeo, 2012.

Pequenos empurrões (*nudges*) que causam grandes mudanças

O livro de cabeceira sobre *design* e arquitetura da escolha e *nudges*:

- Thaler, R., e Sunstein C. *Nudge: o empurrão para a escolha certa*. Campus, 2008.

Recomendo esta palestra TED de Alex Laskey sobre como economizar energia com *nudges*:

- Disponível em: http://www.ted.com/talks/alex_laskey_how_behavioral_science_can_lower_your_energy_bill.html

Psicoeconomia para evitar as crises econômicas

Para entender melhor o modelo cognitivo de Beck e Ellis que explica o pânico:

- Knapp, P., e Beck, A.T. "Fundamentos, modelos conceituais, aplicações e pesquisa da terapia cognitiva". *Revista Brasileira de Psiquiatria* 30, 2008, pp. s54-s64.

O texto que rendeu a Fama o Nobel pela suposta eficiência dos mercados financeiros é este:

- Malkiel, B. G., e Fama, E.F. "Efficient capital markets: a review of theory and empirical work". *The Journal of Finance* 25 (2), 1970, pp. 383-417.

Jogos on-line e aprendizado auto-organizado: o futuro da escola?

Esta é a palestra TED de Ali Carr-Chellman na qual fala sobre usar jogos on-line na educação:

- Disponível em: http://www.ted.com/talks/ali_carr_chellman_gaming_to_re_engage_boys_in_learning.html

E esta é a palestra TED de Jane McGonigal na qual nos ensina como aproveitar melhor os jogos on-line:

- Disponível em: http://www.ted.com/talks/jane_mcgonigal_gaming_can_make_a_better_world.html

E esta, altamente recomendável, é a conferência TED de Sugata Mitra, um índio que nos ensina como será a escola do futuro:

- Disponível em: http://www.ted.com/talks/sugata_mitra_build_a_school_in_the_cloud.html

Este é o livro de William Glasser sobre a falta de esforço das crianças na escola:

- Glasser, W. *Teoria da escolha: una nova psicologia de liberdade pessoal.* Mercuryo, 2001.

Sobre o sentido de identidade na aula:

- Akerlof, G.A., e Kranton, R. E. "Identity and schooling: some lessons for the economics of education". *Journal of Economic Literature* 40 (4), 2002, pp. 1.167-1.201.

O trabalho mais influente dos anos 1950 sobre formação de grupos e conflito:

- Sherif, M. *Group conflict and co-operation: their social psychology.* Londres: Routledge & Kegan Paul, 1967.

A hipótese de Richard Alexander sobre a evolução da nossa inteligência a partir da possibilidade de formar grupos e alianças está neste texto:

- Alexander, R. D. "The evolution of social behavior". *Annual Review of Ecology and systematics* 5, 1974, pp. 325-383.

Aqui Lorenz explica como a agressão surge como um mecanismo para aproveitar melhor o espaço:

- Lorenz, K. *A agressão: uma história natural do mal.* Martins Fontes, 1973.

Para entender a agressão dentro da aula como um mecanismo de posicionamento social:

- Faris, R., e Ennett, S. *Adolescent aggression: the role of peer group status motives, peer aggression, and group characteristics.* Social Networks, 2010.

Para saber mais sobre a regra das 10 mil horas de prática para alcançar a perfeição:

- Gladwell, M. *Fora de série – Outliers: descubra por que algumas pessoas têm sucesso e outras não*. Sextante, 2008.

Recomendo esta palestra TED de Ken Robinson que nos mostra por que a escola atual não funciona e como ela mata a criatividade:

- Disponível em: http://www.ted.com/talks/ken_robinson_how_to_escape_education_s_death_valley.html

E aqui Salman Kahn conta como usar vídeos do YouTube para melhorar o ensino:

- Disponível em: http://www.ted.com/talks/lang/es/salman_khan_let_s_use_video_to_reinvent_education.html

Dinheiro não traz felicidade

Este é o artigo que provou que não havia relação entre renda e felicidade:

- Easterlin, R.A. "Does economic growth improve the human lot? Some empirical evidence". *Nations and Households in Economic Growth* 89, 1974.

Às vezes mais não é melhor; os paradoxos da escolha:

- Schwartz, B., e Ward, A. "Doing better but feeling worse: the paradox of choice". *Positive Psychology in Practice*, 2004, pp. 86-104.

A réplica de Veenhoven a Easterlin está aqui:

- Veenhoven, R. *Conditions of happiness*. D. Reidel Publishing Company, 1984.

E sua base de dados mundial de felicidade pode ser consultada aqui:

- Disponível em: http://www1.eur.nl/fsw/happiness/

Esta é a crítica de Wolfers e Stevenson a Easterlin:

- Stevenson, B., e Wolfers, J. "Economic growth and subjective well-being: reassessing the Easterlin paradox" (n. w14282). *National Bureau of Economic Research*, 2008.

A pesquisa do CERX sobre economia e felicidade na Argentina aparece em:

- Giarrizzo, V. *Economía y felicidad: ¿Existe vínculo?* Mimeo, 2008.

Os estudos de felicidade com as pesquisas do Cedlas para a Argentina estão em:

- Cruces, G.; Ham, A., e Tetaz, M. "Well-being at the subcity level: the Buenos Aires neighborhood quality of life survey". In: Lora, E. (ed.). *The quality of life in Latin American cities*. IDB and The World Bank, 2010, pp. 91.

A hipótese do limiar da felicidade está em:

- Graham, C. "The economics of happiness". *World Economics* 6 (3), 2005, pp. 41-55.

O primeiro estudo abrangente e sistemático da Economia da Felicidade com dados da Argentina é:

- Schiaffino, P., e Tetaz, M. "Income, sex, pills and relationships: an empirical study for Argentina". In: Rojas, M. (ed.). *Handbook of happiness research in Latin America*. Springer, 2016.

Sobre o peso do desemprego e a inflação na felicidade:

- Di Tella, R.; MacCulloch, R.J., e Oswald, A.J. "Preferences over inflation and unemployment: evidence from surveys of happiness". *The American Economic Review* 91 (1), 2001, pp. 335-341.

Por que importa mais a renda relativa do que a absoluta?

- Clark, A.E.; Frijters, P., e Shields, M. A. "Relative income, happiness, and utility: an explanation for the Easterlin paradox and other puzzles". *Journal of Economic Literature*, 2008, pp. 95-144.

Sobre a felicidade de ganhadores da loteria e paraplégicos:

- Brickman, P.; Coates, D., e Janoff-Bulman, R. "Lottery winners and accident victims: is happiness relative?". *Journal of Personality and Social Psychology* 36/8, 1978, pp. 917-927.

Mas, então, o que é preciso fazer para ser feliz?

Sobre a felicidade sintética:

- Gilbert, D. *Stumbling on happiness*. Vintage, 2006.

A felicidade é hereditária?:

- Lykken, D., e Tellegen, A. "Happiness is a stochastic phenomenon". *Psychological Science* 7 (3), 1996, pp. 186-189.

As coisas que nos deixam felizes, segundo Nattavudh Powdthavee:

- Powdthavee, N. "Economics of happiness: a review of literature and applications". *Chulalongkorn Journal of Economics* 19 (1), 2007, pp. 51-73.

Gastar dinheiro com os outros nos deixa mais felizes:

- Dunn, E.W.; Aknin, L.B., e Norton, M. I. "Spending money on others promotes happiness". *Science* 319 (5.870), 2008, pp. 1.687-1.688.

Este livro foi composto em Bliss e Chaparral pro light e impresso

pela Gráfica Santa Marta para a Editora Planeta do Brasil

em setembro de 2018.